Nina Wise

Ein großartiges, ungewöhnliches, glückliches, neues Leben

Nina Wise

Ein großartiges, ungewöhnliches, glückliches, neues Leben

Selbstverwirklichung und spirituelle Praxis
für alle, die keine Zeit dafür haben

Aus dem Amerikanischen übersetzt von Matthias Schossig

arbor

Arbor Verlag
Freiamt im Schwarzwald

Ich widme dieses Buch meiner Mutter, die ihre Stelle als Grundschullehrerin verlor, weil sie darauf bestand, dass Trommeln ebenso wichtig sei wie Rechnen, und meinem Vater, der starb, bevor dieses Buch gebunden wurde. Seine Begeisterung und seine Unterstützung sind noch immer in mir lebendig.

„Die Originalausgabe erschien unter dem Titel:
A Big New Free Happy Unusual Life;
Self Expression And Spiritual Practice For Those Who Have Time for Neither
bei Broadway Books, New York, USA,

1 2 3 4 5 Auflage
06 07 08 09 10 Erscheinungsjahr

Titelfoto: © 2006, Peter Groat
Gestaltung: Rosalie Schnell
Lektorat: Dr. Ute Weber
Druck und Bindung: Wilhelm + Adam, Heusenstamm

Dieses Buch wurde auf 100 % Altpapier gedruckt und ist alterungsbeständig.
Weitere Informationen über unser Umweltengagement
finden Sie unter www.arbor-verlag.de/umwelt.

www.arbor-verlag.de

ISBN 3-924195-86-2

Inhalt

Vorwort

Nicht oft im Leben trifft man Menschen, mit denen man herzlich lachen kann, deren Fröhlichkeit so ansteckend ist, dass man am liebsten aufstehen und vor Freude tanzen möchte. Für mich ist Nina Wise ein solcher Mensch. Nina bringt eine bemerkenswerte Lebendigkeit in ihre kreative Arbeit ein – und damit auch in dieses Buch. Und sie lädt Sie, liebe Leser, ein, sich für die gleiche tiefe Freude und Kreativität in Ihrem Leben zu öffnen.

Ich erinnere mich an die Geschichte eines sechsjährigen Mädchens, das seine Mutter eines nachmittags fragte, wohin sie gehe. Die Mutter war auf dem Weg in die Universität, um ihre Studenten das Zeichnen und Malen zu lehren. „Glaubst du, die haben das vergessen?" fragte die Tochter erstaunt. Viele Menschen haben vergessen, wie sie ihre Kreativität zum Ausdruck bringen können. Dabei ist es das freie Spiel – unsere Fähigkeit, loszulassen, zu tanzen, zu singen, zu gestalten – durch das das Wunder unseres Lebens am innigsten zum Ausdruck kommt. Wir Erwachsenen erfreuen uns am Anblick eines Waschbären, eines Seeotters oder eines Affen, und Kinder teilen dieses Glück. Ohne Nahrung trocknen Körper und Seele aus und verlieren ihre Energie und Lebenskraft. Der Dichter John Ciardi erklärt: „Ein Magengeschwür ist eine ungeküsste Phantasievorstellung, die sich für ihre Unterdrückung rächt. Es ist ein ungetanzter Tanz, ein ungemaltes Aquarell, ein nicht geschriebenes Gedicht."

Im Zen gibt es den „Anfängergeist", eine Haltung von nicht-urteilendem Gewahrsein, von Offenheit und Spontaneität. Im Verlauf dieses Buchs zeigt Nina Wise Hunderte verschiedene Wege auf, wie man zu diesem Anfängergeist finden kann, indem man die wahre kreative Freiheit und Selbstvergessenheit anfacht, wiedergewinnt und lebendig macht. „Ich mache es vor", sagt sie, und wir sehen sie, wie sie die seriösen Lektoren eines großen New Yorker Verlags überredet, ihre Augen zu schließen und in ihren Büros im 33. Stock einen Handtanz zu vollführen. Jetzt bist du dran.

Schmettere nach Herzenslust deine Lieblingsmelodie, singe im Auto, trällere ein Liebeslied, summe, zwitschere und jodele. Geh an den Strand und baue Treibholzskulpturen. Tanze, als würde niemand zuschauen. Renne und springe. Lauf im Kreis, lass dich fallen. Sprich phantasievolle Nachrichten auf deinen Anrufbeantworter, male heimlich wilde Bilder, gib eine ausgelassene Kostümparty, spiel Spiele im Bett.

Nina erinnert uns daran, dass sogar unsere spirituelle oder religiöse Seite eine zu ernste Angelegenheit werden kann. Also chante, baue Altäre, singe im Krankenhaus für die Sterbenden. Kulturen wie die indische oder balinesische oder der Karneval in Rio und Venedig erinnern uns daran, wie wir spirituelle Rituale mit wilder und chaotischer Schönheit füllen können. Lass die Künste an jeder Straßenecke erblühen, in jedem Büro, in jeder Schule. Schaffe Raum für die göttliche Fülle.

Wach auf. Lass dein Leben aufblühen. Und nimm Ninas Einladung an. Lache, vertraue dir selbst und dem schöpferischen Geist, der in dir wohnt.

Mögest du glücklich sein!

Jack Kornfield
Spirit Rock Meditation Center
Woodacre, Kalifornien
Dezember 2001

Eine Vorbemerkung der Autorin

Ich schreibe diese Zeilen am 2. November 2001, sechs Wochen nach der Zerstörung der Zwillingstürme des World Trade Center in New York, bei der Tausende von Menschen umgekommen sind, darunter Hunderte Feuerwehrleute, die bei ihren heroischen Bemühungen um die Rettung anderer Menschen ihr Leben gelassen haben. Bis heute sind darüber hinaus ein Krankenpfleger, zwei Postangestellte und ein Journalist gestorben, weil sie Milzbrandbakterien eingeatmet haben. Weitere Menschen wurden mit Milzbrand ins Krankenhaus eingeliefert. Berichte über Hunderte von zivilen Opfern der Bombardierung von Afghanistan erreichen uns, sowie auch über Hunderttausende von Flüchtlingen, die ohne Nahrung und Unterkunft den Bedingungen des harten Winters dort ausgesetzt sind.

Die schockierenden Folgen dieser Tragödien, die gewöhnliche Menschen treffen, welche in außergewöhnlichen Lebensumständen gefangen sind, sind überall im Land spürbar und bewegen Menschen auf der ganzen Welt. Wogen der Trauer, Angst, Wut und tiefe Enttäuschung über den Stand der menschlichen Evolution zu Beginn des 21. Jahrhunderts machen sich breit. Viele machen sich Gedanken über unser individuelles und kollektives Schicksal und fragen sich, was wir als Einzelne, als Gemeinschaften und als Gesellschaften tun können, um zur Entstehung einer Welt beizutragen, in der wir selbst und zukünftige Generationen sich sicher fühlen können.

Der Zen-Mönch Thich Nhat Hanh sagt uns, dass wir, um die Welt zu heilen, zuerst uns selbst heilen müssen. Er erzählt die Geschichte der Boat-People, die aus Vietnam fliehen, nur um Opfer der rauen See und der menschenverachtenden Gewalt von Piraten zu werden. Wenn es nur einem einzigen Passagier auf einem dieser Boote gelang, Ruhe und Frieden zu bewahren, dann erhöhte sich die Wahrscheinlichkeit, dass alle Passagiere überlebten, beträchtlich. Wir können uns unseren Planeten als eines dieser zerbrechlichen Boote vorstellen, das auf einem Meer treibt, dessen Gewalt allgegenwärtig ist. Wenn es uns allen gelingt, Gleichmut, Freundlichkeit und Mitgefühl zu entwickeln, erhöht sich die Wahrscheinlichkeit, dass wir als Spezies überleben werden und unseren Kindern und Kindeskindern die Welt so hinterlassen können, wie wir sie uns wünschen, um ein Vielfaches.

Unsere Regierungen drängen uns zum Konsum um jeden Preis, als vermeintlichen Beweis unserer Vaterlandsliebe. Doch immer mehr Menschen erkennen in ihrem Herzen, dass Demokratie nicht mit Konsumwahn gleichzusetzen ist und dies auch niemals war. Demokratie hat mit Freiheit zu tun. Und die Freiheit ist in uns lebendig, ganz gleich, wie oft oder wie selten wir in den Supermarkt gehen. Unsere Sehnsucht nach Freiheit kann nicht durch Autos, Häuser oder Diamanten gestillt werden, nicht durch Privat-Jets, Offshore-Bankkonten oder Kaviar und auch nicht durch Laptops oder mächtige Waffen. Unsere Sehnsucht nach Freiheit kann nur gestillt werden, indem wir erkennen, dass wir so, wie wir sind, genug sind, und dass das, was uns nährt, nichts mit dem zu tun hat, was wir kaufen, und alles mit der ureigenen Lebendigkeit unserer Seele.

Kreativer Selbstausdruck – eine altehrwürdige Methode, um Zugang zu unserer Spiritualität zu finden, in Kontakt mit unserem Unbewussten zu kommen und ihm Gestalt zu verleihen, zwischenmenschliche Bindungen zu schaffen, Gemeinschaft zu bilden und unsere Lebendigkeit zu entfalten – ist für unser persönliches und kollektives Wohl wesentlich. Gemeinsam können wir diese Phase in der Menschheitsgeschichte nutzen, um zu den Menschen zu erwachen, als die wie wir uns bereits kennen: freie Menschen, voller Engagement für eine gesunde und gerechte Welt aus Individuen, die ihre gemeinsame Menschlichkeit auf diesem unbeschreiblicher schönen Planeten durch Musik und Tanz, Poesie und Mitgefühl für alle fühlenden Wesen feiern.

Einleitung

Seit 1972 lehre ich und führe improvisierte Theaterstücke auf. Seit Jahrzehnten befrage ich alle Teilnehmer an meinen Seminaren, was sie hierher geführt hat, und ich bekomme immer wieder dieselbe Antwort: Ganz gleich, wie befriedigend ihr Liebesleben, wie erfolgreich ihre Karriere, wie wundervoll ihre Kinder sind und wie groß ihr Reichtum ist, sie haben immer das Gefühl gehabt, dass in ihrem Leben etwas fehlt. Viele haben eine spirituelle Praxis begonnen, um diesen Mangel zu füllen. Diese Praxis mag zwar zu Einsicht und innerem Frieden führen, doch den unbeschreiblichen Hunger kann sie nicht stillen. Ich habe mittlerweile verstanden, dass dieses Nagen im Herzen die Sehnsucht ist, den Alltag durch Selbstentfaltung, Spontaneität und Spielfreude wieder lebendig zu machen.

Manchmal spüre ich bei der Meditation ein inneres Glühen, ein Gefühl eines innewohnenden Glücks, das über allem zu stehen scheint. In diesem Gefühl stehe ich dann auf, staube mein Kissen ab, und gehe meinen Tätigkeiten nach. Zehn Minuten, eine Stunde oder auch zwei Stunden später finde ich mich wieder in Zuständen von Frustration, Ärger oder Niedergeschlagenheit – zu viel Arbeit, zu viel Verkehr, zu viel Böses in der Welt, zu wenig Zeit – und mein Wohlbefinden ist dahin, irgendwie nicht mehr greifbar, flüchtig, trotz meiner früheren Erfahrung dieses unterschwelligen Stroms von Gleichmut. Ich sehne mich nach einem Weg zurück, hinunter oder hinein, der mich zu dieser inneren

Kenntnis einer inneren, strahlenden Präsenz führen kann, die in keiner Weise von äußeren Umständen abhängig ist.

In diesem Buch zeige ich mehrere solche Zugangswege auf, die ich entdeckt habe. Sie alle haben mit Ausdruck zu tun, mit Lied, Tanz, mit Dichtung und den darstellenden Künsten, die das Potential haben, unser Leben zu transformieren.

Du weißt bereits alles, was du wissen musst, um ein großes, neues, freies, glückliches, ungewöhnliches, begeistertes und amüsantes Leben zu führen. Kreativität ist ein natürlicher Bestandteil des Lebendigseins. Du musst nichts weiter tun, als dich zu entspannen und sie herauszulassen. Wenn du das tust, wirst du dich selbst vollkommen mühelos, im Wohnzimmer tanzen, im Auto singen und Gedichte auf Servietten schreiben sehen – und irgendwann wirst du merken, dass dein Teller eine perfekte Leinwand für ein Gemälde aus Gemüse ist.

Eins

Die Kunst der Freiheit – uns erinnern, wer wir sind

„Wir alle wollen frei sein. Das ist Teil der menschlichen Natur. Wir wollen frei von Schmerz, Leiden und Beschränkungen sein. Wenn wir tief in unser Herz schauen, wissen wir genau, was wir wollen. Wir lieben diesen Zustand der Befreiung. Unser Schmerz ist das Gefühl der Entfremdung oder Trennung von unserem Geliebten, von unserer Freiheit ... doch seine wahre Natur zu finden ist nichts für ängstliche Gemüter. Es erfordert Mut und einen Sinn für Abenteuer, ein furchtloses Herz und optimistische Kraft."

Hameed Ali (Almaas)

Die Kunst der Freiheit

Es liegt in unserem Wesen, frei zu sein und diese Freiheit durch Gesang, Tanz, Malerei, Dichtung und Gebet spontan und ohne zu zögern zum Ausdruck zu bringen. Genauso wie das Universum als unablässig fließendes, wandelbares Energiefeld unzählige Gestalten, Formen, Farben und Wesen hervorbringt, sind auch wir eine Quelle unzähliger Ausdrucksformen. Genauso wie Vögel singen, Löwen brüllen, Präriehunde tanzen, Grillen zirpen, Wasser aus dem Felsen eine Skulptur meißelt und Sonnenuntergänge ein Gemälde auf den Himmel zaubern, so liegt es in unserem Wesen zu singen, zu brüllen, zu tanzen, zu zirpen, zu bildhauern und zu malen. Und es liegt auch in unserem Wesen zu beten – zu danken und dieser Schöpfung, mit der wir untrennbar als Zeugen und Teilnehmer verbunden sind, unsere Achtung zu erweisen.

Wir alle sind frei, und diese Freiheit ist unser innerstes Wesen. Wir brauchen nichts zu tun, um sie zu gewinnen. Doch abgelenkt von den Geschichten, die wir uns selbst über unser Leben erzählen und wer wir in diesen Geschichten glauben zu sein, vergessen wir, dass es in unserem innersten Wesen liegt, unbelastet und befreit zu sein. Stattdessen erlegen wir uns und unseren Mitmenschen strenge Regeln auf und beschränken unsere eigene Freiheit zur Selbstentfaltung auf kümmerliche Zeitspannen in eng definierten Bereichen. Tanzen auf dem Bürgersteig ist verboten, außer im Film. Singen auf dem Fahrrad ist verboten, es sei denn, man ist sich absolut sicher, dass es niemand hören kann. Die spontane

Annahme eines französischen Akzents, weil dein Liebhaber dich gerade verlassen hat und du ein wenig deprimiert bist und für einen Moment lieber jemand anders wärst – auch verboten. Wir selbst sind die Gefängniswärter, die sich in ihrem eigenen Kerker gefangen halten. Daher müssen wir auch selbst die Tore öffnen und hinaus ans Tageslicht treten. Wir müssen, ohne zu blinzeln, unseren Blick auf den grenzenlosen Himmel richten, der unser eigenes inneres Wesen widerspiegelt.

Freiheit heißt nicht, dass wir keinen Schmerz mehr spüren. Frei zu sein heißt, dass wir den Mut haben, durch die Täler des Leidens ebenso hindurchzugehen wie durch die Gipfel der Freude. Wo immer wir uns gestatten, auszudrücken, was im Moment entsteht, vollständig und ohne zu beurteilen, entdecken wir, dass das, worunter wir leiden, zu dem wird, was uns heilt. Der Unterschied zwischen Leid und Freude verschwimmt – das ist die Alchemie der kreativen Selbstentfaltung.

Es liegt in unserem Wesen, frei zu sein. Doch wir haben es vergessen, denn es liegt auch in unserem Wesen, zu vergessen. Spirituelle Praxis ist eine Methode, uns daran zu erinnern, wer wir sind. Sie muss nicht darauf beschränken, still zu sitzen und den Atem zu beobachten. Wie Rumi sagt: „Es gibt viele Wege, niederzuknien und den Boden zu küssen."

Finde wieder, was Du verloren hast

> *„Wenn du nicht die Richtung änderst, wirst du dort ankommen, wohin du unterwegs bist."*
>
> Konfuzius zugeschrieben

Wir reden von Fortschritt. Wir reden von Evolution. Wir bilden uns ein, uns schnell vorwärts zu bewegen. Aber wo gehen wir hin? Wenn wir uns die Tatsachen anschauen, erkennen wir, dass wir technologisch weitergekommen sind. Doch gleichzeitig haben wir uns von einer elementaren Quelle des Wohlbefindens abgeschnitten.

Seit den Anfängen der Menschheit und noch bis vor wenigen Jahrzehnten wurde unser Alltag durch Kunst und Handwerk bestimmt.

Wir haben unsere eigenen Werkzeuge hergestellt, unsere eigenen Kleider angefertigt, unsere Häuser gebaut, unsere eigenen Nahrungsmittel angebaut. Wir haben Lieder gesungen, die wir selbst erfunden haben, und Lieder, die uns von unseren Vorfahren überliefert oder von den Göttern gegeben wurden. Wir haben gemeinsam getanzt und unsere Schritte auf die unserer Partner abgestimmt. Wir haben aus Tierhäuten und Sehnen, Schnüren und gebogenem Holz Musikinstrumente hergestellt. Wir haben unsere Wände, unseren Körper und die Dinge unseres täglichen Bedarfs bemalt. Dieses schöpferische Tun hat unser Wohlbefinden als Individuen gesteigert, unsere Familienbande gestärkt, unsere Gemeinschaften zusammengeführt und uns Zugang zu Seinszuständen gegeben, die Einsicht und Weisheit in uns förderten. Als Spezies können wir unsere körperliche und emotionale Gesundheit nicht aufrechterhalten, wenn wir genau die Dinge aufgeben, die so wesentlich zu unserem Wohlbefinden beitragen.

Jeder Mensch ist kreativ. Kreativität liegt in unserem Wesen. Doch bei vielen von uns hat sich der kreative Antrieb verflüchtigt. „Ich kann nicht malen. Ich kann nicht singen. Ich kann nicht tanzen", gestehen wir uns ein und setzen uns für den Rest des Abends vor den Fernseher. Doch der schöpferische Impuls, der dem Sein innewohnt, bleibt in uns lebendig.

Kreativität ist der Mut, unser Leben neu zu erfinden – sich Liebesspiele auszudenken, ein neues Rezept zusammenzustellen, einen Küchenschrank zu bemalen, am Strand eine Skulptur aus Sand zu errichten und unter der Dusche zu singen. Kreativität ist unsere Fähigkeit, den inneren Kern unseres Wesens und die gesamte Fülle unserer Menschlichkeit zu erleben.

Bei der Frage, wie wir kreativer werden können, geht es nicht darum, etwas zu *lernen*, ja nicht einmal darum, etwas zu *tun*. Vielmehr geht es darum, das *geschehen zu lassen*, was nach Ausdruck verlangt. Dazu müssen wir die Stimme in uns umgehen, die sagt: „Stopp!". Die Zensur des Verstandes ist gewieft und verfügt über eine ganze Litanei von Gründen, warum wir nicht kreativ sein können. Wir müssen aufhören, uns selbst einzureden: *Du bist ein schlechter Tänzer, also setz dich lieber hin und schau zu, wie die besseren Tänzer über das Parkett wirbeln. Und du kannst mit Sicherheit nicht malen, also versuch es lieber erst gar nicht, wenn du dich nicht blamieren willst. Du kannst beim Singen den Ton nicht halten und auch nicht den Takt – du wirst alle neben dir aus dem Takt bringen, wenn du den Mund aufmachst. Und falls du auf diesen klugen Rat nicht hören willst, wirst du dich total zum Narren machen, und niemand wird dich lieben oder dir einen Job geben.* Wir gehorchen dieser Stimme, als sei sie von innerer Weisheit geleitet. Doch wenn wir genau hinhören, hören wir auch eine weniger laute Stimme, die uns zu erreichen versucht. Sie möchte, dass wir uns frei zum Ausdruck bringen. Dies ist die Stimme, die uns befreien kann. Wenn wir auf sie hören und antworten, wird unser Leben bereichert durch die Freude, die kreative Freiheit uns schenkt.

Vor vielen Jahren lernte ich eine wichtige Lektion über den Wert der Selbstentfaltung. Ich stand damals am Ende einer langjährigen Beziehung und igelte mich in meinem Studio ein, wo ich wieder und wieder ein bestimmtes trauriges Liebeslied abspielte und mich weinend über den Boden rollen ließ. Nach einer Woche des Weinens und Über-den-Boden-Rollens begann mein Herzschmerz nachzulassen. Trotzdem war ich enttäuscht – tatsächlich vermisste ich den Schmerz, der mich bewogen hatte, mich so mühelos über den Boden rollen zu lassen. Als ich aus meiner Trauer herausfand, erkannte ich, dass das Schaffen von Kunst und die Linderung meines Schmerzes in engem Zusammenhang standen – das Leid wurde erträglicher, wenn es durch Kunst ausgedrückt wurde.

„Kunst ist eine Wunde, die in Licht verwandelt wird“, schrieb der französische Maler Georges Braques. Wenn man die Gefühle und Anlässe, die ursächlich für unser Leid sind, als Ausgangsmaterial für Kunst nimmt, werden sie durch unser kreatives Tun in Quellen der Erheiterung oder bittersüßer Freude transformiert. Beim Zeichnen oder Malen, Singen oder Tanzen, Schreiben von Gedichten oder Prosa, beim Umstellen von Möbeln oder Arrangieren von Blumen geben wir unserer Psyche die Möglichkeit, aus den düsteren Gefilden unserer Gedanken in die Welt der Formwahrnehmung zu entfliehen. Ebenso wie sich unser Körper von Schnittverletzungen, blauen Flecken und Erkältungen erholen kann, kann unser Herz von den emotionalen Verletzungen heilen, wenn wir eine Möglichkeit finden, uns auf gesunde Weise Ausdruck zu verschaffen. Dieser Ausdruck erfordert nicht unbedingt, dass wir viele Stunden in unserem Atelier verbringen. Schöpferischer Ausdruck kann in Minuten geschehen, überall.

Ich verbrachte kürzlich einen unvergesslichen Nachmittag zusammen mit einem Freund. Während wir unweit seines Büros an einem Tafelberg entlang in Richtung Strand spazierten, befragte er mich über meine Arbeit. Ich erzählte ihm, dass ich dabei sei, dieses Buch zu schreiben. Er hielt einen Moment inne und gestand mir dann ein, dass er eine Sache im Leben besonders vermisse, nämlich die Fähigkeit, spontan spielen zu können. Er ist eine international erfolgreiche Persönlichkeit, führt eine harmonische Ehe, meditiert regelmäßig – aber kann nicht spielen.

Wir spazierten weiter, und er bat mich, ihm eine der Übungen zu zeigen. Ich beschrieb ihm die Übung *Ein bewegter Moment.* Er stand dicht vor mir auf einem kleinen weißen Sandhügel und begann zu tanzen, wobei ihm der Himmel und der Ozean als Kulisse dienten. Ich war entzückt von der intimen Freude, die er empfand, als er seine Arme hin und her bewegte, sein Rücken sich bog und streckte, er in die Knie ging – und als er seinen Tanz beendet hatte, applaudierte ich voller Begeisterung. Mein Freund bat mich dann, auch mir beim Tanzen zusehen zu dürfen. Ich stellte mich einige Meter entfernt auf und schloss die Augen. Ich fühlte mich noch traurig wegen einer Auseinandersetzung, die ich an diesem Morgen mit einem Kollegen gehabt hatte, und ließ mich von meiner melancholischen Stimmung bewegen. Mein Kopf fiel nach vorn, das Kinn zur Brust, die Schultern sackten nach unten, die Knie gaben nach. Ich fiel hin und rollte langsam über den Sand. Danach fühlte ich mich leichter und genoss den Moment der Befreiung und Wahrhaftigkeit.

„Ich verstehe“, sagte mein Freund und lachte mich an.

Er hatte die Gelegenheit gehabt, Zeuge meiner Bewegungen zu sein, und dadurch verstanden, was ich versucht hatte, ihm mit Sprache zu vermitteln: Wenn jemand tanzt, sehen wir nicht nur Körperbewegungen, sondern auch das innere Leben der Person, die sich bewegt. Indem wir uns bewegen und dabei beobachtet werden, lassen wir heraus, was in unserem Herzen und Körper ist, und fühlen uns besser.

Mein Freund und ich setzten unseren Spaziergang fort. Wir genossen die Berührung unserer nackten Füße mit dem Sand und die Wärme der Sonne, die unverhofft hinter einer tief stehenden Wolke hervorbrach. Unser Gespräch plätscherte leicht vor sich hin und war spürbar entspannter, seitdem wir für einander getanzt hatten. Als es Zeit wurde umzukehren, fragte ich meinen Freund, ob er ein Experiment mit mir wagen wolle.

„Was für ein Experiment?" fragte er.

„Schau dich um und nimm dir eine Minute Zeit, um aus herumliegenden Gegenständen eine Skulptur zu bauen", sagte ich.

„Eine Minute?" fragte er.

„Na gut, zwei Minuten", sagte ich.

Er sprang auf und rannte zu einer riesigen Plastikboje, die an den Strand gespült worden war. Ich blieb, wo ich war, und sortierte schwarze und weiße Kieselsteine. Als wir fertig waren, schauten wir uns unsere Kunstwerke an. Mein Freund hatte eine Spirale aus einem vom Meerwasser durchnässten Tau gewunden und sie mit einem Stück Treibholz auf der Boje befestigt. An der Basis seiner Skulptur fanden sich die leuchtend orangefarbene Schale und die bläulich schimmernde Zange eines Krebses.

In einer Musikzeitschrift las ich einmal einen Sanskritbegriff (der mir leider entfallen ist), der zum Ausdruck bringt, welche Wirkung die Betrachtung eines Kunstwerks auf die Psyche hat. Seither habe ich erfahren, dass es im Sanskrit zahlreiche Begriffe zur Beschreibung der spezifischen Einflüsse gibt, die bei der Betrachtung von Kunstwerken im Geist des Betrachters auftreten können. Im Englischen gibt es derartige Begriffe leider nicht, so dass wir immer etwas vage bleiben, wenn es darum geht, zu beschreiben, wie unser Blick uns beeinflusst. Dennoch fühlen wir die verändernde Kraft und werden nicht durch die Betrachtung von Kunst beeinflusst, sondern auch dadurch, dass wir sie ausüben.

Auf unserem Rückweg vom Strand hielten wir auf dem Bergplateau noch einmal inne und schauten uns um. Mit Blick auf die hereinrollende Brandung stellten wir fest, wie glücklich wir waren, dass wir miteinander hatten spielen dürfen.

Die Übungen, die uns dazu gebracht haben, waren sehr einfach – Spiele, die jeder spielen kann – und sie dauerten jeweils nur wenige Minuten. Doch ihre Wirkung war tief greifend, auf fassbare ebenso wie auf unfassbare Weise. Die Spiele, die wir spielten, waren nichts Besonderes. Wir alle haben sicher schon einmal eine Minute lang getanzt oder Gegenstände gefällig arrangiert. Doch gewöhnlich würden wir nicht einen ganzen Nachmittag auf diese Weise verbringen, selbst wenn wir mit Freunden zusammen sind, denen wir vertrauen und die wir gern haben, nicht einmal dann, wenn wir gerade am Strand sind, die Sonne scheint und Muscheln, Steine und Treibholz reichlich vorhanden sind.

Die Wiederentdeckung unserer kreativen Fantasie ist ein einfacher und angenehmer Prozess. Wir brauchen dazu lediglich ein wenig Mut sowie hin und wieder (jedoch regelmäßig) etwas Zeit, um unseren Weg zurück zu unserer inneren Natur zu finden, die ungehemmt, verspielt und frei ist. Der Kern aller spirituellen Lehren ist derselbe: Jeder Mensch wird in einen Zustand der Vollkommenheit hineingeboren. Dieser wird uns mitgegeben auf Grund unseres Daseins und wir brauchen nichts zu unternehmen, um ihn zu erreichen. Doch aufgrund persönlicher, familiärer und generationenübergreifender Prägungen und kultureller Konditionierungen verlieren wir den Kontakt zu unserer inneren Ganzheit und schauen auf die materielle Welt, um unsere Sehnsüchte zu erfüllen. Unsere Sehnsucht kann jedoch nur erfüllt werden, wenn wir unseren Blick nach innen richten und uns bewusst werden, wer wir wirklich sind: strahlende Wesen, von Geburt an weise, reich, selbstzufrieden. Wir wissen das, doch wir vergessen es. Alles, was wir tun müssen, ist, uns zu erinnern, wer wir wirklich sind und uns erneut mit der Freiheit unseres Herzens zu verbinden – einer Freiheit, die immer verfügbar ist und darauf wartet, dass wir nach Hause finden.

„Inmitten der größten Verwirrung ist der Zugang zur Seele immer offen. Es mag schwierig sein, ihn zu finden, denn bis zur Mitte des Lebens ist er überwuchert … Doch der Zugang ist immer da, und es liegt an uns, ihn offen zu halten, um Zugang zu den tiefsten Ebenen unserer Selbst zu haben.“

Saul Bellow

Richtlinien

Vielleicht möchtest du dieses Buch lesen und alle Übungen Kapitel für Kapitel durchgehen. Wenn du dieser Reihenfolge folgst, wirst du feststellen, dass die Übungen aufeinander aufbauen und du Schritt für Schritt durch einen Prozess geführt wirst, der sich wie eine große Spirale entfaltet.

Du kannst dieses Buch auch durchlesen und nur einige wenige Übungen oder gar keine ausprobieren, und später, wenn du Lust darauf hast, das Buch wie ein Kochbuch aus dem Regal ziehen und dich dem Abschnitt zuwenden, der dich am meisten anzieht. Du wirst merken, dass jeder Abschnitt in sich abgeschlossen ist.

Du kannst das Buch auch durchlesen und die Übungen vollständig ignorieren. Dennoch kann es passieren, dass du dich plötzlich tanzend im Wohnzimmer wieder findest oder singst, während du den Hund ausführst. Was hier auf diesen Seiten dargelegt wird, kann dein Denken beeinflussen, unabhängig davon, ob du die empfohlenen Übungen ausprobierst oder nicht. Am meisten kannst du jedoch profitieren, wenn du regelmäßig die eine oder andere Form der kreativen Selbstverwirklichung zu praktizieren beginnst. Erfinde deine eigenen Übungen oder verändere die hier vorgestellten Übungen nach deinem eigenen Geschmack.

Du kannst dieses Buch zur Hand nehmen, wenn du einen Abend für dich allein hast oder mit einem Freund einen Wochenendausflug unternimmst. Verwende es nach dem Zufallsprinzip: Öffne es an beliebiger Stelle und schau dir an, was du gefunden hast.

Möglicherweise willst du auch ein bis zwei Stunden pro Woche Zeit für deine eigene Praxis reservieren und verschiedene Übungen kombinieren: Körperbewegung, Stimme, Schreiben, Malen oder Gestalten.

Oder du willst nur hin und wieder eine Minute aufwenden, indem du die eine oder andere Übung ausprobierst.

Verwende das Buch, wie immer es dir für deine Zwecke am geeignetsten erscheint. Erschaffe dir deinen eigenen Stil.

Um dir bei deiner persönlichen Umsetzung der vorgestellten Ideen zu helfen, schlage ich die folgenden Richtlinien vor, die für das gesamte Buch gelten:

1. Beginne jede Übung aus der Stille heraus! Nimm dir einen Moment Zeit, um deine Gedanken still werden zu lassen. Dann schau, was kommt. Statt schon im Vorfeld zu planen, was du schreiben, singen oder zeichnen wirst, lass es auf dich zukommen. Improvisiere. Wenn du bereits vorher planst, was du tun willst, schränkst du die Möglichkeit ein, dass Dinge während der Übung spontan entstehen können. Achte auf das, was du tust, aber antizipiere nicht, was du als Nächstes tun wirst. Auf diese Weise lebst du in der Gegenwart.
2. Achte auf deine Körperempfindungen! Wenn du müde bist, spiele müde. Experimentiere mit minimalen Bewegungen – krümme einen Finger oder wälze dich auf dem Boden. Summe ganz leise eine Melodie. Zeichne eine einzelne Linie. So zu tun, als sei man voller Energie, während man in Wirklichkeit erschöpft ist, ist eine Lüge, und bei kreativer Selbstentfaltung geht es ganz wesentlich um den Ausdruck von Wahrhaftigkeit. Wenn du dich jedoch aufgeregt und lebendig fühlst, dann bewege dich mit Energie, singe mit Energie, schreibe mit Energie. Das ist authentisch.
3. Gehe auf *emotionale* Impulse in dem Augenblick ein, in dem sie entstehen! Wenn du reizbar bist oder innere Widerstände hast, bewege dich, singe, zeichne oder schreibe auf eine Weise, die Reizbarkeit oder inneren Widerstand ausdrückt. Wenn du Angst hast, bring deine Angst zum Ausdruck. Das heißt nicht, dass du, wenn du wütend bist, mit den Füßen aufstampfen und die Fäuste ballen musst oder dass du, wenn du traurig bist, einen Schmollmund ziehen, deine Arme verschränken oder ein Gesicht mit zerfurchter Stirn malen sollst. Das sind Klischees, die Gefühle *demonstrieren*, statt sie *auszudrücken.* Fühle stattdessen die Energie, die die Wut erzeugt, und lass diese Energie während des Tanzens deinen Körper bewegen oder deine Hand führen, während du malst oder schreibst. Du könntest außerdem folgendes tun: Springe auf und ab und streck die Zeigefinger in die Luft. Schreibe rasch in großen schwarzen Buchstaben quer über das Papier. Spritze Farbe auf ein auf dem Boden ausgebreitetes Blatt Papier. Wenn du traurig bist, fühle die Energie, die deine Trauer in dir erzeugt und lass dich von ihr führen. Zittere, wackle mit den Ellenbogen. Lass Farbkleckse wie Tränen auf das Papier tropfen. Beschreibe in allen Einzelheiten das Gefühl von Enge in deiner Brust.

4. Lass nichts aus! Wenn du unverhofft fällst, lass dich fallen. Wenn du wild herumspringen willst, springe wie wild herum. Wenn du schwitzt, schwitze. Wenn eine Feuerwehrsirene dein Lied unterbricht, sing mit der Sirene im Duett. Oft schieben wir die Realität beiseite, in der Annahme, dass in unserem Leben etwas anderes passieren sollte als das, was gerade passiert. Doch in unserer Arbeit ist das, was von Moment zu Moment entsteht, die Quelle unserer Bewegungen, Töne, Bilder und Worte. Es ist unser Ausgangsmaterial. Schiebe nichts beiseite. Sogar der Impuls, einen körperlichen Impuls, eine Emotion oder ein Bild beiseite schieben zu wollen, kann unser Ausgangsmaterial sein. Wir können uns immer damit herausreden, dass die Umgebung, in der wir uns gerade befinden, für die kreative Selbstverwirklichung nicht förderlich sei. Doch in Wirklichkeit können wir jederzeit und überall kreativ sein. Wir können im Fahrstuhl singen, im Bett tanzen, auf dem Pflaster malen. Lass nichts aus.
5. Gib dich völlig hin! Gib die Vorstellung auf, dass du dein Leben unter Kontrolle hast, deine Arbeit, die Art und Weise, wie du dich bewegst, wie du singst, zeichnest oder Gedichte schreibst. Gib dich hin, gib nach, verliere die Kontrolle. In uns schlummert ein kreativer Impuls, der ein besserer Künstler ist als unser bewusster Verstand. „Unsere Sinne, unsere Instinkte, unsere Fantasie sind unserer Vernunft immer einen Schritt voraus", schrieb Octavio Paz. Gib dich deinem Unbewussten hin. Lass los.
6. Überrasche dich selbst! Begib dich aufs Glatteis. Tu, was du noch nie getan hast. Wenn du dich auf eine Weise bewegst, die außer Balance, versponnen, seltsam und schräg ist, dann machst du etwas richtig. Wenn deine Hand über das Papier flitzt, weil du schneller schreibst, als du denken kannst, dann hast du Zugang zu deinem unbewussten kreativen Fluss. Wenn du merkst, dass du dich auf eine dir unbekannte, unbequeme Weise verhältst, gib diesem Verhalten einen zusätzlichen Schub. Dringe so weit in das neue Terrain vor, wie du kannst.
7. Geh körperliche und emotionale Risiken ein! Nicht so weit, dass du dich oder deine Mitmenschen verletzt, doch so weit, dass du aus dem bekannten Bereich in den Bereich vordringst, der dir unbekannt ist. Risiken bringen Spannung in deine Arbeit und machen

sie interessant. Ein Risiko einzugehen und zu scheitern ist völlig in Ordnung. Vielleicht versuchst du, in Schräglage auf den Zehenspitzen die Balance zu halten – du verlierst sie und fällst hin. Der Fall ist ebenso dramatisch wie die Balance. Schreibe über ein Ereignis in deinem Leben, das du nur schwer ausdrücken kannst und spüre, wie schwierig es ist. Geh an die Grenzen deiner Kapazität, erweitere deine Fähigkeiten, geh einen Schritt weiter bis zur nächsten Grenze. Was für das Leben gilt, gilt ebenso für die Kunst. Beide sind keine statischen Ereignisse in einem sicheren Umfeld, sondern die dynamische Entwicklung neuer Möglichkeiten. Stell dich der Herausforderung, über deine körperliche und emotionale Bequemlichkeitsschwelle hinauszugehen.

8. Mach Fehler! Sei doof, seltsam, lächerlich. Schreib das schlechteste Gedicht, das jemals geschrieben wurde. Male ein schreckliches Bild. Sing falsche Töne. Tu etwas Peinliches. Unsere Versuche, gut oder geschickt zu sein, übertünchen oft einen tieferen Teil von uns selbst. Wenn wir uns gestatten, Fehler zu machen, entdecken wir die Weisheit hinter unserer Dummheit, die Anmut hinter unserer Ungeschicklichkeit, die Wahrheit hinter unserer Lächerlichkeit. Wenn deine Bemühungen scheitern, gratuliere dir für deinen Mut und deine Lebendigkeit.
9. Stehe hinter deinem Tun! Hingabe plus Energie ergibt Freude. Bringe deine Energie in dein Tun ein. Halte nichts zurück. Die Zensur deines Verstandes wird ihr ewiges Mantra singen: *Das ist langweilig. Du machst dich lächerlich. Das ist der größte Blödsinn, den man sich denken kann. Du verschwendest deine wertvolle Zeit.* Lass der Zensur freien Lauf. Sie ist ohnehin nicht zu kontrollieren. Steh zu dem, was du tust, mit der Energie, die dir geschenkt wurde. Du musst ja nicht an alles glauben, was du tust, du musst es einfach nur tun.

Wenn du dir alle Punkte auf dieser Liste einmal genau anschaust, wirst du merken, dass sie alle miteinander in Verbindung stehen. In Wirklichkeit ist Hingabe immer mit einem Risiko verbunden, Überraschung mit Hingabe, und auf emotionale und körperliche Impulse einzugehen heißt, alles einzubeziehen. Alle diese Richtlinien weisen auf eine einzige

Handlung hin, die in ihrem inneren Wesenskern nicht beschrieben werden kann. Richtlinien können dich nur in eine bestimmte Richtung lenken, dich aber nicht ans Ziel bringen.

Einer meiner Lehrer, der große Advaita-Meister H.W.L. Poonja alias Poonjaji verwendete häufig das folgende Bild, wenn er über seine Lehre sprach. Er sagte, dass seine Führung wie ein Finger sei, der auf den Mond zeige. Wenn Du zu fasziniert von dem Zeigefinger deines Lehrers bist, ermahnte er uns, wirst Du niemals den Mond sehen. Ein Lehrer kann den Mond nicht berühren. Er kann ihn auch nicht vom Himmel holen, um ihn dem Schüler in den Schoß zu legen. Er kann lediglich auf ihn hinweisen. Wenn Du dem Finger folgst und in die Nacht hinausschaust, wirst du den Mond erblicken.

Mühe, Mühelosigkeit und Liebe

Eines Morgens, nachdem ich bereits einige Stunden über das Thema mühelose Energie als Schlüssel zur kreativen Freiheit geschrieben hatte, machte ich eine Pause und ging zum Fahrradladen um die Ecke, um mir ein Schloss und einen Helm zu kaufen. Eigentlich hatte ich vorgehabt, mit dem Fahrrad zu fahren, doch es war an diesem Tag sehr heiß, und ich musste außerdem noch zum Gärtnerladen. Nach zwanzigminütigem Überlegen – *Lieber mit dem Auto … viel zu heiß zum Radfahren … lieber nicht die Umwelt verpesten … wie soll ich die Pflanzen transportieren … das wird schon irgendwie gehen, und die Bewegung tut mir gut … ich kann mich später auch noch bewegen* – schnappte ich mir die Autoschlüssel und nahm den Wagen.

Eine junge Frau mit spitz abstehenden schwarzen Haaren und aufgerollten Hosenbeinen verpasste mir den richtigen Helm und zog ihn mit gekonntem Schwung unter meinem Kinn fest. Sie sah sehr freundlich aus, fast wie jemand, der sein Auto zu wohltätigen Zwecken verschenkt hat und seither nur noch Rad fährt. Ich gestand ihr, dass ich nicht wüsste, ob ich überhaupt jemals das chromglänzende neue Fahrrad benutzen würde, das, bereit für seine erste Fahrt, auf meiner Terrasse stand. Ich bekannte, dass ich womöglich nie die Gelegenheit wahrnehmen würde.

„Es ist keine Frage der Gelegenheit, es ist eine Frage der Überwindung", sagte sie. „Zuerst muss man sich überwinden, dann gewöhnt man sich dran und schließlich fährt man nur noch mit dem Rad."

Sie hatte Recht. Bis du dich dran gewöhnst, musst du dich überwinden – du musst den Entschluss fassen und es tun. Genauso ist es mit der Kunst des Lebens. Du musst dich erst überwinden. Du musst den Entschluss fassen, eine Minute lang aufzustehen und zu tanzen oder im Auto laut aus voller Kehle zu singen, auf einen benutzten Briefumschlag ein Gedicht zu schreiben oder mit dem Finger ein Bild in die Frostblumen auf der Fensterscheibe zu malen. Doch dann lernst du, es zu lieben, und musst dich nicht mehr überwinden. Dann tust du es, weil du es liebst.

Zwei

In Bewegung – die Wiederentdeckung des Körpers

Oh, wie sie tanzten, wie sie tanzten.
Sie tanzte wie der Teufel, sagt sie dir,
Erinnerte an ein Kleid in der Farbe des Sonnenaufgangs,
das Haar wie eine Woge in der Brandung,
die klamme Hand eines Mannes, eines Knaben
auf ihrem Rücken,
im süßen, heißen Anschlag der Musik.

Und Wildheit stieg auf in ihr
wie eine unterdrückte Sprache,
die darauf besteht, sich
durch ihren eloquenten
Körper auszusprechen.

Kein Schimmer mehr
von den so gepflegten Worten auf ihren Lippen.

Lisel Müller

Freiheit ist ansteckend

Mit achtzehn kaufte ich mir einen Rucksack und reiste nach Europa. Nach ein paar Wochen im kalten regnerischen Norden folgte ich dem Ruf der Wintersonne und schlug mich nach Kreta durch, wo ich eine Felshöhle hoch über einem hellen Sandstrand bezog. Am Abend aß ich mit anderen Reisenden in einem Café, das Berge von Hummus, tellerweise Oliven und gekühlte, in Salz eingelegte Gurkenscheiben servierte. Die Männer am Ort, dunkelhäutig, mit dicken Schnurrbärten und schwarzem Haar, saßen um die Tische, rauchten Zigaretten ohne Filter und tranken Ouzo. Zu fortgeschrittener Stunde begannen sie zu singen und schließlich auch zu tanzen, wobei ihre Arme auf den Schultern ihrer Tanzpartner ruhten. Schweiß perlte von ihrer Stirn, wenn sie in die Knie gingen und ihre Beine schwangen, und ein tiefes Lachen kam aus ihren Bäuchen. Sie forderten lautstark alle zum Mittanzen auf und ließen nicht locker, bis alle – ganz in Schwarz gekleidete Witwen, verlobte Mädchen mit rotem Lippenstift, Köche mit fleckiger Schürze, langhaarige Hippies, barfüßige Kleinkinder – auf den Beinen waren und mittanzten.

Wir sprachen nicht dieselbe Sprache, doch Worte spielten keine Rolle. Worte waren nicht wichtig. Wichtig war, dass wir zusammen tanzten, im Rhythmus aufstampften, schwitzten und schlecht rochen, einander in die Augen schauten und dort die Freude am Tanzen sahen, die zerzausten Haare, die nassen Kleider, den verschmierten Lippenstift, die glühenden Wangen, alle zusammen, im gemeinsamen Tanz.

Auf Kreta erlebte ich beim Tanzen mit wildfremden Menschen ein exquisites Glücksgefühl, das wenig mit Vornehmheit, Reichtum oder Verliebtheit zu tun hatte, doch umso mehr mit dem außerordentlichen Glück, das Leben lieben zu lernen. Was ich auf Kreta beim Tanzen mit wildfremden Menschen erlebte, hatte nichts mit Religion zu tun, aber alles damit, das Leben heilig zu machen.

Wenn wir die Freiheit in ihrer ganzen Fülle erleben wollen, müssen wir sie nicht nur in Gedanken, sondern auch in unserem Körper finden, der Wohnstätte unseres inneren Wesens. Der Körper ist unser Medium für die Verbindung des Heiligen mit dem Profanen, des Transzendenten mit dem Gewöhnlichen, ein Medium für den Ausdruck unseres inneren Wesens, das ungehemmt, offen und voller Lebendigkeit ist. Wenn wir die Fähigkeit entwickeln, uns spontan durch Bewegung auszudrücken, erleben wir Befreiung als *gefühlte* Realität – und je mehr wir dieses Gefühl der Freiheit im Körper kennen lernen, während wir es schmecken und genießen, desto freier können wir uns ausdrücken. Diese Befreiung ist etwas sehr Persönliches und doch ganz und gar keine Privatsache. Sie wird von jedem wahrgenommen, mit dem wir in Kontakt kommen, und sie ist ansteckend.

Menschen reagieren auf Bewegung mit tiefen Bauchgefühlen. Wenn wir beobachten, wie ein Tänzer über die Bühne fliegt oder ein Reh springt, ein Bodenturner seine Flip-Flops schlägt oder eine Eiskunstläuferin ihre Pirouetten dreht, feuert unser sympathisches Nervensystem Neuronen in Bänder, Muskeln und Knochen, so dass wir buchstäblich die Bewegungen *fühlen*, die wir *sehen*. Das Erlernen der graziösen Bewegungen, die unserem Körper innewohnen, nützt nicht nur uns selbst, sondern auch den Menschen, die uns begegnen und die diese Leichtigkeit für einen Moment in ihrem eigenen Körper spüren – den Ruf der Freiheit und die Antwort darauf.

Buddha lehrte verschiedene Methoden für den Weg zur Erleuchtung. Eine davon ist, „den Körper im Körper" zu fühlen, das Gewahrsein auf das gefühlte Erleben zu lenken. Diese Anweisung klingt erstaunlich einfach, doch wir sind häufig nicht imstande, unsere Aufmerksamkeit auf die Empfindungen in unserem Körper zu richten. Stattdessen sind wir von unseren Gedanken und Gefühlen abgelenkt und spüren Körper und Gefühle kaum, es sei denn, wir haben starke Schmerzen oder werden von Lustgefühlen überströmt. Wenn wir in der Arbeit am Schreibtisch versinken, hypnotisiert vor dem Fernseher sitzen, in der Schlange im Supermarkt stehen oder im Flughafen sitzen und auf unseren Anschlussflug warten, werden wir taub für die Bedürfnisse des Körpers und ignorieren den Impuls, uns zu bewegen: die Arme zu strecken, die Schultern zu rollen, die Füße kreisen zu lassen und die Wirbelsäule zu dehnen. Wir haben unsere Impulse so häufig unterdrückt, dass wir unseren Körper nicht mehr spüren, obwohl wir den ganzen Tag lang von den verschiedensten Empfindungen durchströmt werden.

Vor langer Zeit hatte ich nach einer Aufführung auf einem Theaterfestival in Italien im Sommer einen langen Zwischenstopp auf dem Flughafen von New York. Das stundelange eingeklemmte Sitzen im Flugzeug hatte eine alte Tanzverletzung verschlimmert, und ich saß im Schneidersitz auf dem grauen Teppich der Flughafenlobby und machte ein paar Dehn- und Streckübungen. Ende der siebziger Jahre war Yoga noch nicht modern, doch meine Beschwerden waren so heftig, dass ich mir keine Gedanken darüber machte, was meine Mitreisenden von mir denken würden.

Im Flugzeug setzte sich ein hoch gewachsener Mann im dunklen Anzug mit gestreifter Krawatte und gestärktem weißem Hemd neben mich, legte seinen Gurt an, schlug die Beine übereinander und begann sofort die Zeitung zu lesen. Ich schlug meine Beine ebenfalls übereinander und griff nach meinem Buch. Als die Stewardess ihre Runden drehte, bestellte er zwei Bloody Marys, die er in rascher Folge austrank, ohne seinen Blick von der Zeitung zu nehmen. Während des Abendessens tupfte er seinen Mund mit der Cocktail-Serviette ab und wandte seinen Kopf schließlich in meine Richtung.

„Ich hatte schon befürchtet, dass ich neben Ihnen sitzen würde", grummelte er.

Ich war sofort gekränkt und spürte, wie ich rot wurde. Obwohl ich eine Avantgarde-Performancekünstlerin bin, kann ich es nicht ausstehen, für seltsam gehalten zu werden, und hätte es gern, dass alle Menschen auf der ganzen Welt mich für einen wundervollen Menschen halten und sich nichts sehnlicher wünschen, als neben mir zu sitzen.

„Ich habe Sie im Flughafen gesehen", fuhr er fort, „und ich dachte, verdammt, ich muss bestimmt im Flieger neben dieser Verrückten sitzen, und tatsächlich, so war's dann auch."

Ich stammelte etwas von einer Rückenverletzung und vermied es, ihm dabei in die Augen zu sehen. Er legte seine Gabel beiseite und wandte sich mir zu. Ich wandte mich ihm ebenfalls zu, und zum ersten Mal in den drei Stunden, die wir nun zusammen unterwegs waren, berührten sich unsere Schultern und ich sah menschliche Anteilnahme in seinen Augen. „Fühlen Sie sich jetzt besser?", fragte er und bot mir ein Aspirin an, das ich höflich ablehnte. Als er merkte, dass ich nicht völlig verrückt war, begann er ein Gespräch, und als ich merkte, dass er nicht von der „Bewegungspolizei" war, ging ich darauf ein. Einigen Stunden später, als das Flugzeug zur Landung ansetzte, waren wir Freunde geworden. Beim Abschied atmete er tief durch und fragte: „Und übrigens, können Sie mir sagen, wo ich die Streckübungen, die Sie da gemacht haben, lernen kann?" Sein Rücken bereitete ihm ebenfalls Probleme – eine alte Sportverletzung. Der freiheitsliebende Teil des Wesens meines Mitreisenden hatte den freiheitsliebenden Teil meines Wesens erkannt. Und so saßen wir nun da, nicht mehr länger als Feinde, sondern als ungleiches Paar auf der Suche nach Freiheit und wahrem Wohlbefinden.

Wenn wir uns selbst treu sind, haben wir eine Ausstrahlung, die andere bewegt, sich uns anzuschließen.

Höre auf deinen Körper

Wenn wir genau auf die Empfindungen in unserem Körper achten, werden wir merken, dass ständig Bewegungsimpulse in uns auftauchen – der Impuls, einen Arm zu heben oder eine Schulter fallen zu lassen, in die Knie zu gehen oder mit den Hüften zu kreisen. Wenn wir auf diese Impulse hören, die von Moment zu Moment auftreten, solange wir leben, und auf sie eingehen, werden wir merken, dass wir tanzen. Der Tanz kann eine Wanderung durch den Wald sein, mit weit schwingenden Armen. Er kann ein stilles Hin- und Herwiegen sein, wenn wir vor dem Kino in der Schlange stehen. Er kann ein ausgelassener Tanz an einem wenig genutzten Strand sein, der ein Muster im nassen Sand hinterlässt. Er kann ein wilder, stampfender, Hüften schwingender, Kopf rollender, schweißtriefender Nachtclub-Tanz sein. Es spielt keine Rolle. Während des Tanzes ist die Dominanz des Verstandes vorübergehend außer Kraft gesetzt und wir fühlen uns im Körper zu Hause und sind plötzlich zufrieden. Glücklicherweise ist es ohne große Anstrengung möglich, den Weg zurück in den Körper zu finden, und durch die Wiederentdeckung der natürlichen Anmut des Körpers schaffen wir die Basis für die Anmut in unserem Gang, unseren Körperübungen, unserem Sprechen, unserem Liebesleben, unserem Gesang, unseren Festen und unserer Meditation.

✦ Die Übung

Schließe die Augen und lasse deine Aufmerksamkeit in den Körper hineingehen (so, als würdest du eine dieser Minikameras verschlucken, mit der Chirurgen in den Körper hineinblicken können). Spüre, was in dir vorgeht. Fühle, wo es drückt, wo es zieht und wo es schmerzt. Fühle das Summen in deinem Körper und fange an, dich zu bewegen. Halte die Augen geschlossen. Lass den Schmerz los, lass alles, was festhält, sich entspannen. Vielleicht will dein Kopf nach vorne fallen, damit eine verspannte Stelle im Nacken loszulassen kann. Bewege dich eine Minute lang, egal, ob du gerade am Schreibtisch sitzt, im Bett liegst, im Wohnzimmer stehst oder am Straßenrand auf den Abschleppwagen wartest, weil dein Auto liegen geblieben ist.

Höre auf deinen Körper, wenn er verspannt ist oder Schmerzen hat. Strecke dich, räkle dich, rolle dich, beuge dich, schaukele hin und her. Wenn du in Gesellschaft bist und keine großen Bewegungen machen willst, beweg dich nur ein bisschen. Doch bewege dich.

Das Lösen von Verspannungen im Körper löst auch Verspannungen im Geist. Eigentlich sollte jeder Flughafen eine kleine Disco mit Tanzfläche haben oder mobile Tanz-Combos mit Tanzlehrern, so dass die wartenden Reisenden sich bewegen können, statt nervös in Zeitungen herumzublättern oder Chips in sich hineinzustopfen. Körper und Geist sind nicht getrennt, und trotz unserer Bemühungen, uns in unser Wohlbefinden hineinzudenken, werden wir uns erst dann wirklich wohl fühlen, wenn wir auf unseren Körper hören.

Vor nicht langer erhielt ich die Einladung, in einer aufstrebenden IT-Firma am Ort ein Seminar über Kreativität und Stressbewältigung zu halten. Der erste Teil des Seminars war für die Führungskräfte, und ich begann mit Bewegungsübungen – einem der wichtigsten und am besten dokumentierten Mittel gegen Stress. Ich führte die Gruppe durch eine Reihe leichter Bewegungen, und schon bald machte einer der Teilnehmer ein böses Gesicht, ein anderer musste plötzlich aufs Klo, ein dritter ging auf den Flur und setzte sein Handy in Betrieb. Ein Mann ging zur Seite des Raums und setzte sich auf einen Stuhl an der Wand. In einer Pause ging ich zu ihm und fragte ihn, wie es ihm gehe.

„Gut", sagte er. „Aber, ehrlich gesagt, ich mag nicht tanzen und der ganze Körperkram gefällt mir sowieso nicht. Ich schaue lieber zu."

Der Mann war deutlich übergewichtig und fühlte sich offensichtlich in seinem Körper nicht wohl.

„Vielleicht möchten Sie lernen, sich freier zu bewegen", schlug ich vor.

„Warum?" fragte er.

„Weil Sie dann glücklicher wären", sagte ich. Gewöhnlich halte ich mich für einen Menschen, der klug genug ist, anderen nicht vorschreiben zu wollen, was sie glücklich macht. Doch bei ihm rutschte mir diese Bemerkung einfach heraus.

„Ich bin glücklich und zufrieden", erwiderte er. „Ich war schon immer etwas verklemmt und ich finde das gut so."

Seine Worte erstaunten mich, und ich hatte meine Zweifel, ob er sich selbst glaubte. Außerdem wusste ich nicht, ob ich ihm überhaupt einen Rat geben könnte, der ihm irgendwie nützen könnte. Alles, was ich wusste, war, dass viele wundervolle Menschen, mit denen ich über die Jahre arbeiten durfte, nicht imstande waren, ihre Schultern zu rollen, ihre Hüften zu schwingen oder ihre Wirbelsäulen wie eine Schlange zu bewegen, und dass sie diese Bewegungsfreiheit ohne den geringsten Widerstand aufgegeben hatten.

Über Jahrmillionen der menschlichen Evolution war ein Leben im Sitzen undenkbar. In vielen Teilen der Welt legen Menschen noch immer erhebliche Distanzen zu Fuß zurück, werfen Fischernetze aus und ziehen sie ein, hocken für lange Gespräche am Boden, klettern auf Bäume, graben in der Erde, werfen die Saat aus und bringen die Ernte ein. Sie bewegen sich mit Leichtigkeit durch die täglichen Mühen, ihr Skelett wird locker von der Muskulatur bewegt. Viele von uns haben hingegen diese Leichtigkeit verloren, und Verspannungen lassen unseren Körper steif werden. Doch jeder Mensch hat das Potential, körperliche Anmut zu entwickeln und zu bewahren, und wenn wir uns nur eine Minute täglich dafür Zeit nehmen, können wir unsere Bewegungsfreiheit wiederentdecken.

Trance

Vor vielen Jahren reiste ich durch Guatemala und kam ausgerechnet zu Allerheiligen in einem Bergdorf namens Todos Santos (spanisch für „alle Heiligen") an. Die Dorfbewohner glauben, dass während der Tage um dieses Fest der Schleier, der die Welt der Geister von der Welt der Lebenden trennt, ein wenig gelüftet wird, und sie versammeln sich auf dem Friedhof, um mit ihren Ahnen zu kommunizieren. Musiker ziehen mit ihren Marimbas von Grab zu Grab, den ganzen Tag und die ganze Nacht, und die Dorfbewohner – Männer in schwarzen Westen, flachen Strohhüten und fein bestickten Hosen in leuchtenden Farben, Frauen in langen dunklen Röcken und gestreiften roten Blusen mit hellem Kummerbund – beten, singen, essen im Freien, bringen Opfergaben dar, trinken selbst gebrannten Schnaps und tanzen.

Ich stand etwas abseits der Festgesellschaft und beobachtete die exotischen Rituale mit dem neugierigen Erstaunen eines unwissenden Besuchers. Zwei zahnlose ältere Frauen mit gebeugtem Rücken, faltigem Gesicht und grauen, zu Zöpfen geflochtenen Haaren tänzelten Händchen haltend über ein mit Orangen- und Eierschalen sowie Brotkrumen übersätes Grab. Sie sahen, dass ich sie beobachtete, und streckten ihre Hand aus, um mich einzuladen, mich ihnen anzuschließen. Ich konnte nicht widerstehen. Ich hielt ihre steifen, geschwollenen Finger, und zusammen stampften wir drei zu den grellen Rhythmen der Marimbas und tanzten mit den Ahnen.

Der Anblick der kleinen, gebeugten Frauen erinnerte mich an meine Großmutter Belle, die bei ihrer Immigration in Ellis Island aufgehalten wurde, weil ihr Röntgenbild dunkle Flecke zeigte. Und mein Großvater Herman, der filterlose Zigaretten rauchte und jeden Morgen in seinen Gebetsmantel gehüllt gen Osten betete. Und an den Vater meiner Mutter, Zvi, der sein Leben dem Studium und der Lehre der Thora widmete. Und meine Großmutter Ima, die nach dem Tod ihres Mannes Aktien kaufte, die anfangs nur Pennys wert waren, ihr später aber ein Vermögen einbrachten. Trotzdem lebte sie weiter wie eine arme Frau, weil sie nicht glauben konnte, dass sie nun reich war, und sang „America the Beautiful" in ihrem Schaukelstuhl. Und noch weiter zurück zu den namenlosen Vorfahren, die in der alten Welt zurückgelassen wurden und an die sich niemand mehr erinnert. Sie erschienen nun, tanzten mit mir und den Indianerfrauen gemeinsam mit deren Vorfahren über den Friedhof, in einem Strom von Geburt und Tod und Tanz.

In den meisten Kulturen dieser Welt ist der Tanz eine Methode für die Kontaktaufnahme mit den Geistern, eine Form des Gebets. Tanzende Derwische wirbeln, einen Arm zum Himmel erhoben und den anderen zur Erde weisend, stundenlang in ihren langen, glockenförmigen Gewändern im Kreis. Die Priesterinnen von Condomblé, ganz in Weiß gekleidet, tanzen, bis sie irgendwann in Trance verfallen und vom Geist besessen wild um sich fuchteln. Afrikanische Tänzer verkörpern mit ihrem Tanz die Arbeit auf dem Feld, die Verführung ihres Partners, die Heilung von Kranken und den Regen, während Meistertrommler mit ihren flinken Händen das Feuer der kollektiven Trance schüren. Und unzählige Jugendliche in aller Welt in Overalls und Miniröcken, mit lila Haaren und gepiercten Augenbrauen, fluoreszierenden Halsbändern und auffälligen Tätowierungen versammeln sich nach Mitternacht in irgendwelchen Lagerhallen und tanzen zu unaufhörlich dröhnendem Techno-Beat bis in die Morgendämmerung. Die Liste der Menschen, die es verstehen, über einen Körper aus Fleisch und Blut mit dem Heiligen zu kommunizieren, ist endlos.

Als Kinder wussten wir alle, wie wir uns in Trance versetzen konnten. Wir haben uns einfach gedreht und gedreht, bis wir nicht mehr länger aufrecht stehen konnten. Wir ließen uns fallen und die Welt um uns herum wurde zu einem wirbelnden Kaleidoskop aus Tapetenmustern und Bilderrahmen und Deckenlampen und Tischen und Geschwistern und Familienfesten und Buchstabieraufgaben und Zeugnissen und Pferdeschwänzen und Packpapier – während wir selbst im stillen Zentrum aller Dinge ruhten. Wir haben zwar nicht vergessen, wie wir durch Tanzen in Trance kommen und unseren Körper im Gebet aufgehen lassen können, doch wir halten uns selbst davon ab.

Um den Tanz als Pfad zum Heiligen wieder zugänglich zu machen, brauchen wir nichts weiter zu tun als tatsächlich zu tanzen – wo immer, wann immer, wie immer wir wollen, allein oder mit anderen, drinnen oder draußen. Alles was wir tun müssen, ist tanzen.

Drei Geheimnisse

Hier sind die drei geheimen Wege, um wieder Freude am Tanzen zu bekommen:

1. Gib dich ganz dem hin, was du gerade tust, ganz gleich, was es ist. Wenn du einfach nur mit einer Hand durch die Luft fährst, um zu winken, dann achte auf die Bewegung, fühle sie, glaube an sie. Selbst die einfachste und gewöhnlichste Geste kann hochinteressant sein, wenn du dich ganz und gar auf ihre Ausführung konzentrierst. Wenn wir uns einen Moment Zeit nehmen und bedenken, was alles an einer Körperbewegung beteiligt ist – die komplexen biochemischen Prozesse, die sich abspielen, wenn das Gehirn Signale an Muskeln und Knochen sendet – dann verstehen wir, dass jede Bewegung ein Wunder ist. Wenn wir unsere Aufmerksamkeit auf sie legen, können wir das Wunder des Bewusstseins in dem sich bewegenden Körper erleben. Von Mick Jagger wird gesagt, dass er beim Tanzen, selbst im kleinen Kreis guter Freunde, so konzentriert ist, so kompromisslos in seiner Fähigkeit zur Konzentration, dass er den Anschein erweckt, schwer zu arbeiten. Als guter Tänzer fühlt er den Körper im Körper und kann sich vom Erlebnis des Tanzens faszinieren lassen.
2. Kümmere dich nicht darum, ob deine Bewegungen gut oder schlecht sind. Wir sind in einer Kultur aufgewachsen, die Können höher einschätzt als Erfahrungen. Wenn wir älter und reifer werden, beschränken

wir uns zunehmend auf die Aktivitäten, die wir am besten beherrschen und überlassen große Bereiche der menschlichen Erfahrung anderen. Um uns das, was wir auf diese Weise verlieren, wieder anzueignen, müssen wir verstehen, dass unser Erfolg nicht in der perfekten Ausführung einer Dreifachpirouette oder in einem schwungvollen Walzer besteht, sondern darin, den Mut zu haben, dorthin zu gehen, wo wir am wenigsten geschickt und erfahren sind, und diesen Grenzbereich für eine Weile zu erkunden. Wenn wir spüren, in welchen Bereichen wir versteift und stecken geblieben sind, haben wir den ersten Schritt unternommen, um unsere Grenzen zu überwinden.

3. Wenn du dich auf deinen Füßen nicht ganz sicher fühlst, versuche nicht, auf sicheres Terrain zu gelangen, sondern stürze dich direkt in den Morast. Wenn du meinst, du siehst linkisch aus, versuche nicht, dich anmutig zu bewegen, sondern begib dich ganz in deine vermeintlich linkische Haltung hinein. Wenn du gehemmt bist, versuche nicht, frei zu sein, sondern verschmilz mit dem Zentrum der Hemmung. Wenn du dich unwohl fühlst, strebe nicht nach Wohlgefühl, sondern lass das Unwohlsein geschehen. Sei unsicherer, linkischer, gehemmter und unwohler, bis du vollständig mit diesen Gefühlen verschmolzen bist. In der Mitte des Ortes, den du am stärksten vermieden hast, lösen sich auch die unangenehmsten Gefühle auf und lassen eine Wildheit in dir hervortreten, die sich durch deinen Körper Ausdruck verschaffen will.

Losrennen und Springen

Oft ist das Schwierigste beim Tanzen zu wissen, wie man beginnen soll. Sobald wir diese Hürde überwunden haben, können die Bewegungen fließen, doch wir sind nicht sicher, wie wir beginnen können. Wir wollen wissen, was wir tun werden, bevor wir es tun, haben aber keine Idee für eine Bewegung im Kopf, also stehen wir im Abseits und warten, bis wir uns inspiriert genug, sicher genug fühlen, um auf die Tanzfläche zu treten und unseren Gliedern die Führung zu überlassen. Die Schwierigkeit beim Warten und Denken ist, dass Bewegungen im Allgemeinen gar nicht im Kopf entstehen, sondern im Körper gefühlt werden, und dass all jene, die abseits stehen und zögern, bis sie sich tapfer genug fühlen, sich ins Gewimmel zu stürzen, in einem der ärgerlichsten Widersprüche des Lebens gefangen bleiben: Wir wollen wissen, wie wir uns bewegen werden, bevor wir es tun, aber um zu wissen, wie wir uns bewegen werden, müssen wir zwangsläufig beginnen uns zu bewegen.

Als Kind lernte ich das Seilspringen. Zwei meiner Freundinnen hielten die Enden des Seils und wirbelten es herum. Ich stand einige Meter entfernt und zeichnete mit der Hand die Bewegungen des Seils in der Luft nach, um ein Gefühl für den Rhythmus im Körper zu bekommen. Irgendwann musste ich alle Versuche fallen lassen, im Kopf meine Bewegungen zu verstehen, losrennen und springen, in der Hoffnung, dass mein Körper genug wusste, um sich so zu verhalten, dass das Seil sich genau dann über meinem Kopf wölbte, wenn ich meinen Platz zwischen meinen beiden Freundinnen einnahm, und dass meine Füße genau im richtigen Moment in der Luft sind, wenn das Seil auf dem Boden unter mir aufschlägt. Ich fand heraus, dass das Seilspringen nur dann leicht war, wenn ich es aufgab, mir alles verdeutlichen zu wollen, und meinem Körper gestattete, selbsttätig zu handeln. Dieser Verlust der mentalen Kontrolle war zugleich der erschreckendste und der wundervollste Moment meiner gesamten Erfahrung mit dem Seilspringen. Beim Radfahren, beim Wasserski und auch beim Liebesakt ist es genauso: Lass deinen Körper aus seinem eigenen Wissen heraus handeln. Stelle dich ihm nicht in den Weg.

Der Schritt von der mentalen Kontrolle zum Körperbewusstsein ist es, der die Freude an der körperlichen Aktivität ausmacht. Dabei spielt es keine Rolle, wie gut wir im Tanzen, Skispringen oder Turmspringen sind. Der Moment, in dem wir den Sprung vom Kopf in den Körper machen, vom verstandesmäßigen Begreifen zum Vertrauen, kann immer etwas Beängstigendes haben.

Wenn wir Sportler oder Tänzer beobachten, vermitteln sie uns den Eindruck, als seien ihre Bewegungen mühelos. Diese Leichtigkeit nehmen wir wahr, weil in dem Moment, wo der Athlet oder die Tänzerin ihren Körper optimal einsetzen, ihnen das Gefühl von Anstrengung überhaupt nicht anzumerken ist – sie haben gelernt hat, sich aus ihrem innersten Wesen heraus zu bewegen, statt Anstrengung oder Mühe als

Ausgangspunkt zu nehmen. Auch wir können lernen, die Kontrolle über die sich entfaltende Realität abzugeben und es dieser stattdessen zu erlauben, sich durch uns zu entfalten. Tun wir das, dann verschwindet die Angst. Und wir selbst verschwinden, gehen im Tanzen auf. Es sind nicht mehr wir, die den Tanz tanzen, sondern unser inneres Wesen, das Sein, das tanzt. Das ist das Wunder, das wir bestaunen, wenn wir einen großen Athleten oder einen Tänzer oder ein graziöses Tier in Bewegung erleben – wir bewundern das tanzende Sein.

✦ Die Übung

Lege eine Musik auf, die einen gut erkennbaren Takt hat, und fühle, wie der Rhythmus in deinen Körper eingeht. Dann schalte, soweit möglich, deinen Verstand aus, lass den Körper übernehmen und gib dich völlig der Bewegung hin. Jedes Mal, wenn du darüber nachdenkst, was du tust, lenke die Aufmerksamkeit wieder zurück zum Körper, immer und immer wieder.

Das nächste Mal, wenn du tanzt – bei einem Familienfest, einer Hochzeit oder in einem Club – schau erst zu und fühle den Rhythmus. Laufe dann schnell auf die Tanzfläche und stürze dich mit Elan in die Bewegungen hinein. Vertraue auf deinen Körper. Denke nicht nach. Losrennen und springen.

Einen Impuls wachsen lassen

„Ich bin losgerannt. Ich bin gesprungen“, höre ich nun einige von euch sagen, die das Buch hingelegt, sich von der Couch erhoben, die Musik aufgelegt und gespürt haben, wie sie von ihrem Körper Besitz ergreift, so wie es sein soll, und dann aufgesprungen sind und angefangen haben zu tanzen. Ihr habt die Arme in die Luft geworfen und die Hüften geschwungen, aber ihr wusstet nicht, was ihr als nächstes tun solltet. Also standet ihr wie angewurzelt da und habt eure Gedanken auf ihren Körper konzentriert, aber es ist nichts passiert. Der Körper fühlte sich an wie ein nasser Sack. Was tun?

Wenn du merkst, dass du stecken bleibst, dann bemühst du dich wahrscheinlich zu sehr. Tanzen ist leicht, aber nur, wenn du dir erlauben kannst, es leicht sein zu lassen. Versuche doch einmal Folgendes:

✦ Die Übung

Stehe still und ruhe einen Moment lang vollkommen in dieser Stille. Dann beginne eine sehr kleine, sehr leichte (sprich mir nach: leichte) Bewegung, die du beliebig oft wiederholen kannst. Vielleicht klopfst du sanft mit dem Fuß auf den Boden, wiegst deinen Kopf von einer Seite zur anderen oder lässt eine Schulter kreisen. Richte Deine Aufmerksamkeit darauf, die Bewegung zu *fühlen*, sie ihr Eigenleben entfalten zu lassen.

Vergrößere die Bewegung ein klein wenig. Wenn du mit dem Fuß auf den Boden klopfst, kannst du ihn ein wenig höher heben, wenn du die Schulter kreisen lässt, kannst du die Kreisbewegung ein wenig ausladender werden lassen. Gib deine Energie und deine Aufmerksamkeit in diese leichte (ich wiederhole: leichte) Bewegung hinein.

Vergrößere die Bewegung noch einmal. Wenn du mit dem Fuß aufklopfst und ihn nur etwas vom Boden hebst, hebe ihn höher an. Wenn du die Schulter kreisen lässt, fange an, den ganzen Arm kreisen zu lassen.

Lass die Bewegungen immer größer werden und entwickle dabei allmählich eine immer größere Leichtigkeit, solange, bis dein ganzer Körper an der Bewegung beteiligt ist und du über den Boden wirbelst, und vergrößere selbst dann noch die Bewegung, bis du völlig ausgelassen bist und an deine physischen Grenzen kommst, jedoch weiterhin völlig mühelos bleibst und nicht einmal eine Spur von Anstrengung aufwendest. Denn Anstrengung hilft nicht. Vergiss nicht, dass du bereits weißt, wie man tanzt. Du brauchst nichts weiter zu tun, als den Weg zu finden, und der Weg verbirgt sich in dem Moment, wo du anfängst, dich *anzustrengen*, um ihn zu finden.

Wenn du die Grenze müheloser Großartigkeit erreicht hast, verringere allmählich deine Bewegungen, Schritt für Schritt, bis du zu der kleinen Bewegung zurückfindest, die dich in Gang gebracht hat. Experimentiere damit, wie klein die Bewegung werden kann und immer noch eine Bewegung ist. Ein Beobachter, der einige Meter entfernt steht, würde möglicherweise nicht einmal merken, dass du dich überhaupt noch bewegst, doch in dir selbst geht die Bewegung weiter.

Finde schließlich zu vollkommener Bewegungslosigkeit zurück und fühle in dieser Bewegungslosigkeit, wie die Resonanz, die Freude daran, sich bewegt zu haben, in der Stille deines Körpers nachklingt.

Eine kleine Geste kann zu einer ganzen Serie von Bewegungserlebnissen führen, wenn du dich darauf einlässt. Der Trick besteht darin, Bewegungen nicht im Kopf zu „erfinden", sondern es sich zu gestatten, sich zu bewegen, ohne nachzudenken. Doch das ist keine passive Übung – du musst dem Ganzen schon ein wenig Zunder geben, und am explosivsten ist die pure Präsenz.

Wie bei allen Formen der Meditation kommt es nicht darauf an, sich in den Wolken zu verlieren und in einen Halbschlaf zu verfallen, sondern darauf, vollständig in die Gegenwart zu kommen. Halte dich nicht zurück. Sei leidenschaftlich, verspielt, großzügig. Opfere deinen Körper auf dem Altar des Tanzes, und die Tanzgötter werden dich mit den sinnlichen Freuden belohnen, auf die jeder Mensch einen natürlichen Anspruch hat.

Kreisen

Mit zweiundzwanzig bekam ich eine Einladung, mich Margaret Jenkins' aufstrebender Tanzgruppe anzuschließen. Obwohl ich bereits seit meiner Kindheit Tanzstunden hatte, war ich nicht imstande, mir komplizierte Bewegungsfolgen zu merken. Glücklicherweise begann damals die Postmoderne im Tanz. Das bedeutete, dass man nicht mehr Schritte zu präzisen Rhythmen erlernen musste, die einem eine Choreographin laut vorzählte, während sie durch unmöglich komplexe Dreh- und Sprungsequenzen, Hebe- und Flatterbewegungen flog. Stattdessen folgten die Tänzerinnen begeisterten choreographischen Anweisungen wie: „Geh durch den Raum, stampfe mit den Füßen auf und lass dich gelegentlich zu Boden fallen", oder: „Verlagere das Gewicht von einem Fuß auf den anderen, kratze dich am Kinn und überkreuze dann die Arme."

Für ein Tanzstück bat Margie mich, mich nur im Kreis zu bewegen. Im grellen Licht der Bühnenscheinwerfer drehte ich mich wie ein Kreisel, beschrieb mit den Armen Kreise in der Luft und polterte im Kreis um die Peripherie des Raums. Als Nächstes beschrieb ich Schleifen mit tangentialen Kreisen und wirbelte dabei mit den Zeigefingern. Ich fühlte mich wie fließendes Wasser, wie die Erde, die sich um ihre eigene Achse dreht, wie Planeten, die um die Sonne kreisen, wie eine reißende Flut, wie der Strudel einer Wasserspülung. Plötzlich wurde mir klar: *Aha! Darum dreht es sich also beim Tai Chi, diese Energie der Kreise im Universum und im Körper.* Und ich erkannte, dass der Körper Kreise mag, und dass die Gelenke – Schultern, Hüften, Fußgelenke, Handgelenke, Hals, Finger – zum Kreisen gedacht sind. Bei jeder Aufführung gewann ich neue Erkenntnisse. Also beschränkte ich mein Kreisen nicht auf die Aufführungen, sondern kreiste weiter in Nachtclubs, in meinem eigenen Studio und heimlich im Supermarkt an der Kasse und in meinem Hinterhof, wenn die Sonne schien und manchmal, nur mit den Händen, in der Badewanne.

Um uns gut zu bewegen, müssen wir nicht nur körperlich, sondern auch mit unserer Aufmerksamkeit bei der Bewegung sein. Wenn wir beobachten, wie sich jemand bewegt, sehen wir nicht nur die körperlichen Bewegungen, sondern wir sehen auch das Gewahrsein. Wir sehen, wie das Gewahrsein in die Wirbelsäule geht, in einen Arm oder in ein Bein. Wir sehen, wenn eine Person sich bewegt, aber nicht „in ihrem Körper“ ist. Wir sehen, wo eine Person sich mit Leichtigkeit bewegt und wo ihr Körper unbewusst zurückhält.

Es ist bemerkenswert, wie sichtbar Gewahrsein ist. Wir brauchen uns gar nicht besonders anzustrengen, um Gewahrsein im Körper wahrzunehmen. Wir sehen es jederzeit – ebenso wie den Mangel daran – in der Körperhaltung unserer Mitmenschen, doch gewöhnlich ist uns nicht bewusst, was wir sehen. Vielleicht fällt uns auf, wie graziös sich jemand bewegt, oder wir fühlen uns von jemandem angezogen und merken gar nicht, dass es die Körperlichkeit und Sinnlichkeit sind, mit der sich die Person bewegt, die auf uns so anziehend wirkt.

Hier ist ein Gesang, den ich von einem afro-kubanischen Trommler gelernt habe:

Oye la rhumbera, oye la
Oye la la rhumba, oye la …

Frei übersetzt heißt das soviel wie:

Schau auf die Tänzerin, schaue sie an,
schau auf den Tanz, schaue ihn an.

Wir sehen die Tänzerin und wir sehen den Tanz. Sie sind verschieden und doch untrennbar. Wir sehen, wie die Tänzerin im Tanz aufgeht und wie der Tanz in der Tänzerin aufgeht.

Um im Tanz aufzugehen, müssen wir uns dafür interessieren, wie sich unser Körper fühlt. Wir müssen uns dafür interessieren, was unser Körper tun will und was er tun kann. Je tiefer wir den Tanz empfinden können, desto interessanter wird er für uns. Je interessierter wir an unseren eigenen Bewegungen sind, desto interessanter werden die Bewegungen.

Als Hilfe zum Meditieren wird einem der Gegenstand der Konzentration genannt: Zähle den Atem von eins bis zehn, betrachte das Licht einer Kerze oder achte nur auf das, was du hörst. Wenn wir beim Meditieren eine Aufgabe haben, kann sich unsere Aufmerksamkeit auf das konzentrieren, was von einem Moment zum nächsten in unserem Körper und in unserem Geist passiert. Wir binden die Gedanken an den Körper, damit wir nicht so leicht abgelenkt sind und nicht das Gewahrsein unserer eigenen Bewegungen verlieren.

Das Kreisen gibt dem Geist etwas zu tun, auf das er sich konzentrieren kann, und bringt das Gewahrsein in den Bereich der gefühlten Wahrnehmung. Zu kreisen ist nicht schwer und bietet uns ein endloses Experimentierfeld. Immer wenn wir uns auf einer Tanzfläche befinden und uns keine Bewegung „ausdenken“ können, können wir kreisen.

✦ Die Übung

Kreise. Kreise mit deinen Gliedmaßen und kreise im Raum.

Lass eine Kreisbewegung in die nächste fließen, ohne anzuhalten. Kreisbewegungen sind flüssig. Das macht sie für uns so angenehm. Lass die Bewegung fließen.

Kreise zur Musik. Kreise mit einem Freund. Kreise im Freien, in einem Club, auf einer Party oder im Park. Dreh dich, bis du umfällst. Wenn du am Schreibtisch vor dem Computer sitzt und dein Rücken steif wird, kreise mit der Wirbelsäule, mit den Schultern, mit dem Kopf. Wenn du auf dem Rücken liegst oder am Strand, lasse deine Arme in der Meeresbrise kreisen. Wenn du im Bioladen an der Schnellkasse stehst, mit einem Müsliriegel in der einen Hand und einem Karottensaft in der anderen, und sich vor dir ein Kunde mit einem Einkaufswagen mit einem Dutzend Eiern, sechs Limonen, einem Beutel schwarzem Reis, einem Sechserpack Bio-Cola, einer Tüte Kartoffeln, einem Stück Käse, Pfefferminzzahnstochern und drei Mangos befindet, und du ihm am liebsten auf die Schulter tippen und ihm sagen möchtest: „He, können Sie nicht lesen?", dann lass die Hüften kreisen und rolle die Augen. Es dauert nur einen Moment und du bist erlöst.

Wenn wir kreisen, haben wir an der Bewegung des Universums teil und fühlen, dass wir hierher gehören, zwischen Sterne und Planeten und Ozeane und Gummibänder, zwischen Verdunstung und Spiralen und Planetenbahnen, zwischen Geburt und Tod und Zuckerplätzchen und pulsierendem Blut. Wenn wir kreisen, befinden wir uns im Zentrum aller Dinge und umkreisen gleichzeitig den heiligen Berg.

Handtänze

Bei einer Besprechung mit einer Verlegerin in New York wurde ich gefragt, welche der Übungen in diesem Buch meine Lieblingsübung sei.
„Ich mag sie alle", sagte ich, und plötzlich hatte ich alle vergessen. „Machen wir doch einen Handtanz", schlug ich vor und nutzte den Moment, etwas zu *tun*, statt nur über etwas zu reden. Schließlich kommt es bei Übungen darauf an, sie zu machen.

Die Lektorin stutzte kurz und stimmte dann widerstrebend zu. Sie erhob sich von ihrem Stuhl und schloss die Tür zu ihrem Büro, damit nicht etwa zufällig jemand hereinkommen und sie bei ihrem Tun beobachten konnte.

„Was muss ich tun?“ fragte sie.

„Tanze mit deinen Händen“, sagte ich.

Ein erstaunter Ausdruck ging über ihr Gesicht, und ich wusste, dass sie sich genau überlegen würde, welche Bewegungen sie machen würde, bevor sie anfing.

„Denke nicht darüber nach. Bewege deine Hände, ohne die Bewegung durch deine Gedanken zu beeinträchtigen“, sagte ich.

„Kann ich die Augen schließen?“, fragte sie.

„Natürlich.“

„Dann musst du aber auch die Augen schließen“, sagte sie.

Die Lektorin, die PR-Beraterin, meine Agentin und ich saßen mit geschlossenen Augen, um uns nicht gegenseitig in Verlegenheit zu bringen am Tisch und ließen unsere Hände tanzen. Aber ich mogelte etwas. Ich blinzelte durch meine fast geschlossenen Augen und genoss den Anblick von vier erwachsenen Frauen in dunklen Business-Anzügen, die im dreiundzwanzigsten Stock eines Hochhauses in Manhattan ihre Hände schwangen.

„Das fühlt sich gut an“, sagte die Lektorin anschließend. Die PR-Beraterin und meine Agentin stimmten zu, und alle schienen überrascht.

Wir neigen dazu, unsere Hände zu vernachlässigen. Wir bestehen darauf, sie stundelang sich ständig wiederholende Bewegungen vollführen zu lassen, wenn wir an der Tastatur, am Steuer eines Autos oder am Esstisch sitzen. Gelegentlich bleibt unseren Händen nichts anderes übrig, als uns ein primitives Beschwerdesignal zu schicken in Form von Schmerzen, die unsere Gelenke durchziehen. Wir reagieren, indem wir unseren angestrengten Gliedmaßen ergonomische Handstützen, chiropraktische Behandlungen, Wärmekissen, Kältekissen und Muskelentspannungen spendieren.

Doch wir lassen sie nicht tanzen. Tanzen ist verboten. Wir halten Aktivitäten, die nicht schwierig, aerobisch oder produktiv, intellektuell herausfordernd oder explizit erotisch sind, für wertlos. Umso größer ist unsere Verwunderung, wenn wir merken, dass scheinbar geistlose kleine Spielchen viel Freude machen können.

✦ Die Übung

Bewege die Hände, wie immer sie sich bewegen möchten. Du kannst kleine Handtänze vollführen und dabei nur die Finger bewegen, während deine Handflächen auf der Tastatur, dem Schreibtisch oder dem Lenkrad ruhen. Oder du beziehst die ganze Hand und den Unterarm ein. Wenn du kein Aufsehen erregen willst, kannst du die Hände im Schoß halten. Du kannst beim Telefonieren, in der Badewanne oder beim Spazierengehen deine Hände tanzen lassen.

Du kannst mit einer Hand tanzen und die andere wie in einem Zwiegespräch auf den Tanz reagieren lassen. Du kannst die Finger sehr schnell oder sehr langsam bewegen. Deine Hände können sich berühren, sich ineinander verschränken oder entfernt voneinander bleiben. Erfinde deine eigenen Figuren mit Fingern und Handflächen. Lass die Hände in die Luft fliegen, flattern oder Wellen schlagen. Lass dich nicht entmutigen, wenn du anfangs Hemmungen hast. Fange einfach an. Irgendwann wird es dir so viel Freude machen, dass du nicht mehr aufhören willst. Das musst du auch nicht.

Tibetische Mönche und Nonnen vollführen während des Chantens ihre Mudras, Handbewegungen in einer Symbolsprache, um ihre Gebete in den Körper zu integrieren. Unsere Hände sind zum Tun gemacht. Die Werke unserer Hände machen uns in der Welt bekannt und was wir mit den Händen tun, hat erhebliche Auswirkungen auf unser Unbewusstes. Wenn wir uns die Zeit für Handtänze nehmen, senden wir unserem Unbewussten Botschaften über Entspannung, Spiel, Erleichterung, Gebet und unbeschwerte, freie Zeit. Ein kleiner Moment des Handtanzes kann eine große Wirkung haben. In jenem Moment sind wir in Tahiti und tanzen am Strand den Hula, oder wir betreten einen heiligen Ort und schicken ein Gebet zum Himmel. In dieser Zeit geben wir unserem Herzen und unserem Verstand eine Verschnaufpause.

Baumtanz

Mein Bewegungstraining begann im Alter von vier Jahren, als meine Mutter mich für einen Kurs in modernem Tanz für Kleinkinder anmeldete. Der Kurs fand in der Garage eines Hauses im Stil der fünfziger Jahre in einer Sackgasse in einer Vorstadt statt. Ich trug einen gebauschten Rock und tanzte in einer Gruppe von Kindergartenkindern, die durch den Raum fielen, rollten und krabbelten.

„So sind wir also Käfer", sagte die Lehrerin in einem Anfall von Entzücken und kroch mit gespreizten Fingern und zur Seite gebeugten Ellenbogen über den Boden.

Wir mussten sie nachmachen.

„So sind wir also Elefanten", gab sie mit erschreckender Begeisterung von sich, machte einen Buckel und ließ ihre Arme wie einen Elefantenrüssel zwischen den Beinen baumeln.

Seither habe ich eine Abscheu, wenn irgendjemand vorschlägt, dass ich wie ein Sonnenuntergang, ein Wirbelsturm oder ein Delfin tanzen solle. Doch dann habe ich den Baumtanz kennen gelernt und ihn aus irgendeinem Grund in meine Übungen aufgenommen.

Die ursprüngliche Inspiration entstand eines Sommers, als ich auf dem Grundstück von Mel Henderson an den Ausläufern der nördlichen Sierra Nevada in Kalifornien lebte. Mel ist Bildhauer. Er ist außerdem Goldgräber, ebenso wie sein Vater, und verbringt den Sommer mit ein paar Goldgräberfreunden unter Tage auf der Suche nach einer Goldader, von der er weiß, dass sie irgendwo unter seinem riesigen Grundstück zu finden ist.

Mel baute mir ein Bett zwischen vier großen Kiefern, und ich richtete eine Freiluftküche ein. Nachmittags schleppte ich große Plastikflaschen den steilen Pfad zum Indian Creek hinunter, der kühl durch das grüne Tal lief, und sammelte meine Wasservorräte. Auf meinen täglichen Wanderungen sah ich viele Baumstümpfe von Bäumen, die Mel gefällt hatte, um die Schutzwälle der Mine zu bauen. Eines Tages stieg ich auf einen solchen Baumstumpf und begann, mit den Füßen fest auf dem Holz verwurzelt, einen Tanz. Ich hatte nicht die Absicht, zu einem Baum zu mutieren, aber fühlte mich irgendwie „baummäßig", so als ob der Wind durch meine Äste fahren und mich hin und her schaukeln würde. Das

Gefühl, meinen Rumpf und meine Gliedmaßen zu wiegen, erst sanft, dann immer heftiger, während meine Füße fest am Boden standen, war eine erstaunliche und sehr angenehme Herausforderung,. Während meiner Zeit auf dem Lande sprang ich noch oft auf einen Baumstumpf, um zu tanzen.

Wenn wir tief in uns hineinschauen, sehen wir, dass alle unsere mentalen und physischen Aktivitäten aus einem Platz der Stille kommen. Aus der Stille entsteht Klang. Aus der Ruhe kommt die Bewegung. Der Baumtanz ist die physische Metapher für die Untrennbarkeit von Stille aus der Bewegung heraus und von Bewegung aus der Stille heraus.

Am Ende meines Sommers in den Ausläufern der Sierra Nevada sollte ich eine Vorstellung in der Kunstgalerie der Universität von Davis geben. Mel belud meinen Kombi mit Baumstümpfen verschiedener Höhe, und ich verbrachte den Nachmittag damit, sie auf dem polierten Holzfußboden der Galerie zu arrangieren. Ich begann meine Vorstellung mit einem Tanz auf einem Baumstumpf, in dem ich das untrennbare Netz von Baum, Ästen, Baumstumpf, Holzfußboden, Tod und Transformation zum Ausdruck brachte.

In einem seiner Dharma-Exkurse erwähnte Thich Nhat Hanh, dass wir nicht eigentlich sterben. Unser Körper löst sich nur in seine ursprünglichen Elemente auf, wird zu Wasser und Erde. Das Wasser verdunstet und wird zu Regen, der auf die Erde fällt. Die Erde bringt Karotten und Kohlköpfe, Rüben und Apfelbäume hervor, die einen Teil von uns enthalten. Die Menschen und Tiere, die den Kohl, die Karotten, die Rüben und die Äpfel essen, verzehren die Elemente, die einen Teil von uns enthalten, und unsere Elemente werden ein Teil von ihnen. Wir sterben eigentlich nicht, sondern existieren in diesem Leben immer weiter fort – als Luft, Wind und Wasser, als Karotten und Äpfel und Baumstümpfe und Menschen, die auf Baumstümpfen tanzen und auf diese Weise zu spüren bekommen, wer sie sind.

Während eines Meditations-Retreats kletterte ich auf einen Hügel voller trockener, leuchtender Gräser und blickte auf die sanften Hügel, die sich in der Ferne unter mir erstreckten. Der Himmel hatte das kräftige Blau des Winterhimmels. Ein Wind wehte vom Meer her und kühlte meine bloßen Arme. Die Sonne durchflutete mich mit ihren Strahlen. Ich verankerte meine Füße im Boden und begann meinen Baumtanz, bei dem ich meine Gliedmaßen oberhalb meiner im Boden verwurzelten Füße bewegte. Ich fühlte, wie der Himmel und die Gräser und die alte Eiche ein paar Meter entfernt Rhythmen in sich trugen, die mein Körper spüren konnte, und ich tanzte zu dieser Musik. Wir sind daran gewöhnt, zu einem Partner und zu Musik zu tanzen, doch wir können auch zum Rhythmus und zu den Berührungen von Sonne, Wind, Regen und Sternen tanzen und sie in unseren Körper einströmen lassen.

Manchmal mache ich den Baumtanz im Haus. Der Körper schwingt, wogt in Wellen, schüttelt sich über einer Basis der Stille. Gefühle steigen auf und vergehen, bewegen den Körper, und der Körper, verwurzelt in der Erde, tanzt.

✦ Die Übung

Stelle dich aufrecht hin, die Beine hüftweit voneinander entfernt. Schließe die Augen und pflanze deine Füße in den Boden. Lass die Bewegung langsam in dir aufsteigen, so, als würde ein Wind wehen und dich bewegen. Möglicherweise bläst tatsächlich ein Wind. Lass den Atem des Windes deinen Körper bewegen. Vielleicht heben sich die Arme, die Finger kräuseln sich, der Oberkörper schwingt von Seite zu Seite.

Lass etwas heftigere Bewegungen aufsteigen. Deine Füße bleiben im Boden verwurzelt. Fühle die Erde unter dir und den Himmel über dir, während du dich bewegst. Lass die Erde und den Himmel in deine Bewegungen einfließen. Lass das Wetter in deine Bewegungen einfließen und das Licht. Lass die Gräser und die Vögel und das Gestein in deine Bewegungen einfließen. Lass die Bäume in deine Bewegungen einfließen.

Wenn du deinen Tanz beendet hast, finde deinen Weg in die Stille.

Ein Moment der Bewegung

Gelegentlich erinnere ich mich daran zu tanzen. Gelegentlich erinnere ich mich daran, vom Schreibtisch aufzustehen, das Telefon auszustöpseln oder eine Pause vor dem Geschirrspülen einzulegen. Dann lege ich eine Musik auf und tanze allein und unbeobachtet durch den Raum. Gelegentlich erinnere ich mich daran, dass ich mich beim Tanzen immer sofort besser fühle, ganz gleich, in was für einem Gemütszustand ich vorher war. Manchmal kann ich mich nicht überwinden, kann die hypnotische Trance nicht durchbrechen, die mich an das Stillsitzen, das Autofahren, das Web-Surfen, das E-Mailen, die Unterhaltung fesselt. Doch manchmal bestehen die Erinnerungen, die in den Knochen und Sehnen, den Muskeln und Nervenenden nisten, darauf, dass ich tanze, wenigstens eine Minute lang, ganz gleich, was sonst noch vermeintlich meine Zeit in Anspruch nehmen soll.

✦ Die Übung

Stehe auf und tanze. Sei linkisch. Sei anmutig. Sei schrullig. Sei du selbst. Finde Bewegungen, die du noch nie gemacht hast, die eigentümlich, unbequem, ungelenk sind. Finde Bewegungen, die du gern machst, Bewegungen, die du seit Jahren gewohnt bist. Bewege den ganzen Körper, mit großen, weit ausholenden Bewegungen der Arme und Beine. Dann mache kleine Bewegungen nur mit einem Teil des Körpers wie einem Finger oder einem Ellenbogen. Bewege dich durch den Raum und wieder zurück. Oder nimm nur einen winzig kleinen Raum ein.

Strecke die Arme und greife nach den äußersten Fingerspitzen. Fühle, wie die Wirbelsäule sich streckt. Greife nach dem Scheitelpunkt deines Kopfs. Wir strecken uns nur selten bis zur Grenze unserer Bewegungsfähigkeit. Das Ausstrecken bis an die Grenzen ist ein königliches, stolzes, mächtiges und befriedigendes Gefühl.

Tanze nach vielen verschiedenen Arten von Musik, nicht nur nach Musik, die du für „tanzbar" hältst. Man kann auf jede Musik tanzen. Nach Chopin bewegst du dich völlig anders als nach den Rolling Stones oder Miles Davis oder Frauen aus Mali. Du findest verschiedene Charaktertypen in dir, denen du noch nie begegnet bist, weil du noch nie eine Möglichkeit gefunden hast, sie aus ihrem Versteck hervorzuholen.

Sei elegant. Sei dumm. Sei lächerlich. Sei unbeholfen. Sei erotisch. Oder auch nicht. Lass dir etwas einfallen. Oder mach etwas nach, was du irgendwann bei jemandem gesehen hast und ausprobieren wolltest, wenn niemand hinsieht. Schließe die Augen. Öffne die Augen. Tanze mit deinem Spiegelbild in der Glastür. Tanze mit deinem Schatten. Tanze mit deinem Hund oder mit dem Rosenbusch. Für eine, zwei oder fünf Minuten ist es deine Aufgabe, zu tanzen.

Drei

Singen wie ein Fluss – die Öffnung der Stimme

„Es gab einmal eine Zeit, in der das lauteste aller Geräusche der Gesang im Dorf war. Wir haben uns von einer Welt voller Töne – dem Gezwitscher der Vögel, dem Rauschen der Blätter, dem Summen der Insekten und dem Gesang der Menschen – zu einer Welt voller Maschinenlärm entwickelt, in der wir selbst verstummt sind. Es ist eine wissenschaftlich anerkannte Tatsache, dass wir in Resonanz schwingen. Wenn wir in einer resonanten Welt leben und selbst resonante Wesen sind, sind Singen und Chanten Formen der Kommunikation, des Austauschs mit anderen in der Welt. Und unsere Stimme ist es, deren Verwendung wir verloren haben."

Jill Purce

Der tönende Körper

Während einer Konferenz im vergangenen Jahr, bei der ich eingeladen war, eine Vorstellung zu geben, erzählte Bri Maya Tiwari die Geschichte ihrer erstaunlichen Heilung von Eierstockkrebs. Sie ist eine betörend schöne Frau, die in der New Yorker Modeindustrie tätig war. Als sie Anfang zwanzig war, wurde bei ihr Krebs diagnostiziert. Nach mehreren Operationen und Bestrahlungsbehandlungen setzten die Ärzte sie davon in Kenntnis, dass sich ihr Krebs immer weiter ausbreitete und sie wohl nur noch zwei Monate leben würde. Bri Maya zog sich in die Wälder zurück, um „in Würde" zu sterben. Sie sagte uns, dass sie in eine winzige Hütte gezogen sei und ihre Tage mit Meditieren, Ernährung nach ayurvedischen Prinzipien, Ruhe, Einstimmung auf die natürlichen Kreisläufe ihrer Umwelt und Chanten verbrachte. Ihre außerordentliche Heilung schreibt sie jedoch hauptsächlich dem Chanten zu. Nach ihrer Ansprache stand sie allein mitten auf der riesigen Bühne, Jahrzehnte nach ihrer Diagnose mit Krebs im Endstadium, mit einer wundervollen Ausstrahlung, und gab ein gesundes „Ooooooommmmm" von sich.

Bri Maya gründete ein Zentrum im U.S.-Bundesstaat North Carolina, wo sie allmorgendlich hinaus in die Felder geht, um zu chanten. Die Kühe, so sagt sie, chanten mit ihr. Zuerst muhten sie in unterschiedlichen Tonarten, doch nach einigen Monaten waren die Stimmen der Kühe mit ihrer eigenen in Einklang, und mittlerweile berichtet Bri Maya, stimmen die Kühe in ihr „Om" ein.

Ich empfehle niemandem, auf eine allopatische Behandlung zu verzichten. Doch ich sage auch, dass es angebracht ist, auf das zu hören, was wir mit unserem Herzen und aus eigener Erfahrung wissen, und entsprechend zu handeln. Und dazu gehört, dass Singen gut für unsere körperliche, geistige und seelische Gesundheit ist.

Töne werden durch Wellen erzeugt, die Schwingungen herbeiführen. Wenn diese Schwingungen auf unser Trommelfell stoßen, hören wir. Doch unser Trommelfell ist nicht der einzige Körperteil, der von Tönen beeinflusst wird. Auch unser Knochengerüst befindet sich in Resonanz mit Klangwellen, ebenso wie unsere inneren Organe, unser Gehirn und sogar unsere Haut. Daher fällt es uns schwer, still zu stehen, wenn wir einen lebhaften Rhythmus hören. Wir müssen wenigstens mit dem Fuß tippen oder die Finger spielen lassen, weil die Musik uns buchstäblich bewegt. Wir werden von den Tönen, die wir hören, und von unserer eigenen Stimme in Schwingung versetzt. Jerzy Grotowski, der berühmte polnische Regisseur für experimentelles Theater, ließ seine Schüler täglich stundenlang Töne von sich geben, um ihre Fähigkeit zu verbessern, verschiedene Teile des Körpers in Resonanz zu versetzen: die Knie, die Ellenbogen, den Bauch, den Rücken, den Zeigefinger, den linken Zeh usw. Seine Schauspielschüler erwarben eine außerordentlich große Vielfalt an Möglichkeiten, sich selbst auszudrücken, indem sie lernten, verschiedene Teile des Körpers durch Töne in Schwingung zu versetzen.

In der Heilpraxis sind zahlreiche Traditionen entstanden, in denen die heilende Wirkung der Tonerzeugung genutzt wird, besonders in der östlichen Medizin. In der ayurvedischen Medizin kann die Stimme durch Resonanz mit Organen und Knochen eingesetzt werden, um Energieblockaden im Körper zu lösen und dadurch ein körperliches Umfeld zu erzeugen, in dem die Selbstheilungskräfte des Körpers freigesetzt werden.

✦ Die Übung

Lege dich auf den Rücken oder sitze bequem auf einem Stuhl oder Kissen. Lege die Handflächen auf die untere Seite des Bauchs, unterhalb der Hüfte, und lass deinen Atem sich vertiefen, so dass der Bauch sich beim Ein- und Ausatmen hebt und senkt. Wenn du das Gefühl hast, dass der Atem die Mitte des Bauchs füllt, beginne beim Ausatmen ein sanftes „Aaaahhh“ zu singen. Fühle, wie der Bauch mit dem Klang, den du hervorbringst, vibriert. Experimentiere mit tieferen Tönen, da ein tieferer Ton leichter im Bauch vibriert als ein hoher. Stelle dir die Eingeweide und die Geschlechtsorgane vor, wie sie mit dem Ton schwingen.

Lege die Hände nun über die Rippen und fühle, wie der Atem den Brustkorb weitet. Gib ein „Aaaahhh“ von dir und stell dir die Knochen, die Leber, die Nieren, die Milz, die Gallenblase und den Bauch vor, wie sie mit dem Ton vibrieren.

Lege die Handflächen auf den oberen Brustbereich. Fühle, wie der Atem die Lungen füllt, die sich bis zu den Schulterspitzen erstrecken. Beginne mit dem „Aaaahhh“ und fühle, wie die Brust unter deinen Händen vibriert. Stell dir vor, wie Lungen und Herz schwingen.

Lege deine Handflächen über die Augen. Fühle, wie der Atem durch die Nasenlöcher einströmt, und stell dir vor, der Atem fülle deinen Kopf. Sende den Ton in die Höhlungen des Schädels: die Nasennebenhöhlen, die Augenhöhlen und den Mund. Stell dir vor, wie der Klang das Gehirn und die Schädelnähte in Schwingung versetzt. Experimentiere mit dem Vokalklang „i“ und geh in eine höhere Tonlage.

Nimm dir nach Beendigung der Übung einen Moment Zeit, um zu spüren, wie die Töne auf dich gewirkt haben. Oft wirken sie sehr entspannend und geben dem Körper eine erstaunliche Weite.

Diese Übung erfordert nicht mehr als ein paar Minuten. Bleibe für etwa dreißig Sekunden bei jedem Teil deines Körpers, während du den Rumpf hinaufwanderst. Du kannst dir auch zehn Minuten Zeit lassen oder sogar mehr, falls du unter einer Krankheit oder chronischen Schmerzen leiden solltest. Dabei kannst du dich besonders auf die Regionen konzentrieren, die deiner Aufmerksamkeit jeweils bedürfen.

Hören

Das Hören als Meditationspraxis lernte ich zuerst bei einem Seminar mit der Komponistin Pauline Oliveros kennen. Am ersten Morgen des Seminars wies uns die Komponistin an, die Augen zu schließen und zu lauschen – einfach nur zu lauschen. Anfangs bemerkte ich die auffälligsten Geräusche: ein vorbeifahrendes Auto, das Husten eines Seminarteilnehmers. Dann begann ich, Klänge zu hören, die mir sonst entgehen: das Summen der Leuchtstoffröhren, das Ticken einer Uhr. Als einige Minuten vergangen waren und mein Hören immer feiner wurde, hörte ich meinen eigenen Körper: den Atem, das Schlucken, das Grummeln im Bauch. Das Summen der Klimaanlage und das Dröhnen eines Passagierflugzeugs erzeugten unterschiedliche Tonhöhen, die zusammen harmonische Obertöne erzeugten. Rhythmen entstanden. Ich merkte, dass ich Klänge ebenso räumlich wie zeitlich verortete und dass sie in meiner Innenwelt ebenso wie in der Außenwelt als Kontinuum ohne feststellbare Grenzen auftraten.

Pauline Oliveros vermittelte uns die Präsenz des Klangs nicht mit Hilfe langer Erklärungen, sondern indem sie uns unsere eigenen Erfahrungen machen ließ. Wir lernten, wie wir jederzeit in Klänge eingetaucht sind, bewusst oder unbewusst. Wenn wir aufmerksam hinhören, bemerken wir das Spektrum und die Vielfalt, die Strukturen und die Musikalität, die Komplexität und die Bezüge der Klänge, die ein wesentliches und konstantes Element unseres Lebens bilden. Wenn wir dann dazu übergehen, mit unserer eigenen Stimme oder einem Instrument selbst Klänge zu erzeugen, trägt dies erheblich zur Erweiterung unseres Vokabulars und unseres kompositorischen Verständnisses bei. Um gut zu komponieren, so lehrte uns Pauline Oliveros, müssen wir zuerst lernen, gut zuzuhören. Doch das ist nicht nur für Komponisten von Bedeutung. Zuhören ist für alle wichtig, die sich für die Fülle eines sinnlichen Lebens interessieren.

Jahre später, während eines Aufenthaltes in Indien, hatte ich ein weiteres bemerkenswertes Klangerlebnis. Ich befand mich auf dem Weg zu H. W. L. Poonja, einem erleuchteten Meister, dem der Ruf vorausging, enorme Fähigkeiten der Energieübertragung zu besitzen. Ich glaubte nicht an Gurus, aber viele meiner Freunde waren strahlend und glücklich von Besuchen bei diesem Lehrer zurückgekehrt, und ich konnte mich einer gewissen Faszination nicht entziehen. Also entschloss ich mich, nach einem Trekking-Trip in Nepal noch ein paar Tage anzuhängen und ihn in seiner Heimatstadt Lucknow zu besuchen.

Mit dem Beistand indischer Freunde in Delhi, die sich mit den Feinheiten des indischen Eisenbahnsystems auskannten, gelang es mir, einen Sitzplatz in einem Zug zu reservieren. Meine Freunde brachten mich um Mitternacht zum Bahnhof in Delhi und wiesen mich an, nach einem Zettel an einem Pfosten mit meinem Namen und meiner Sitzplatzreservierung Ausschau zu halten. Tatsächlich befand sich dort mein Name, säuberlich in ein nummeriertes Rechteck getippt. Ich war in der oberen Etage eines Stockbettes in einem klimatisierten Schlafwagen zweiter Klasse gebucht, was meinem dicken und mittlerweile mit Eselsohren versehenen Reiseführer zufolge die beste Wahl war. Als der Zug in den überfüllten Bahnhof rollte, eilte ich durch eine große Ansammlung von Sikhs in weißen Turbanen, Hindus mit Kastenzeichen auf der Stirn, verschleierten Muslimen, Männern in Geschäftsanzügen, obdachlosen, in Lumpen gekleideten Jungen und Sadhus mit fast gar nichts an.

Ich bahnte mir meinen Weg durch die Menschenmenge, lief den ganzen Bahnsteig ab und versuchte vergeblich, meinen Waggon zu finden. Ein Sikh, der für denselben, mysteriöserweise verschwundenen Waggon gebucht war, packte mich am Ellenbogen. „Der Waggon fehlt“, sagte er mit hoher Stimme und wackelndem Turban. Da kein einziger Schlafwagen zweiter Klasse an den Zug angekoppelt war, schob er mich an der zu den Eingängen strebenden Menge vorbei in einen Schlafwagen dritter Klasse, wo ich in eine der obersten Pritschen kletterte. Vier Männer stapelten sich in das kleine Abteil hinter uns, und innerhalb weniger Minuten war der Boden mit Erdnussschalen und Pfützen von ausgeschüttetem Chai und ausgespuckten Betelnüssen bedeckt. Meine indischen Freunde hatten mir versichert, dass Bettwäsche zur Verfügung gestellt würde, doch die Pritsche war durchlöchert und bar jeglicher Unterlage. Ich zog einen dünnen Schal hervor und umarmte meinen Koffer, um ihn vor mitternächtlichen Dieben zu schützen. (Ich hatte versäumt, Kette und Schloss zu besorgen, wie es im Reiseführer stand.) So richtete ich mich auf meiner engen Lagerstätte ein.

Sobald der Zug quietschend aus dem Bahnhof fuhr, pfiff ein eiskalter Wind durch die Fenster, die sich immer wieder von selbst öffneten. Der Wind ging mir bis in die Knochen. Die Männer um mich herum schnarchten und husteten, spuckten und schnauften. Zitternd rollte ich mich noch enger unter meinem Schal zusammen und versuchte vergeblich zu schlafen, während sich deutliche Anzeichen einer beginnenden Krankheit in meinem Körper bemerkbar machten: ein stechender Schmerz beim Schlucken, die Nase lief, die Bronchien schmerzten. Im Laufe der nächsten Stunden rutschte ich ruhelos von einer verkrampften Position in die nächste und hatte alle möglichen Horrorphantasien: wie ich in einem hektischen indischen Krankenhaus enden würde, mit salamidicken Infusionsnadeln, durch die massive Mengen von Antibiotika fließen, in Verbindung mit exotischen Krankheiten in meinem geschundenen Körper, während die Großfamilien der anderen Patienten draußen auf dem Flur kampieren, wie mein Koffer gestohlen würde, obwohl ich in tantrischer Verrenkung mit ihm verbunden war, wie ich die Warnungen des Reiseführers ignorieren würde, niemals Süßigkeiten zu essen, die von Fremden auf der Straße angeboten werden, weil sie höchstwahrscheinlich mit schlimmen Drogen versetzt sind, die einen tagelang außer Gefecht setzen, lange genug, um dir und deinen Sachen alles Mögliche anzutun. An diesem Punkt ging ich wieder zurück in mein Krankenzimmer, wo Ärzte herausfanden, dass mir lebenswichtige Organe fehlten, die an die internationale Organmafia verschachert worden waren.

Im Morgengrauen dämmerte ich im Halbschlaf in eine seltsame Klangwelt hinüber. Das Rumpeln der Räder wurde zu einem süßen Summen und verstärkte sich in lyrische Höhen. Bei jedem Bahnhof begrüßte uns ein Potpourri verschiedener Klänge: die Zwielautgesänge von Imbissverkäufern, das hohe Dröhnen der eisernen Bremsen, das wie der Gesang eines Muezzins gedehnte Pfeifen der Lokomotive – Melodien, die sich zu einem Rausch vollkommener Harmonien vermischten, sich in vollendeten Variationen bewegten und mein körperliches Leiden verschwimmen und in den Hintergrund treten ließen. Schließlich gelang es mir, begleitet von einem Wiegenlied der Chai-Verkäufer, einzuschlafen.

Eine außerordentliche Wandlung meiner Wahrnehmung der Realität hatte sich vollzogen. Meine Umgebung, zuerst voller Bedrohungen und gefährlicher Menschen, hatte plötzlich etwas Erhabenes. Ob sich diese Verwandlung aufgrund der exotischen übersinnlichen Mächte vollzog, die der Guru über mein Unbewusstes hatte, oder ob ich einfach nur so erschöpft war, dass mein Geist in seinem Nah-Schlafzustand sich so regulierte, dass er Klänge auf ungehinderte Weise hereinlassen konnte, werde ich wohl niemals mit Sicherheit wissen. Was ich hingegen weiß, ist, dass, wenn wir still genug werden, das Universum die ganze Pracht seiner Wunder zeigt, die bislang meisterlich als die gewöhnlichsten aller Ereignisse verkleidet waren.

✦ Die Übung

Schließe die Augen und konzentriere dich auf das Hören. Lausche den Klängen, die am deutlichsten sind, und konzentriere dich dann auf die etwas leiseren. Achte darauf, wie von Augenblick zu Augenblick Klänge entstehen und wieder vergehen. Achte auf nahe und auf ferne Klänge. Gib ihnen keine Bezeichnungen – Wind, Hundegebell, Faxgerät – und höre den Klang mit klarer Aufmerksamkeit. Wenn deine Gedanken abschweifen, bringe deine Aufmerksamkeit zurück auf das Hören.

Höre zehn Minuten lang – oder fünf oder eine. Egal. Ein praktischer Aspekt beim Zuhören ist, dass wir es überall tun können, jederzeit, an jedem Ort und so lange oder so kurz, wie wir Lust haben. Solange wir Ohren haben, die hören, haben wir das Privileg, uns völlig einem Moment des Lauschens hingeben zu können.

Neulich begleitete ich eine Freundin zur Voruntersuchung für eine Operation ins Krankenhaus. Während einer Pause suchte ich die Toilette auf, die direkt neben der Haupteingangshalle lag. Als ich die Tür der Kabine hinter mir zuzog, erschallte ein tiefer, widerhallender Laut durch den gekachelten Raum. Als ich wieder aus der Kabine herauskam, schloss ich die Tür, die nun das beste Musikinstrument war, das zur Verfügung stand, ein wenig heftiger. Trotz meiner tiefen Besorgnis um die Gesundheit meiner Freundin, erlebte ich einen Moment inniger Freude über die widerhallende Melodie der Kabinentür und fragte mich, ob die anderen Frauen in diesem Toilettenraum ebenfalls die Musik dieser Türen schätzen lernen und ihr Verlassen des Raumes mit einem harmonischen Knall verbinden würden.

Die Kultivierung des Glücks

Ich gehe jeden Morgen unter die Dusche. Die warmen, willkommenen Wassertropfen aus dem Duschkopf prasseln auf meine Haut. Sänge ich, nackt und allein, hätte meine Stimme vermutlich eine so starke Resonanz, als hätte ein Toningenieur die Aufnahme auf die optimale Klangstruktur eingestellt. Stattdessen denke ich darüber nach, was ich mir zum Frühstück zubereiten werde, wie ich den besten Preis für einen Handyvertrag herausfinden kann und dass ich nicht vergessen darf, unterwegs beim Geldautomaten vorbeizuschauen. Sänge ich, würde mein Lied von den gekachelten Wänden widerhallen, und die Falten auf meiner Stirn würden sich glätten. Doch stattdessen nehme ich mir fest vor, nachmittags noch ins Fitness-Studio zu gehen, und dann fällt mir ein, dass ich den Hund gestern nicht ausgeführt habe, also ersetze den Fitness-Studio-Plan durch den Hunde-Plan. Sänge ich, wäre mir plötzlich leicht ums Herz, doch stattdessen frottiere ich mich eiligst ab, mit den Gedanken längst bei der Frage, ob meine Lieblingsjeans gewaschen sind oder noch in der Schmutzwäsche liegen, und dann klingelt das Telefon, und ich renne halbnackt hin, um es zu beantworten.

Wir sind Menschen, und haben als solche den immer wieder aufsteigenden Drang zu singen. Doch wir haben dieses Bedürfnis so oft unterdrückt – allein und in der Gruppe – indem wir nach der Fernbedienung gegriffen, die Zeitung aufgeschlagen, das Autoradio eingeschaltet haben– dass wir mittlerweile darauf konditioniert sind, das Singen völlig zu übersehen. Wie eine zu wenig genutzte und deshalb atrophierte Muskelgruppe haben unsere ungeübten Stimmen ihre Kraft, ihre Beweglichkeit und ihren Tonumfang verloren. Wir sind davon überzeugt, nicht singen zu können, und singen daher überhaupt nicht mehr. Und da wir nicht singen, entwickeln wir auch nicht die Fähigkeit zum Singen.

Um unsere Fähigkeit zum Singen und zum klangvollen Sprechen wiederzugewinnen, brauchen wir nichts weiter zu tun, als den vollen Tonumfang unserer Stimme zu gebrauchen. Sogar Menschen, die mit dem Talent einer klaren Stimme und absolutem Gehör geboren sind, vokalisieren, um Timbre, Stimmung und Klarheit zu kultivieren. Vokalisieren macht Spaß und macht sich sofort positiv bemerkbar. Nach nur wenigen Minuten öffnet sich unsere Stimme, und wenn wir dann wieder anfangen zu sprechen, nehmen wir einen weicheren Ton wahr, der uns Sicherheit gibt, wenn wir Töne von uns geben. Wir fühlen uns wohler, wenn wir sprechen oder singen. Vielen Menschen bereiten jedoch selbst einfache Vokalisierungsübungen große Angst.

Diese Woche bat ich meine Schüler, eine einzelne Textphrase zu nehmen und jeden Konsonant und Vokal wiederholt zu artikulieren, sie zu einem musikalischen „Riff" beziehungsweise Thema zu gestalten. Diese Übung gibt darstellenden Künstlern die Gelegenheit, die stimmlichen und emotionalen Möglichkeiten in einem Text auszuloten. Sie ist sowohl interessant zu beobachten als auch auszuführen, da ursprüngliche Töne und Gesten entstehen und Wörter überraschende Ebenen gefühlter Erfahrung erhalten. Eine meiner begabten Schülerinnen jedoch saß neben mir, und ich merkte, dass sie zunehmend ängstlicher wurde, während sie ihre Mitschüler beim Keuchen, Summen, beim Artikulieren von Ohs, Ahs, Tatatas und Tätätäs beobachtete. Als Janet an der Reihe war, weigerte sie sich, sich aus ihrem Stuhl zu erheben.

„Ich mache das nicht", sagte sie.

„Fang schon an", ermunterte ich sie. „Experimentiere, spiele, schau, was aus deinem Mund herauskommt. Du kannst nichts richtig oder falsch machen."

„Ich kann das nicht", beharrte sie. „Bitte zwing mich nicht dazu, nur dieses eine Mal."

Ich ließ es sie trotzdem tun, nur dieses eine Mal, und Janet trat zögernd auf die Übungsfläche.

Was aus ihr herauskam, war wunderbar – ihre Stimme war stark, ihr Ausdruck authentisch – doch sobald sie fertig war, lief sie rasch zu ihrem Platz zurück. „Ich hasse diese Übung", stieß sie hervor und setzte sich energisch hin. „Einfach abscheulich!" Schweißperlen liefen über ihr hochrotes Gesicht, und sie ließ sich in ihren Stuhl zurückfallen und schloss die Augen.

„Geh noch einmal nach vorne", schlug ich vor. „Improvisiere über alles, was dir einfällt."

Sie weigerte sich wiederum, und wiederum bestand ich sanft, aber nachdrücklich darauf. Auch diesmal ging sie zögernd auf die Übungsfläche. Wie vom Blitz getroffen, fiel ihr ein Bild ein.

„Ich bin in der vierten Klasse“, sagte sie, „in einem Saal, in dem sämtliche Schüler meiner Schule versammelt sind, und ich stehe mit einem kleinen Chor auf der Bühne und singe ‚God Bless America‘. Die Lehrerin sitzt am Klavier. Ihre Haare sind weiß und sie trägt ein blaues, bis zum Hals zugeknöpftes Kleid. Plötzlich hört sie auf zu spielen, stellt sich ruckartig auf die Füße und schreit: ‚Hier singt jemand einen falschen Ton!‘. Sie holt vier von uns aus dem Chor heraus und lässt uns solo singen. Der erste Junge trägt dicke Augengläser, starrt auf seine Füße und flüstert die Worte nur. Mrs. Stratford sagt: ‚Nicht du‘. Dann singt ein Mädchen – Nancy ist ihr Name, ich erinnere mich noch an ihre Zöpfe – sie quietscht ihre Zeile und Mrs. Stratford sagt: ‚Nicht du‘. Dann bin ich dran, ich mache mir fast in die Hosen und mir zittern die Knie, und ich schaffe es, ‚God Bless America, Land that I Love‘ zu singen, und Mrs. Stratford schlurft auf mich zu, zeigt mit dem Finger auf mich und schreit: ‚Du bist das! Du bist das!‘. Sie lässt mich quer durch den Raum zum Orchester laufen, und ein Junge gibt mir ein Triangel – eins, zwei, drei, eins, zwei, drei – und der Junge lehnt sich vor und sagt mir, dass ich es falsch mache. Ich kann nicht einmal den blöden Triangel spielen. Da stehe ich nun, starre in die Menge der Zuschauer, und alle starren zurück, direkt auf mich.“

Seit jenem Tag vor vierzig Jahren hat sich Janet geweigert zu singen; sie singt nicht einmal „Happy Birthday“ für ihren besten Freund.

Ganz gleich, wie lange wir aufgrund öffentlicher Demütigung oder persönlicher Ängste verstummt sind, wir können alle die Fähigkeit wieder erwerben, einen großen Bereich verschiedener Töne und Melodien sowie die große Zahl von Persönlichkeiten, die unserer Psyche innewohnen, auszudrücken. Wenn wir unsere Fähigkeit wiedergewinnen, uns mit unserer Stimme wohl zu fühlen und sie auf eine Weise zu gebrauchen, die uns einen vollständigen Selbstausdruck ermöglicht, gewinnen wir auch unsere Lebendigkeit und unsere Lebensfreude zurück. Unsere Stimmung verbessert sich, teils wegen der psychischen Lösung durch den stimmlichen Ausdruck und teils durch die physiologischen Effekte der stimmlichen Resonanz im Körper.

Singen und Vokalisieren erzeugen Gefühle der Freude und des Optimismus. Die Kultivierung der Kunst des Glücklichseins ist eine der tiefgreifendsten Aufgaben, der wir uns in diesem Leben stellen können. Trotz unserer unvergleichlich tiefen Identifikation mit dem Lebendigsein, vergessen wir, wie wir unser Dasein wirklich genießen können. Wir vergessen, diese kurze Begegnung mit dem Leben, die uns nur einmal gegeben wird, in vollen Zügen auszukosten. Singen ist eine Strategie zur Kultivierung des Glücks. Sie steht uns in jedem Moment unseres Lebens zur Verfügung.

Scat-Gesang

Denken wie ein Berg
und singen wie ein Fluss

Mary de la Valette

Vor nicht langer Zeit besuchte ich eine Party, auf der sich ein sehr populärer Jazz-Sänger neben mich setzte. Ich knabberte an den Vorspeisen, und er stellte sich vor, obwohl ich glaube, dass er genau wusste, dass ich wusste, wer er war. In der Gegenwart von Prominenten bin ich immer etwas nervös, und unsere Konversation geriet daher etwas ins Stocken, was ihn jedoch nicht besonders zu stören schien. Bei nächster Gelegenheit begann er einen kleinen Scat-Gesang.

„Ich wohne in einem großen Haus am See und liebe den Winter", sagte er und sang dann: „Di dum, da da, wa-wa-wa".

„Ich hasse Kälte", sagte ich, viel zu schüchtern, auf den Gesang einzugehen und selbst zu singen – schließlich war er ein echter Sänger.

„Der Schnee glitzert, schu-ba, schu-ba, di dum", sang er.

Später, allein im Auto, ließ ich ein kräftiges „Ba ba bum, di di wah" heraus und sang vergnügt während meiner gesamten Fahrt über die Golden-Gate-Brücke.

Die meisten unserer Konversationen könnten von kleinen Scat-Gesangseinlagen erheblich profitieren. Vielleicht sind wir anfangs noch nicht mutig genug, um eine Runde musikalischer Silbenbildung im Kreis von fremden Menschen bei einer Party von uns zu geben, obwohl uns durchaus klar ist, dass solch ein kreativer Ausdruck sicher sehr befriedigend wäre und die Stimmung auf der Party sowie der zwischenmenschlichen Beziehungen weltweit erheblich bessern könnte – doch vielleicht haben wir zumindest die Courage für einen Scat-Gesang, wenn wir allein sind. Eine innere Stimme wird uns sagen, dass wir uns lächerlich machen, dass das ein Kindern und Geisteskranken vorbehaltenes Spiel sei. Ich sage nicht, dass wir uns unser „inneres Kind" oder unseren „inneren Idioten" wieder aneignen sollten. Ich interessiere mich für Erwachsene, die in ihrem Leben einen gewissen Grad an Reife erreicht haben, um sich entscheiden zu können, zu singen, statt in der selbst herbeigeführten Apathie der Selbstzensur zu verharren.

Der Scat-Gesang hat sowohl gesangstechnischen als auch psychologischen Nutzen. Durch den Gebrauch von Zunge und Lippen beim Formen verschiedener Laute lockern wir die gewohnheitsmäßigen Verspannungen der Gesichtsmuskulatur. Diese Verspannungen sind überwiegend unbewusst, und die Entspannung beeinflusst die Qualität unseres Sprechens. Wenn die Muskulatur, mit der wir Laute erzeugen, entspannt ist, schwingt die Stimme fühlbar leichter und sie wird glaubwürdiger, geschmeidiger und offener.

Wenn wir eine Sängerin oder einen Sänger hören, deren Stimme wir mögen, fallen uns wahrscheinlich in erster Linie die auffälligeren Aspekte ihres oder seines Könnens auf – die Fähigkeit, Noten in der richtigen Tonhöhe zu treffen und zu halten und den Takt zu halten. Doch wenn wir genauer hinhören, können wir Eigenarten hören, die schwieriger zu benennen sind – Qualitäten von Offenheit und Unverkrampftheit, die der Stimme Resonanz und emotionale Durchsichtigkeit gibt. Auf die gleiche Weise, wie wir ein Festhalten im Körper wahrnehmen und entsprechend aufeinander reagieren, nehmen wir ein Festhalten in der Stimme wahr und reagieren, indem wir uns leicht zurückziehen. Wir sind uns gewöhnlich dieser inneren Reaktion nicht bewusst, aber reagieren ständig auf den Klang der Stimme unserer Mitmenschen.

Wir können mit dem Singen ohne Worte viel Spaß haben, mehr als dies häufig bei getexteten Liedern und Chansons der Fall ist, ganz gleich wie kunstvoll diese vorgetragen werden. Die meisten Menschen erschrecken zwar bei dem Gedanken an improvisiertes Singen, doch wenn wir uns dann einmal in die Welt der Töne vorwagen und Gefühle zum Ausdruck bringen, die mit Worten nur schwer auszudrücken sind, können wir uns an den Überraschungen erfreuen, die völlig unzensiert durch unsere Stimme entstehen. Kinder und Jazz-Sänger verstehen die einfachen Freuden rhythmischen Plapperns. Ba-da bumm, wa waah. Welch eine Lust! Die meisten Erwachsenen können, wenn sie ehrlich mit sich selbst sind, sich durchaus noch an das Vergnügen erinnern, die Lippen zu bewegen und seltsame Laute hervorzubringen. Das Herumspielen mit der Stimme hat einen Sänger wie Frank Sinatra berühmt gemacht, Schubidu, und wir werden es wohl am Lebensende auch tun, wenn uns die Regeln entgleiten, Babablu, und wir können es jederzeit für uns wiederbeleben, wenn wir unser Leben in vollen Zügen genießen wollen, Dadadum.

✦ Die Übung

Wenn wir anfangen, mit Tönen zu improvisieren, stellen wir möglicherweise fest, dass unser Repertoire erbärmlich klein ist. Wir wollen frei scatten, merken aber, wie wir im da-da-da oder na-na-na stecken bleiben. Die folgende Übung wird von Jazzsängern verwendet, um die Stimme auf möglichst viele Tonvariationen zu trainieren.

Beginne mit dem Umlaut Ä. Füge Konsonanten hinzu, wä, gä, bä, nä, frä, schä, blä. Vokalisiere schnell, dann langsam, spielerisch.

Dann mache das Ganze mit dem Vokal I. Füge wiederum Konsonanten hinzu, bi, hi, gi, pli, si, ni, li. Finde Konsonanten, die man gewöhnlich nicht zusammen findet, hri, fni, bldi.

Fahre weiter fort, bis du mit allen langen Vokalen durch bist, A wie in Abend, Ä wie in Ähnlichkeit, E wie in Ebene, I wie in Iman, O wie in Ofen, Ö wie in Ölkanne, U wie in Uhu, Ü wie in Überfall. Verwende weiche Vokale: ein weiches A wie im dänischen Alborg, E mit einem Einschlag zum Ö, eine Mischung aus U und Ö oder I und E.

Nun stimme deinen Scat-Gesang an. Reihe einsilbige Klänge aneinander zu Phrasen. Schu ba di ba ba zuhm. Probiere verschiedene Variationen, Melodien und Rhythmen aus. Wenn du eine Phrase findest, die dir gefällt, wiederhole sie einige Takte lang, bevor du zur nächsten Phrase übergehst. Mache ein müheloses Spiel daraus, lass deinen Verstand nicht dazwischenfunken. Melodie, rhythmischer Fluss und Silbenbruchstücke können sich organisch entfalten, Schudubidu.

Lass beim Äußern der Töne deinen Gefühlen – traurig, glücklich, müde, deprimiert, ängstlich, erregt oder nervös – freien Lauf.

Wenn du dich durch den Feierabendverkehr kämpfst, dann spucke, anstatt das Autoradio einzuschalten, ein langes, deine Stimmung widerspiegelndes Jammern von Silben aus. Lass beim Spazierengehen den Rhythmus deiner Schritte eine Vokalimprovisation unterstützen. Singe einen Scat-Gesang beim Staubsaugen oder im Hotelzimmer bei der Vorbereitung eines Geschäftstreffens. Scatte dein Kind in den Schlaf.

Stimme einen Scat-Gesang bei der Arbeit an, während du dich in einem lästigen Konflikt befindest oder weil du einfach so gelangweilt bist, dass du dir nicht vorstellen kannst, das vorliegende Projekt noch weiterzuführen. Statt deine E-Mails zu checken oder per Internet deine Einkäufe zu erledigen, nimm dir einen Moment Zeit und singe. So wie der Zen-Bogenschütze ins Schwarze trifft, indem er beim Loslassen des Pfeils seinen Blick abwendet, können wir häufig Probleme lösen, wenn wir unseren Geist abwenden. Lösungen für technische und emotionale Knoten erscheinen, wenn wir unseren Geist und unser Herz weich werden lassen, wenn wir uns entspannen. Und das Scat-Singen entspannt uns, weil es Unsinn ist.

Das Schwierigste beim Scat-Gesang ist nicht das Singen, sondern sich selbst zu gestatten, damit anzufangen. Mache ein Experiment: Jedes Mal, wenn du an das Scatten denkst, fang damit an. Du brauchst nicht lange zu scatten, ein Moment ist genug. Auf dieselbe Weise, wie wir uns konditioniert haben, *nicht* zu singen, können wir uns neu konditionieren zu singen. Mit jeder Erfahrung lernen wir ein Stück dazu, Woche für Woche und Jahr für Jahr. Jeder Moment, in dem wir singen, macht uns Mut, in einem anderen Moment zu singen. Jeden Moment, in dem wir singen, haben wir in unserem Leben mit Gesang verbracht.

Ein melodischer Moment

An einem Nachmittag, den ich in Lucknow verbrachte, mietete ich mir ein Fahrrad, um mich auf den Weg in den Wald zu machen, der etwas außerhalb der Stadt lag. Dreirädrige Motortaxis knatterten an mir vorüber und entließen dicke schwarze Abgaswolken in die ohnehin bereits trübe Luft. Herden von Wasserbüffeln mit schellenden Kuhglocken um den Hals trotteten mitten über die Straße. Alte, ausgebeulte russische Autos, wüst durcheinander fahrend, gaben eine Kakophonie aus lauten Huptönen zum Besten, und Rikschafahrer bescherten ihren Passagieren Nahtoderfahrungen, indem sie sich kräftig klingelnd in das Verkehrschaos stürzten. Das Getöse war eindrucksvoll.

Ich fuhr etwas abseits der Hauptverkehrsadern durch kleine Straßen zwischen Wellblechhütten und schattigen Bäumen mit großen Blättern und war froh, dem Lärm zu entkommen. Doch die relative Ruhe war nicht das einzige beruhigende Element. Auf meinem Weg durch die Behausungen der ärmsten Menschen der Stadt wurde ich von Gesang begleitet. Bevor ich eine Melodie ganz hören konnte, war sie schon wieder außer Hörweite, und der nächste Gesang in der Straße drang mir an die Ohren.

Menschen in Indien singen. Die Frauen singen, wenn sie am Fluss die Wäsche waschen, den Fußboden moppen oder Chapatis zubereiten. Die Rikschafahrer singen in der Nacht, wenn sie sich um ein Kuhfladenfeuer auf einem der leer stehenden Plätze in der Stadt versammeln, wo sie ihre Zeltdörfer aufbauen. Die Männer singen auf dem allmorgendlichen Weg zur Arbeit. Die Gläubigen in den Tempeln singen, wenn sie sich zum täglichen Gebet und rituellen Pujas versammeln. Sadhus, mit nichts als einem um die Hüften geschlungenen weißen Tuch bekleidet und mit Bärten bis zum Bauchnabel chanten unablässig, während sie von Dorf zu Dorf ziehen.

Inspiriert durch die durch die Luft wehenden Gesänge radelte ich in den Wald hinein und wollte ebenfalls singen. Ich habe Gesang und Musiktheorie studiert, in einem A-capella-Chor gesungen und Songs geschrieben sowie aufgenommen, und doch hatte ich Angst. Ich wollte die Aufmerksamkeit der Menschen nicht auf mich, eine westlich gekleidete Frau, die allein mit dem Fahrrad fuhr, lenken. Das war die eine

Entschuldigung. Und ich hatte keine Lust, eines der Lieder zu singen, die ich kannte. Das war eine weitere Entschuldigung. Und ich fühlte mich nicht inspiriert, eine neue Melodie zu erfinden. Das war die dritte Entschuldigung. Außerdem radelte ich gerade durch einen Stadtteil, der mir als „gefährlich" beschrieben worden war. Wenn ich sänge, könnte mich jemand angreifen. Das war die vierte Entschuldigung. Es wäre ein Leichtes gewesen, noch unzählige weitere Gründe zu finden, nicht zu singen – gute Gründe, gewichtige Gründe, vernünftige Gründe, überzeugende Gründe, tiefgründige Gründe. Doch schließlich, ganz allein auf meinem klapprigen Mietfahrrad und mit meinem großen weißen Hut, musste ich selbst über die Litanei von Entschuldigungen lachen, die mein Verstand erfand, um mich davon abzuhalten, zu einem ganzen Menschen zu werden, der singt, so wie alle Menschen in der Menschheitsgeschichte dies getan haben – und ich sang los.

Das Problem, das wir haben, wenn wir wieder Besitz von unserer Stimme ergreifen wollen, ist nicht, dass das Singen schwierig ist, sondern dass es einiger Willensanstrengung bedarf, um uns selbst das Singen zu gestatten. Gleichzeitig erfordert es, dass wir das, von dem wir das Gefühl haben, dass wir es tun sollten, auch wirklich mit ganzen Herzen tun.

✦ Die Übung

Singe! Singe ein Lied, das du aus deiner Kindheit kennst; eines, das deine Mutter dir vorgesungen hat oder das du als Teenager gelernt hast. Singe ein Lied, das du so oft gehört hast, dass du es noch immer auswendig kennst (oder wenigstens den Refrain). Singe es jeden Tag, eine Woche lang, ganz gleich, was passiert, wo du bist, wie du dich fühlst, oder was du darüber denkst. Singe das erstbeste Lied, das dir einfällt.

Irgendwann im Laufe der Woche singe das Lied sehr laut, so laut, dass die Nachbarn dich hören. Gröle das Lied völlig hemmungslos aus dir heraus.

Singe das Lied an einem anderen Tag der Woche so gefühlvoll, wie du kannst. Lass zu, dass Gefühle in dir aufsteigen und sich in deinem Gesang ausdrücken.

Zu einer anderen Zeit im Laufe der Woche singe das Lied sehr leise, sehr süß, und lass deine Stimme sich fühlen, als schwebe sie auf einer

Wolke oder wie eine Feder, die zur Erde fällt, weil sie sich aus dem Gefieder eines hoch fliegenden Vogels gelöst hat.

Spiele an einem anderen Tag mit dem Rhythmus, während du singst. Tippe mit dem Fuß auf den Boden, klopfe dir auf die Schenkel oder trommle mit Messer und Gabel auf den Tisch, als wärst du ein Kind.

Singen hat einen sehr starken Einfluss darauf, wie wir uns fühlen, und es kostet nichts. Wenn du verärgert bist, stimme ein Lied an. Wenn du dich lebendig fühlst, stimme ein Lied an. Wenn du betrübt bist, stimme ein Lied an. Wenn du dich himmelhoch jauchzend fühlst, stimme ein Lied an. Wenn du den Blues hast, stimme ein Lied an.

Ich habe vor kurzem einen Film über jüdische Kantoren in aller Welt gesehen. Ein russischer Kantor sagte, dass der Gesang osteuropäischer Juden häufig melancholischer sei als die musikalischen Stile Westeuropas. „Doch auch ein trauriger Gesang ist glücklich“, fügte er schmunzelnd hinzu.

Ein Gefühl im Gesang auszudrücken, hat etwas sehr Befreiendes. Es ist gut möglich, dass du dich bereits nach der Hälfte eines traurigen Gesangs sehr zufrieden fühlst. Oder du weißt nicht, was du eigentlich fühlst, bis du anfängst zu singen und das Lied dir dich selbst enthüllt.

Innere Widerstände gehören dazu und werden wohl niemals ganz verschwinden. „Jede spirituelle Praxis führt uns unsere inneren Widerstände vor Augen. Es ist wichtig, daran zu denken, dass die Widerstände nicht das sind, was uns von unserer spirituellen Arbeit abhält. Sie sind unsere spirituelle Arbeit“, schreibt der Rabbiner Avram Davis.

Ganz gleich, was man uns als Kindern erzählt hat – dass wir nicht den Ton halten können, dass wir eine hässliche Stimme haben oder lieber nur flüstern sollten – jetzt als Erwachsene haben wir die Wahl. Wir können uns entscheiden, unseren Weg durchs Leben zu singen oder nicht.

Merke dir die Worte – vergiss die Worte

Während meines Gesangsstudiums ließen mich meine Lehrer Lieder auswendig lernen und immer wieder singen, bis ich so sehr mit Text und Melodie vertraut war, dass ich das Lied *fühlen* und die Gefühle durch eine leise Stelle hier, ein Crescendo da und durch eine Leichtigkeit des Vortrags gut zum Ausdruck bringen konnte. Singen macht Spaß, da ein Lied Gefühle an die Oberfläche bringt, statt sie in ein Hinterzimmer zu verbannen, weil sie ja doch nur im Weg sind. Um ein Lied gut vorzutragen, *müssen* wir es fühlen und unsere Gefühle in uns straucheln, kreisen, summen und umherfliegen zu lassen.

Doch wir erinnern uns häufig nicht an den Text eines Liedes und singen daher lieber gar nicht. Wir können zwar scat-singen und uns auf nonverbales Vokabular zum Selbstausdruck beschränken, doch für jene Momente, in denen wir Worte singen wollen, Poesie, müssen wir die Texte eben auswendig lernen. Lass dich nicht abhalten: Kaufe dir ein Liederbuch oder studiere die CD-Einlagen. Drücke die Wiederholtaste an deinem CD-Player und singe dein Lieblingsstück so lange, bis deine Mitbewohner dir mit Auszug drohen. Übe im Auto, beim Joggen und beim Unkrautjäten im Garten.

Im Allgemeinen werden wir von einem Lied angezogen, das ein Gefühl zum Ausdruck bringt, das wir im Moment haben oder in der Vergangenheit einmal hatten, so dass das Lied eine Resonanz in uns findet, uns etwas über unser eigenes Erleben zu verstehen gibt. Möglicherweise sind wir furchtbar traurig und singen: „I'm crazy, crazy for feeling so lonely". Wenn wir dieses Lied singen, bringen wir unsere Gefühle zum Ausdruck. Sie werden buchstäblich „herausgedrückt" aus den blutenden Kammern eines gebrochenen Herzens und auf den Weg in ein weites, lebendiges Universum geschickt. Wir fühlen uns besser.

Möglicherweise geht es uns auch ganz gut. Oder wir haben uns unsterblich verliebt und den perfekten Liebhaber gefunden und sind vor Freude völlig aus dem Häuschen, obwohl wir im Grunde wissen, dass wir einer reinen Illusion nachhängen. Und da wir den Anregungen dieses Buchs folgen, haben wir sogar genau den richtigen Song zur Hand, der davon handelt, wie man sich Hals über Kopf verliebt, und singen es von den Dächern – oder zumindest unter der Dusche.

Möglicherweise sind wir mit einem Kind zusammen, das krank oder deprimiert ist oder das Schmerzen hat. Wir können ein Lied singen, das das Kind tröstet oder es zum Lachen bringt. Oder wir arbeiten mit Freunden oder Kollegen zusammen, füllen Briefumschläge und streichen Wände. Oder wir ziehen um und müssen alles mögliche Zeugs herumschleppen: Kartons mit Vitamintabletten, Stapel von Magazinen, die wir uns seit Jahrzehnten nicht mehr angeschaut haben. Wir können singen, um uns von der Tatsache abzulenken, dass wir im Grunde einen Flohmarktstand aufmachen oder einen Müllcontainer bestellen sollten.

Die menschliche Rasse braucht den Gesang, um sich wohl zu fühlen. Sich die Zeit zu nehmen, ein Lied zu lernen, heißt, dass wir irgendwann, wenn der Moment dafür gekommen ist, bereit sind und es aus der Tasche ziehen können.

Catch a falling star and put it in your pocket
Save it for a rainy day.

(Fange eine Sternschnuppe ein und stecke sie dir in die Tasche,
hebe sie auf für einen Regentag).

Doch auch wenn du zu faul bist, den Text eines Liedes zu lernen, kannst du singen. Du kannst dir einfach einen Text einfallen lassen. Man braucht kein großes Genie der deutschen Sprache zu sein, um sich Worte einfallen zu lassen, die man singen kann. Man braucht nur die unbedeutendsten, albernsten Klischees völlig schamlos herunterzubeten. Man braucht nur ein wenig sinnloses Zeug zu plappern und dabei Spaß haben. Ein geeigneter Anfang ist, damit zu beginnen, wo man sich gerade befindet:

Ich sitze am Schreibtisch,
den meine Großmutter
in ihrer Küche hatte.
Ich schaue aus dem Fenster
und die Blätter fallen
von den Bäumen.
Die Schreiner hämmern

auf dem Dach auf der anderen Straßenseite,
und mein Hund bellt
und meine Katze schläft
und der Postbote geht
im Rhythmus des Hammers
und im Rhythmus der Sägen
und im Rhythmus der Blätter,
die unter seinen
Füßen rascheln.

Ich habe diesen Liedtext aus dem Stegreif komponiert. Es ist nicht unbedingt ein Lied, das ich aufnehmen, jemandem vorsingen oder veröffentlichen würde. Trotzdem hatte ich Spaß daran, es zu singen – und ich fühle mich glücklicher als noch vor einem Moment, bevor ich anfing zu singen. Ich habe meine Laune im Handumdrehen verbessert, ohne Aufputschmittel, Cappucino oder einen neuen Lippenstift.

Fange da an, wo du bist. Im Auto oder am Strand, im Büro, im Wohnzimmer oder im Schlafzimmer. Achte auf die Gegenstände, die dich umgeben. Du brauchst nichts Tiefschürfendes oder Kluges von dir zu geben. Ist es Tag oder Nacht? Was gehen dir für Gedanken durch den Kopf? Singe!

Lass einen Satz zum nächsten führen. Urteile nicht über dein Werk. Halte das Tempo, mach weiter. Wiederhole Sätze. Wiederhole Bilder. Lass dich vom Rhythmus unterstützen. Sing richtige oder falsche Töne. Denke daran, was in deinem Leben gerade jetzt im Moment passiert und singe es laut heraus.

Hier noch einmal die Vorgaben: Sei unsinnig, albern, unzensiert, urteile nicht und hör nicht auf zu singen.

Die Sprache der Liebe

Meine Mutter starb an multiplem Myelom, als ich dreiundzwanzig war. Bis wenige Tage vor ihrem Tod lebte sie allein im Haus und bestand darauf, ohne eine Pflegekraft auszukommen, die sie täglich betreute. Während der ersten zwei Jahre ihrer Krankheit besuchte ich sie gelegentlich am Wochenende, um ihr beim Einkaufen, beim Kochen und bei anderen Haushaltstätigkeiten zu helfen. Als sich ihr Zustand verschlechterte, blieb ich jedes Wochenende bei ihr, half ihr beim Aufstehen und Hinlegen, wenn sie auf die Toilette musste, und danach, wenn sie in ihrem Zimmer war und nicht sehen konnte, wie ich die nassen Spuren hinter ihr aufwischte.

Eines Sonntagmorgens, als ich ankam, litt sie unter sehr starken Schmerzen und konnte kaum sprechen. In jenen Tagen sprach man das Wort „Krebs“ nur selten laut aus, und Hospizpflege gab es noch nicht. Ich versuchte, meiner Mutter Flüssigkeit zuzuführen, Löffel für Löffel. In ihren starken Schmerzen weigerte sie sich zu schlucken und nur wenige Stunden später versank sie im Delirium. Ich war der Überzeugung, dass Ärzte mehr darüber wussten, wie man jemanden in den Tod begleitet, und bestellte einen Krankenwagen an. Eifrige Fremde in Uniform hoben meine Mutter auf eine Tragbahre und brachten sie ins Krankenhaus, wo sie schließlich an einen Tropf mit Morphium gehängt wurde.

Ich wusste damals nicht, wie man am Bett von jemandem, der aus diesem Leben ins große Jenseits übergeht, betet oder meditiert. Nervös und ohne eine Vorstellung davon, wie ich mich um mich selbst oder meine Mutter kümmern könnte, ging ich mehrmals aus dem Zimmer zum Flur und wieder zurück. Meine Großmutter saß in einem Stuhl in der Ecke des Raums und chantete mit verhaltener Stimme Tag und Nacht Gebete, bis meine Mutter ihren letzten Atemzug tat. Dann weinte meine Großmutter, und ich brachte sie nach Hause. Sie bereitete mir eine Nudelsuppe und betete noch mehr. Tränen rannen über ihr faltiges Gesicht.

Im vergangenen Jahr kam meine Freundin Elaine, die zwanzig Jahre lang gegen Brustkrebs angekämpft hatte, ins Krankenhaus, während ich sie in Mississippi besuchte. Ein heimtückischer chemotherapeutischer Behandlungszyklus hatte ihren Körper zerstört, und aufgrund der falschen Ernährung und der zahlreichen Medikamente befand sie sich in einem deliriösen Zustand. Ich saß stundenlang in ihrem Krankenzimmer, während sie wütete und mit unsichtbaren Besuchern redete. Doch dieses Mal verspürte ich den Impuls zu singen. Ich sang „Swing

Low, Sweet Chariot". Schließlich war ich im tiefen Süden der USA, und der Gospel-Song schien mir passend. Ich sang: „Michael Row the Boat Ashore", da ich am Morgen den großen Fluss gesehen hatte. Ich sang hebräische Gebete, die ich von meiner Großmutter gelernt hatte. Mittlerweile hatte ich gelernt, dass selbst wenn eine Person so krank ist, dass sie keine Worte mehr versteht, sie dennoch durch ein Lied angesprochen werden kann. Musik spricht nicht den Verstand an, sondern geht direkt zum Herzen. Meine Freundin sang sehr gern, also ging ich davon aus, dass sie, wenn sie aus ihrer Nahtoderfahrung wieder herausfinden würde, wahrscheinlich ein Lied auf den Lippen hätte. Tage nach ihrer Entlassung aus dem Krankenhaus saß Elaine zu Hause in ihrem Bett und sang Liebeslieder.

Als ich ein Kind war, kam mein Vater vor dem Einschlafen in mein Zimmer, saß auf der Bettkante und sang: „Daisy, Daisy tell me your answer true; I'm half crazy all for the love of you". Ich war davon überzeugt, dass er mich über alles liebte, denn ich hörte die Tiefe seiner Zuneigung in der Art, wie er zu mir sang. Später, als er zum zweiten Mal heiratete, mit seiner neuen Frau mehrere Kinder hatte und ich ihn nur noch am Sonntag sah, erinnerte ich mich noch immer, wie er am Abend auf meiner Bettkante gesessen und für mich gesungen hatte. Ich erinnerte mich, wie sehr er mich liebte und es noch immer tut, denn eine solche Liebe, wie ich sie in seiner Stimme gehört hatte, vergeht niemals.

Der Mut zum Singen ist nichts anderes als der Mut, uns selbst und andere zu lieben. Ich singe für meinen Hund und meine Katze. Ich singe für befreundete Kinder. Ich singe für meine Körperteile und für die Bäume und Gräser ebenso wie für wilde Tiere und Geister.

Die meisten Menschen benutzen Kleinkindern gegenüber „Babysprache" (auch dann, wenn sie ihnen etwas vorsingen), weil das die Sprache ist, die sie verstehen, und wir uns bei ihnen damit nicht albern vorkommen. Wie schön, dass wir Kinder haben, in deren Gegenwart wir uns frei fühlen. Wie glücklich wir sein würden, wenn wir uns in Gegenwart von Erwachsenen ebenso frei fühlen könnten – oder auch mit uns selbst, wenn wir alleine sind – frei sein, zu singen, zu jaulen, zu chanten und zu plappern. frei sein, zu lieben.

Vier

Sichtbar machen – das Erzeugen von Bildern

Es spielt keine Rolle, wie schlecht du malst, solange du nicht so schlecht wie andere Leute malst.

George Moore

In dem Moment, in dem du weißt, wie das Ergebnis aussehen wird, bist du verloren.

Juan Gris

Blind zeichnen

Meine Mutter glaubte fest an die höhere Schulbildung für Frauen. Daher meldete sie mich im Kindergarten an, als ich vier Jahre alt war. Obwohl die Sonne im südlichen Kalifornien im November noch immer unablässig schien, stimmte uns unsere Lehrerin auf Weihnachten ein, indem sie uns Schneemänner basteln ließ. Sie verteilte weiße Papierbögen, aus denen wir drei Kreise – einen großen, einen mittleren und einen kleinen – herausreißen sollten, um sie dann zusammenzukleben. Meine Versuche, Papier kreisförmig zu reißen, waren hoffnungslos. Ganz gleich wie langsam ich meine Finger bewegte, meine Kreise waren einfach keine Kreise, sondern Ovale und Klumpen. Noch war ich imstande, drei Formen herzustellen, die das richtige Größenverhältnis hatten. Meine Schneemänner hatte keine richtigen Körperteile: Ihre Unterteile waren unmöglich deformiert, der mittlere Teil war schräg, und der Kopf viel zu klein. Oder der mittlere Teil war ebenso dick wie das quadratisch ausgefallene Unterteil. Meine Schneemänner waren potthässlich, vollkommene Versager, mir selbst nicht ganz unähnlich. Ein Stapel verbrauchtes Papier lag am Boden neben meinem Platz, und meine Wangen wurden immer röter, als ich die perfekt zusammengesetzten rundlichen Schneemänner meiner Kameraden sah, die Augen, Nasen und schrecklich fröhliche Gesichter hatten.

Schließlich ertönte die Pausenglocke, und der Raum leerte sich. Ich blieb sitzen, bis ich mir absolut sicher sein konnte, dass ich allein war.

Ich öffnete mein Pult und fingerte in der dunklen Kammer nach der Sicherheitsschere. Dann versteckte ich das Papier auf meinem Schoß und schnitt drei möglichst ausgefranzte Kreise verschiedener Größe aus, wobei ich mein Bestes gab, sie so handgerissen wie möglich aussehen zu lassen. Als meine Mitschüler wieder in den Klassenraum strömten, starrte ich voller Entzücken auf meinen vorbildlichen Schneemann und verpasste ihm schwarze Punkte als Augen, eine Karotte als Nase und einen roten Bogen als Mund.

Die Lehrerin spazierte zwischen den winzigen Holzpulten auf und ab und grummelte etwas über die Kunstwerke der Schüler. Als sie zu mir kam, blieb sie stehen – und mit der Geschwindigkeit eines Adlers pickte sie meinen geliebten Schneemann von meinem Pult auf, hob ihn an die Brust, so dass er der Horde der Kindergartenkinder entgegenblickte, wirbelte ihn in einem großen Bogen herum, so dass alle ihn sehen konnten, und quietschte: „Nina hat geschummelt!"

Ich hätte mir beinahe in die Hose gemacht und musste mich gewaltig zusammenreißen, um nicht in Tränen auszubrechen, während die Lehrerin mein abscheuliches Machwerk mir wieder aufs Pult legte und ihren Marsch durch den Raum fortsetzte. Auf dem Heimweg zerriss ich meinen Schneemann in tausend Stücke und warf die Schnipsel in den Mülleimer des Nachbarn.

Fast jeder von uns ist irgendwann einmal wegen eines Versuchs, ein Kunstwerk zu schaffen, gedemütigt worden, und hat in der Folge alle Versuche in dieser Richtung eingestellt. Wir überlassen die Kunst den wenigen Unerschrockenen, die den wiederholten Angriffen auf ihr Ego und ihre Psyche widerstanden haben und als professionelle Künstler im Minenfeld des kreativen Selbstausdrucks überlebt haben. Welch ein absurdes Opfer! Selbst wenn wir die schrecklichste, hässlichste und dümmste Zeichnung ablieferten, die die Welt seit dem Urknall jemals gesehen hat, ist die Kunst noch immer etwas für uns.

Im Jahre 1946 eröffnete der britische Maler Edward Adamson ein Künstleratelier im Netherne Hospital, einem psychiatrischen Krankenhaus auf dem Lande in England. Psychiatrische Abteilungen waren zu jener Zeit wahre Festungen in entlegenen Orten mit hohen, zinnenbewehrten Mauern, die außer Drogen, Elektroschocktherapie und verstümmelnden Gehirnoperationen nur wenig an Behandlung zu bieten hatten. Adamson glaubte fest daran, dass der Prozess des Malens einen direkten Dialog mit der Psyche schafft. Er stellte die Malmaterialien zur Verfügung und unterstützte die Insassen beim Herstellen von Kunstwerken. Er führte keine psychologischen Analysen auf der Grundlage der Gemälde und Skulpturen durch, sondern verließ sich ausschließlich auf die wohltuende psychische Wirkung der Werke selbst.

„Was die Probleme der Psyche anbelangt", schreibt er in *Art as Healing*, „so muss die Lösung dort gefunden werden, wo diese ihren Ursprung haben, das heißt, im Inneren. Nur hier ist die Quelle wirklichen Wandels zu finden. Die Kunst bringt uns dazu, mit dem inneren Selbst in Verbindung zu treten und auf diese Weise in ein Zwiegespräch sowohl mit unseren destruktiven als auch mit unseren kreativen Kräften zu treten. Die destruktiven Kräfte haben das Problem herbeigeführt, so dass die Symptome der Krankheit, die wir beobachten, lediglich einen ungelösten inneren Kampf ausagieren. Der gordische Knoten wird viel effektiver durch die kreativen Kräfte der heilenden Kunst gelöst, als er durch das Skalpell des Chirurgen durchtrennt oder dauerhaft durch Beruhigungsmittel verborgen werden kann".

Die Ergebnisse von Adamsons Experiment waren bemerkenswert – die Insassen brachten nicht nur Kunstwerke hervor, die es wert waren, in Galerien ausgestellt zu werden, sondern sie erfuhren auch eine tief greifende psychologische Transformation. Besucher fragten Adamson häufig, ob er den Patienten von Netherne bei der Erstellung ihrer Kunstwerke geholfen habe. Das sei nicht der Fall, erwiderte er, weil keine Hilfe notwendig sei. „Der Grund, warum diese Gemälde in ihrer Aussage so positiv sind, ist, weil sie die mächtige kreative Energie ausdrücken, die wir alle besitzen, aber bisher noch nicht freigesetzt haben", stellte er fest.

Adamson weist darauf hin, dass die meisten Menschen Freude an der künstlerischen Betätigung haben, ob sie es ihren Mitmenschen nun eingestehen oder nicht. Das liegt daran, dass wir dadurch mit unserem inneren Selbst in Kontakt kommen. Dem inneren Selbst ist es egal, wie talentiert wir sind, es hat lediglich ein Interesse daran, dass wir uns engagieren und ausdrücken. Das Ego auf der anderen Seite ist sehr besorgt um unser Können und ist unseren Gefühlsäußerungen im Weg wie übermäßig beschützende Eltern, die ihr Kind nichts tun lassen, wobei es sich verletzen könnte: *Ich beschütze dich vor schlimmen Demütigungen. Vertraue mir. Ich kenne mich in diesen Dingen aus. Mach dir nichts vor: Du bist kein Künstler und du besitzt nicht einmal eine Spur von Talent in diesem Bereich. Statt mit einem Pinsel herumzuspielen, solltest du lieber daran denken, was jetzt wirklich zu tun ist: du musst die Jalousien abstauben, deine Sockenschublade aufräumen, die Karteiordner sortieren und dir die Augenbrauen zupfen.*

Trotz dieser schlagenden Argumente hat der zensierende Verstand in seiner Einschätzung der Realität Unrecht. „Wie das Schwimmen oder der Liebesakt ist die Kunst ein Verhalten, das potentiell jedem Menschen zugänglich ist, da alle Menschen eine Veranlagung dafür haben", behauptet Adamson. Ellen Dissanayake präsentiert in ihrem Buch *Homo Aestheticus* ein weiteres starkes Argument für den Wert der künstlerischen Betätigung: „... Kunst kann glaubhaft als biologisches Bedürfnis betrachtet werden, für das wir eine Veranlagung haben und das erfüllt werden muss. Die Erfüllung gibt uns Befriedigung und erfüllt uns mit Freude, der Mangel hingegen kann als essentieller Entzug gedeutet werden."

Um mit Leichtigkeit zu zeichnen, müssen wir einen Weg finden, die Strategien des zensierenden Verstandes zu entschärfen. Adamson beobachtete, das psychische Störungen „die Hemmungen eines Patienten gegenüber dem Malen abbauen" können. Glücklicherweise braucht man nicht erst einen Nervenzusammenbruch erleiden, um die Autorität des inneren Zensors zu unterminieren. Eine Möglichkeit besteht darin, beim Zeichnen die Augen zu schließen.

Zeichnen mit geschlossenen Augen gestattet es uns, bildliche Darstellungen zu erzeugen, ohne uns für das, was entsteht, verantwortlich zu fühlen. Trotzdem ist das, was entsteht, ein entscheidender Ausdruck des Zustandes unseres Denkens und Fühlens. Wir haben ein Ur-Bedürfnis nach Kunst, eine Sehnsucht, die trotz heroischer Versuche großer Geister, die Quelle und den Zweck dieses Impulses zu erklären, ein Rätsel bleibt. Wir fühlen uns besser, wenn wir uns künstlerisch betätigen. Warum? Wir haben Erklärungen, doch in Wirklichkeit verstehen wir noch nicht vollständig die Funktion der Kunst in der menschlichen Evolution und Kultur. Was wir wissen, ist, dass die Menschheit seit Urzeiten Kunstwerke hervorbringt und dass das Herstellen von Kunst eine Aktivität ist, von der einige Biologen annehmen, dass sie in unserer genetischen Struktur angelegt ist. Sie ist entscheidend für unsere psychische und physische Gesundheit.

✦ Die Übung

Nimm ein Blatt Papier. Jedes Papier ist geeignet, doch es sollte möglichst A3 oder größer sein. Suche eine Handvoll deiner Lieblingsmalwerkzeuge zusammen: Pastellkreiden, Ölkreiden, farbige Filzstifte, Holzkohle, Buntstifte. Oder, wenn du nicht erst Zeichenmaterialien zusammensuchen willst, nimm dir ein beliebiges Stück Papier in Reichweite (oder auch eine Papierserviette, eine Quittung, die Rückseite eines Briefumschlags) und einen Stift, einen Lippenstift oder das verbrannte Ende eines Streichholzes. Setz dich an den Schreibtisch, an den Küchentisch, auf den Boden, an die Bar im Restaurant, auf die Bank an der Bushaltestelle, auf den Sessel im Wartesaal des Flughafens und halte Papier und Malutensilien bereit.

Schließe die Augen. Fühle die Oberfläche und die Ränder des Papiers mit den Händen. Zeichne, *ohne zu schielen*, mit geschlossenen Augen, indem du die Hand sich frei über das Papier bewegen lässt, geführt von deinen Gefühlen und inneren Bildern. Möglicherweise hast du eine lange Liebesnacht hinter dir und sitzt im Morgenmantel am Küchentisch, obwohl es bereits Mittag ist. Lass das Gefühl der köstlichen Empfindungen im Körper deine Hand führen. Vielleicht hast du deinen Anschlussflug verpasst und musstest stundenlang in einem überfüllten Wartesaal ausharren, bevor du in die Toskana fliegen konntest. Dann lass die Gefühle des Ärgers, der Enttäuschung und der Erschöpfung die Energie sein, die deine Hand führt. Du brauchst nicht zu *wissen*, wie du dich fühlst, oder deine Emotionen benennen – Angst, Freude, Besorgnis –, sondern nur deine gegenwärtige Disposition die Bewegungen deiner Hand führen zu lassen, so dass du die Gedanken umgehst. Statt zu versuchen, dein Gefühl zu „zeichnen“, lass das Gefühl zeichnen.

Arbeite, bis du das Gefühl hast, fertig zu sein. Atme tief durch, öffne die Augen und schau dir an, was du kreiert hast. Schaue hin, ohne zu urteilen: Lasse keine Selbstzensur wie *eklig, furchtbar, ich hasse meine*

Zeichnung, ich hasse mich selbst, ich hasse dieses blöde Buch zu. Nimm das Bild, die Formen und die Farben auf. Die Kunst wird dich auf ihre Weise überraschen. Sei für diese Überraschung offen.

Das tägliche Porträt

Neun Monate lang lebte und arbeitete ich als Künstlerin in den Marine Headlands, einer Militärbasis, die aufgrund gewisser Faktoren, die zweifellos mit der spirituellen Erleuchtung größerer Bevölkerungsteile in Zusammenhang stehen, in ein Kunstzentrum umgewandelt wurde. Mein Atelier – ein großartiger Raum mit Holzfußboden, hohen Decken, weißen Säulen und einer Reihe von Fenstern mit Blick auf die Flussmündung – befand sich in den ehemaligen Baracken am Ende der langen Zufahrt, die sich durch die parkähnliche Landschaft schlängelt. Das einzige Telefon in unmittelbarer Nachbarschaft war eine Telefonzelle auf einem belebten Flur im benachbarten Gebäude. Das bedeutete, dass ich mit Ausnahme meiner Künstlerkollegen (die dringend darauf hingewiesen wurden, die schwer verdiente künstlerische Abgeschiedenheit zu respektieren) sowie gelegentlicher unerschrockener Touristen weit entfernt von den willkommenen Ablenkungen war, die die menschliche Gesellschaft bietet. Folglich verbrachte ich viele einsame Stunden in meinem großen Atelier.

Ich arbeitete an einer Performance, die in nur wenigen Monaten beginnen sollte, und hatte weder ein Thema noch eine Richtung oder einen Plan. Alles, was ich hatte, war ein großer Skizzenblock und ein Sortiment von Buntstiften der Art, wie man sie Kindern gern kauft. Diese sollten mir dazu dienen, Schaubilder von meiner Aufführung anzufertigen, die illustrieren sollten, wie die erzählerischen Elemente miteinander verwoben waren, wie die Dynamik anstieg und fiel.

Eines Tages, nachdem ich ein oder zwei Stunden lang getanzt, vokalisiert und Selbstgespräche geführt hatte und immer noch nicht wusste, wo es lang ging, saß ich am Boden, zog meinen Block heraus und begann zu zeichnen. Obwohl ich schon als Kind gerne gezeichnet habe, habe ich nur selten davon Gebrauch, weil ich keine bildende, sondern eine darstellende Künstlerin bin. Ich respektierte, wo mein Talent lag und wo nicht, widmete mich der gewählten Form und überließ es den bildenden Künstlern, zu malen und zu zeichnen. Doch plötzlich konnte ich der Lust, etwas mit den sechzig Filzstiften anzufangen, nicht mehr widerstehen und sagte mir, dass alles, was ich hier anfertigte, ohnehin „Wegwerfkunst" sei, bestimmt dazu, anschließend sofort im Papierkorb zu landen. Frei von dem Druck, etwas Wichtiges schaffen zu müssen, etwas, was man aufheben und anderen zeigen würde, zeichnete ich, ohne mir Gedanken darüber zu machen, ob mein Tun in der wirklichen Welt der wirklichen Kunst einen wirklichen Wert haben würde. Zeichnen macht Spaß. Obwohl ich von „richtigen" Malern umgeben war, die Kunstwerke für Galerien in der Stadt und für internationale Kunstfestivals anfertigten, und ich an einer Performance arbeitete und alles von Grund auf ausarbeiten musste, konnte ich nicht umhin, unablässig zu zeichnen.

Jeden Tag zeichnete ich ein Selbstporträt. An einigen Tagen verbrachte ich nur wenige Minuten mit dieser Aufgabe, an anderen Tagen ging ich mehr ins Detail, trug mehrere Ebenen und Farbschichten auf. Es machte mir Freude, auch wenn einige der Zeichnungen nicht gerade schön waren. Da ich keine Absicht hatte, ins Lager der bildenden Künstler überzuwechseln (um ganz ehrlich zu sein, hatte ich möglicherweise doch einen geheimen Wunsch in dieser Richtung, gestand ihn mir jedoch nicht bewusst ein), konnte ich eine schreckliche Zeichnerin sein und trotzdem Spaß daran haben. Je mehr ich zeichnete, desto engagierter war ich bei der Sache, Formen, Farben und Oberflächenstrukturen sowie aus dem Inneren aufsteigende Gefühle auf diese Weise zu materialisieren. Ich begann, mein Leben wie eine Bildergeschichte zu sehen, die Geschichte einer Frau von Tag zu Tag. Unser Leben mag schwer zu ertragen sein, doch ist es im Allgemeinen ein gutes Rohmaterial für Kunstwerke.

Eine Frau mit blauen Schuhen, dicke purpurrote Tränen weinend, liegt auf einem Berggipfel.

Eine Frau mit Gekritzel, Spiralen und Schnörkeln im Kopf schwimmt in den Wellen.

Eine Frau schläft nackt im Regen und man kann durch ihren Körper hindurch die Knochen sehen.

Selbstporträts mögen zwar eine therapeutische Wirkung haben, doch ihre Absicht besteht nicht darin, dass die Bilder einen Sinn ergeben.

Vielmehr soll dem Unbewussten gestalterische Freiheit gegeben werden, ohne die Notwendigkeit zur Bewertung, Übersetzung oder zum Verstehen der Bedeutung. Es spielt keine Rolle, ob wir die Bedeutung unserer Bilder verstehen. Es geht darum, künstlerisch zu gestalten, ohne die Notwendigkeit bestimmter Ergebnisse außer der Kunst selbst.

Jegliche künstlerische Betätigung wird durch ein großes Paradox bestimmt: Um möglichst vollständig von dem kreativen Prozess zu profitieren, müssen wir das Bedürfnis nach Profit aufgeben. Wir müssen uns dem Diktat des Prozesses unterwerfen, anstatt den Prozess zu diktieren. Wenn wir eine Linie zeichnen, kann es sein, dass wir sehen, dass die Linie allein unbefriedigend ist und dass sie noch etwas braucht. Wir *fühlen* diese Notwendigkeit, nicht mit dem Verstand, sondern in den Knochen, also fügen wir noch etwas hinzu. Wenn wir die Bedeutung der ersten Linie interpretieren, um die nächste hinzuzufügen, verringern wir das Potential der Kunst, auf uns zu wirken. Der therapeutische Wert der künstlerischen Betätigung liegt in der Fähigkeit des Unbewussten, sich frei auszudrücken, während die Augen die entstehende Zeichnung verfolgen und Informationen an das Unbewusste zurückgeben, wodurch ein Dialog entsteht. Je mehr wir uns den Impulsen unseres inneren Wesens überlassen können, desto erfreulicher wird der Prozess und desto authentischer das Produkt.

Unsere Psyche führt uns auf seltsamen Wegen zu unserem Glück. Unsere Aufgabe ist es, die Psyche ihre Arbeit tun zu lassen – dem Angebot des kreativen Impulses Folge zu leisten.

✦ Die Übung

Sammle deine Materialien: Papier, Bleistifte, Kreiden, Wasserfarben, Filzstifte oder was immer in greifbarer Nähe ist. Wenn du in einem Café bist, nimm eine Serviette. Wenn du keinen Stift hast, leihe dir einen von der Bedienung aus.

Zeichne ein Selbstporträt. Vielleicht möchtest du ein wieder erkennbares Gesicht oder einen Körper malen: einen Kopf und eine Nase, Augen und Lippen, einen Rumpf mit Armen und Beinen. Vielleicht ziehst du es vor, ein abstraktes Bild zu zeichnen – Linien, Farben und Formen als Ausdruck des Augenblicks. Füge Farben und Strukturen hinzu. Die

Details können ein interessantes zu einem vielsagenden Kunstwerk machen.

Bleibe so lange dabei, wie du mit Interesse bei der Sache bist – und höre dann nicht sofort auf, sondern mache noch ein paar Minuten weiter. Oft hören wir auf, wenn wir nicht sicher sind, wie wir weitermachen sollen. Doch wenn wir eine Pause machen und dann fortfahren, entsteht ein neues Element in der Zeichnung, eine neue visuelle Episode beginnt. Wenn wir den Mut haben, weiterzumachen, können wir unser Kunstwerk vertiefen und in Ebenen vordringen, die unserer Wahrnehmung anfangs verschlossen waren.

Lass dir, wenn du fertig bist, einen Moment Zeit, um dein Werk wertfrei zu betrachten. Wenn wir unsere Kunst anschauen können, ohne sie zu beurteilen, können wir einen Moment lang spüren, wie zufrieden unsere Psyche damit ist, sich in der Welt der materiellen Formen Ausdruck verschafft zu haben. Dieses Sichaneignen einer physischen Form ist dem inneren Selbst eine Freude und gestattet es unserem Unbewussten, seine eigene Existenz wahrzunehmen.

Hefte deine Zeichnung an die Wand oder lege sie in eine Mappe. Wenn sie klein genug ist, kannst du sie einstecken, um sie dir später noch einmal anzuschauen. Selbst wenn du deine Zeichnung nicht mögen solltest, behalte sie und schau sie dir in ein paar Tagen mit anderen Augen noch einmal an. Mit der Zeit wirst du feststellen, wie sich dein persönliches Bildvokabular erweitert und sich ein persönlicher Stil entwickelt. Wenn du weiterhin deine Kunst ausübst, wird sie ihr Eigenleben entwickeln, in deinem Leben eine größere Rolle spielen und dir mehr Befriedigung geben.

Wenn unsere Emotionen und unser Erleben verborgen und unausgedrückt bleiben, neigen wir zu Verstimmungen – entweder in Form einer unterschwelligen Ängstlichkeit, die wir kaum spüren, oder in Form eines deutlich sichtbaren Ticks, einer Essstörung oder Depression. Wenn wir uns in Bildern ausdrücken, geht die Verstimmung häufig vorüber, und wir fühlen uns wohler, entspannter und glücklicher. Es sind nicht nur Ängstlichkeit, Furcht, Enttäuschung und Ärger, die nach Ausdruck streben. Wir haben ebenso ein Bedürfnis, unsere Zufriedenheit auszudrücken. Wir können uns ebenso gut tanzend, bei der Liebe, beim Klettern in den Bergen oder beim Tauchen im Meer zeichnen. Indem wir diesen Momenten der Freude mehr Aufmerksamkeit schenken, rufen wir uns unser Glück ins Gedächtnis und kultivieren es so in unserem Leben.

Thich Nhat Hanh hat unter vietnamesischen Flüchtlingen, die während es Vietnamkriegs und danach als „Boat People" schwere psychische Schäden erlitten haben, viele Anhänger. Um ihnen bei ihrer psychischen Gesundung zu helfen, bietet Thây (so nennen ihn seine Schüler) Übungen an, die Gelassenheit und Glück fördern. Er sagt, dass wir, bevor wir uns erfolgreich auf unsere Wunden einlassen können, zuerst die Psyche durch wiederholtes Erleben eines angenehmen Gemütszustandes stabilisieren müssen. Um den Ort inneren Friedens zu finden, müssen wir die Zugangswege kennen. Sobald wir wissen, wie man Zugang zu dem uns allen innewohnenden inneren Frieden findet, können wir immer wieder dorthin zurückkehren. Zur Kultivierung dieser inneren Zufriedenheit lehrt Thây eine Meditationspraxis, zu der das Lächeln gehört. Er nennt sie „Mund-Yoga": Wenn der Mund sich zu einem sanften Lächeln formt, fühlen wir uns besser. Doch er beschränkt sich nicht auf stille Übungen im Sitzen, sondern ermuntert seine Schüler auch, Gedichte zu schreiben, Blumengestecke zu gestalten und gemeinsam zu singen.

Ich habe immer wieder über längere Zeit mit Thây studiert und erkannt, dass meine Zufriedenheit sich umso mehr ausbreitete, je mehr ich Momente inneren Friedens anerkannte, und seien sie noch so flüchtig. Statt einfach auf Glück zu hoffen, können wir es selbst entwickeln, in derselben Weise, wie man eine Blume im Garten durch regelmäßiges Gießen stetig wachsen lässt. Selbstporträts sind eine der verfügbaren Methoden, um Glücksgefühle in uns hervorzurufen.

Kunst im Überfluss

Eines Sommernachmittags wanderte ich mit meinem Freund James in Deutschland auf einem Wanderweg, der sich durch Weiden und gepflegte Wälder schlängelte, von Dorf zu Dorf. Plötzlich ging er in die Knie, und ich nahm an, dass er sich verletzt hatte.

„Vorsicht", flüsterte er und zeigte auf ein Blatt, auf dem ein winziger Punkt von einem Käfer saß. Er griff nach seinem Schweizermesser, klappte das Miniatur-Vergrößerungsglas heraus und drückte es mir in die Hand. Ich starrte auf das kleine Naturwunder: die blau schillernden Flügel des Käfers lagen säuberlich gefaltet auf seinem schwarzen Rücken, ein gelbes Band schimmerte um seinen Hals, und rote Augen standen aus seinem markanten Gesicht hervor.

Wir blieben noch längere Zeit knien und schauten abwechselnd durch die Lupe den Käfer an, bevor er allmählich weiterkrabbelte.

„Erstaunlich", sagte ich, und James lächelte wie ein Biologielehrer.

Gestern spazierte ich über eine Weide, auf der Kühe grasten, und setzte mich auf die runde Schnittfläche eines Baumstumpfs neben einer Flussmündung. Die Sonne war von tief hängenden Wolken verschleiert, doch sie hatte noch genügend Kraft, um die ganze Weide in ein warmes Licht zu tauchen. Ich streckte mich aus, schloss die Augen und wurde ganz ruhig. Gelegentlich nickte ich ein und meine Gedanken drifteten in einen schlafähnlichen Zustand ab, der sehr erfrischend ist.

Später, als ich über die Wiese zurückstapfte, bemerkte ich in einiger Entfernung ein Tier, das ähnlich gezeichnet war wie eine Kuh, jedoch einen geschmeidigeren Gang hatte. Ich zog mein kleines Fernglas aus der Tasche und sah, dass eine schwarzweiße Katze über eine Wiese mit schwarzweißen Kühen schlich. Ich fühlte mich wie in einem japanischen Gemälde, einem Fellini-Film oder einem witzigen Bild, und musste laut lachen.

„Alles, was du wissen musst, kommt im Augenblick vor dem Einschlafen zu dir", sagte H. W. L. Poonja immer wieder während seiner morgendlichen Belehrungen in Lucknow. Tagelang hatte ich über seine Worte nachgegrübelt. Eines Morgens während des *Satsangs* (einem Gruppentreffen mit einem erleuchteten Meister, das häufig in einem Dialog besteht), konnte ich kaum wach bleiben und merkte, wie ich wie in einem ruhigen schwarzen See trieb, wo Poonjajis Stimme als entferntes Summen zu mir drang. Ich zwang mich, die Augen offen zu halten, um meine Aufmerksamkeit nicht zu verlieren, doch es gelang mir nicht. Sie fielen wieder zu, und ich driftete wieder ab.

Als der *Satsang* vorbei war, ging ich durch die staubigen Straßen voller Rikschas, dreirädriger Taxis und herumtorkelnder Kühe nach Hause und schalt mich, weil ich jedes Wort aus dem Mund des großen Meisters versäumt hatte. Ich war so beschäftigt mit meiner Selbstkasteiung, dass ich beinahe übersah, was ich in Wirklichkeit wahrnahm – alles um mich herum hatte sich verändert und war doch genau gleich geblieben. Der Gesang des Jungen, der auf einem Karren saß und Erdnüsse verkaufte, war ebenso bewegend wie das Wiegenlied einer Mutter. Ein Wasserbüffel mit in den Himmel ragenden Hörnern, dessen lange braune Schnauze in einer weichen schwarzen Nase endete, schaute mich mit der Innigkeit eines Liebhabers an. Selbst die runden Kuhfladen schienen die esoterische Perfektion eines vollkommenen Kunstwerks auszustrahlen. Ich hatte einen inneren Frieden berührt, der so heilsam war, dass die Welt sich vor meinen Augen verwandelte, doch das Erwachen war so schlicht, dass ich es beinahe übersehen hätte.

In diesem Moment tiefer Ruhe, wenn alles Verlangen von uns abfällt, wenn wir von Ehrgeiz, Angst, Enttäuschung und Hoffnung unberührt bleiben, befinden wir uns in einer reinen Stille, die immer in unserem Innersten vorhanden ist. Für einen Moment sind wir frei. Wir schauen uns um, und alles Leben enthüllt sein inneres Leuchten. Doch um das Mysterium zu enthüllen, müssen wir bereit sein, aufmerksam für das zu sein, was sich direkt vor unseren Augen abspielt und unsere Aufmerksamkeit einlädt, auch wenn wir uns abwenden und in die Ferne schauen, in der Sehnsucht nach etwas, von dem wir meinen, dass es außerhalb unserer Reichweite liegt.

Auf meinem Weg zurück vom Fluss beugte ich mich gestern herunter, um eine weiße Blüte an einem über und über mit Blühten übersäten Busch zu betrachten. Vier papierdünne Blütenblätter mit tiefroten Punkten an der Basis umrundeten einen safrangelben Samenstand mit Hunderten von Staubgefäßen. Ich musste mich losreißen, um weiterzugehen.

Als ich um eine Ecke bog, fiel mir der schillernd grüne Kopf einer Stockente auf. Ich hatte das geflügelte Tierchen bereits auf meinem Hinweg in dem Teich am Wegesrand gesehen. *Nichts weiter als eine Ente,* hatte ich mir gesagt und war weitergegangen. Ich sagte es mir noch einmal, *nichts Seltenes oder Besonderes; du kannst einfach weitergehen und zur*

Arbeit zurückgehen. Doch ich konnte nicht einfach weitergehen. Obwohl der Enterich nur ein paar Meter entfernt war, zog ich mein Fernglas heraus, um mir das Tier aus der Nähe anzusehen. Ein weißer Streifen umrundete den Ansatz seines grünen Halses, und sein Schnabel, der aus einem dunklen Gesicht herausragte, war leuchtend gelb. Die Schönheit des Vogels durchdrang mich.

Meine Freundin Kathleen Harrison lehrt botanisches Zeichnen. Sie lässt ihre Schüler eine Pflanze mehrere Stunden lang beobachten. Die Qualität ihrer Zeichnungen misst sie nicht daran, wie die Kunstwerke aussehen, sondern daran, ob ihre Schüler während der stundenlangen Beobachtung weitere Details festgestellt haben, die sie anfangs nicht wahrgenommen hatten. Kunst ist eine Art des Sehens.

Alles ist Kunst, solange wir uns die Zeit nehmen, zu sehen. Nicht nur die großartigen Formen der Natur, sondern alles. Ich ging eines Nachmittags mit Paul Zaloom, einem befreundeten Künstler, durch Soho in Manhattan. Paul transformiert gefundene Objekte – Gummistiefel, zerbrochene Regenschirme und weggeworfene Spielzeuglaster – in lebendige Objekte, die sprechen und in seinen Performances in Wechselbeziehung zueinander treten. Wir gingen an einer Holzkiste vorbei, die in einem seltsamen Winkel aus dem Rinnstein ragte und deren zerbrochenen Holzlatten so schartig waren wie das Matterhorn. Ich wusste, dass Paul sah, was ich sah: Abfallkunst. Meine Wahrnehmung wurde von Pauls Art zu sehen, beeinflusst, ohne dass wir ein Wort sagen mussten.

„Das Beste daran, ein Künstler zu sein“, sagte Paul, und sprach aus, was ich gedacht hatte „ist, dass man überall Kunst sieht.“

In der Aufregung unseres geschäftigen Lebens halten wir nur selten inne, um von der Aufsehen erregenden Kunst Notiz zu nehmen, die von der Natur gestaltet wird. Wenn wir jedoch auf die Dinge achten, die in unserer Umwelt gegenwärtig sind, können wir dasselbe erhabene Gefühl bekommen, das wir haben, wenn wir in eine Kunstgalerie gehen oder eine Reise zum Grand Cañon unternehmen. Diese Momente des Staunens fachen die Kreativität an. Wir zeichnen einen Käfer mit einem gelben Halsring, malen in einem Keramikkurs einen gelben Streifen um eine Teetasse oder kramen ein rot gepunktetes Kleid aus der Tiefe unseres

Kleiderschranks hervor und gehen zum Tanzen aus. Die unmittelbare Wirkung eines inspirierten Moments der Beobachtung kann häufig kaum nachvollzogen werden. Und doch wissen wir, dass wir innerlich bewegt sind, wenn wir ein großartiges Kunstwerk sehen. Unser Sinn für die visuellen Aspekte der Welt wird wach und setzt unser gesamtes Sein davon in Kenntnis. Wenn wir unsere Sinne nähren, indem wir die Welt mit Sorgfalt und Aufmerksamkeit betrachten, kommen wir nicht umhin, in der einen oder anderen Art zum Künstler zu werden. Die Inspiration findet ihren Weg durch uns ins Universum.

Eines der wichtigsten kreativen Dinge, die wir in unserem Leben vollbringen können besteht darin, die Kunst, die uns in Hülle und Fülle umgibt, klar zu sehen. Die Wahrnehmung ist ein kreativer Akt – die uns umgebende Kunst gibt es nur, wenn wir sie zur Kenntnis nehmen. Der kreative Prozess beginnt mit dem Prozess der Wahrnehmung; beide sind untrennbar miteinander verbunden.

✦ Die Übung

Schaue dich um. Achte darauf, wie das Licht auf einen Gegenstand in deiner Nähe fällt. Achte auf die Form einer Lampe, das Muster des Ziffernblattes auf einer Uhr oder die Kurve des Henkels einer Tasse. Achte auf die Beziehungen von Gegenständen zueinander. Achte auf Farben. Gehe ins Freie, knie dich hin und schau dir etwas am Boden genau an. Betrachte es sorgfältig. Nimm dir Zeit. Nimm dir soviel Zeit, wie du es ertragen kannst, eine Blume, ein Blatt oder einen Stein anzuschauen. Die Wahrnehmung entfaltet sich mit der Zeit. Wenn wir still werden, sehen wir, und wenn wir sehen, werden wir still. Die Bewegung von Gräsern ist Kunst. Die Bewegung des herabfallenden Regens. Die Form eines Zauns. Die Kurve eines Vogelflugs. Wir leben in einem Universum voller Kunst. Gott ist ein Künstler.

Es kommt nicht darauf an, etwas aus dem, was du gesehen hast, zu machen. Lass die Inspiration ihren eigenen Weg finden. Wir lernen zu sehen, und durch das Sehen werden alle möglichen kreativen Prozesse in Gang gesetzt. Lass die Beobachtung deine Kunst sein.

Vergänglichkeit

Ich sage mir selbst: *du bist in einer miserablen Stimmung, also musst du etwas unternehmen. Malen. Aber nein. Ich will mich nicht künstlerisch betätigen. Ich habe keine Zeit und nicht die geringste Lust, auf ein leeres Blatt Papier zu starren und etwas darauf zu kritzeln, was ich nicht mag.* Also trinke ich lieber eine Tasse Kaffee, obwohl ich mir das Kaffeetrinken gerade abgewöhnt habe. Ich starre auf den Wasserkessel und warte, bis das Wasser kocht. Genau so hat meine Mutter immer auf den Kessel gestarrt, wenn sie deprimiert war und darauf wartete, dass das Wasser kocht. Und nachdem ich eine Tasse des starken Gebräus getrunken habe, bin ich noch immer in schlechter Stimmung und hänge trüben Gedanken nach, die mir, durch das Koffein angetrieben, durch den Kopf gehen, Gedanken über meine schlaffen Oberschenkel, über das Auto, das nicht durch die Abgasprüfung gekommen ist, und darüber, dass ich es immer noch nicht geschafft habe, einen Komposthaufen anzulegen. Ich fühle mich noch schlechter als vor dem Kaffee, aber ich habe nun mehr Energie, also sage ich mir: „Dann male ich eben".

Aber nein, ich habe nicht die geringste Neigung zu malen, was soll das, ich muss arbeiten, richtig arbeiten, ich muss den Boden aufwischen und einen Platz in meinem winzigen Hinterhof für den Komposthaufen finden, und außerdem will ich sowieso nichts von dem sehen, was ich gemalt habe, weil ich jetzt, bevor ich es überhaupt gemalt habe, schon weiß, dass es mir nicht gefallen wird, ja, dass ich es geradezu abscheulich finden werde. Also mache ich mir lieber ein Sandwich, obwohl ich eigentlich nicht hungrig bin. Ich esse das Sandwich und kleckere Senf auf die Papierserviette, auf die ich ihn gelegt habe – schließlich bin ich zu faul, einen Teller zu nehmen, und es ist sowieso umweltfreundlicher. Ich nehme einen Stift, der neben einem Stapel alter Post liegt, zeichne ein albernes Muster um die Senfkleckse herum und merke, dass meine Kringel wie Blütenblätter aussehen. Ich weiß, dass ich die Serviette gleich in den Müll werfen werde, und denke daher nicht einmal darüber nach, ob die Blüte, die ich gerade gezeichnet habe, eine gute Blüte oder eine schreckliche Blüte ist, denn sie befindet sich ohnehin auf dem Weg in den Mülleimer. Doch ich verpasse ihr noch einen Stiel und ein paar Blätter. Ich zeichne noch einen Blumentopf und dann noch eine zweite Blume für den Topf, und sprenkele noch ein bisschen Senf von meinem Messer auf die Serviette, um der zweiten Blume eine Mitte zu geben. Dann merke, ich, dass ich die Zeichnung irgendwie ganz gut finde, obwohl sie ziemlich blöd ist. Ich mag es, wie die Tinte in der Serviette verschwimmt und wie der Senf in der Mitte der Blüte aussieht. Und ich bin der Meinung, dass ich das eigentlich recht gut kann, eine schmutzige Papierserviette in ein kleines Kunstwerk zu verwandeln, und überlege mir, ob ich nicht eine neue Kunstbewegung starten sollte – Serviettenkunst.

Wirf die Serviette jetzt sofort weg, sage ich mir, aber ich will sie nicht wegwerfen, ich will an der Kunst festhalten – die jetzt gute Kunst ist, wichtige Kunst, Kunst, die der Anfang meiner Karriere als bildende Künstlerin sein könnte, mit Galerien in New York und Paris – sie mit einem Magneten am Kühlschrank aufhängen. Aber meine Kühlschrankmagneten haben bereits ihre magnetische Haltekraft bis an die Grenzen ausgeschöpft. Sie halten Fotos meiner Patenkinder, Brüder, Neffen und Nichten. Also wandert die Papierserviette in den Müll. Doch ich fühle mich weitaus optimistischer in Bezug auf das Leben im Allgemeinen und fahre mit meinen täglichen Aktivitäten fort.

Eine der vier edlen Wahrheiten, die in der Lehre Buddhas verankert ist, lautet, dass alles vergänglich ist. Während langer Meditationsretreats bekommt man gesagt, dass man sich auf die Realität der Vergänglichkeit konzentrieren solle, also sitzt man mit geschlossenen Augen auf seinem Meditationskissen und beobachtet, wie der Atem kommt und geht. Man fühlt, wie das Kribbeln auf der Wange kommt und geht, wenn sich eine Fliege darauf setzt. Man merkt, wie der Eindruck, dass jemand auf dem benachbarten Meditationskissen viel zu laut atmet, kommt und geht. Man fühlt, wie der Schmerz im Knie kommt und geht. Man beobachtet, dass der Gedanke daran, dass irgendwann der Gong ertönt, so dass man aufstehen kann, um eine starke Tasse Tee zu sich zu nehmen, mit einem Spritzer Sahne und Honig, kommt und geht, bis man schließlich in einer großartigen erschreckenden Erkenntnis wahrnimmt, dass alle Phänomene in immer winzigeren Zeitschritten erscheinen und vergehen, dass nichts bleibt und man sieht, wie man selbst und alle, die man kennt, sich in einem Universum des unaufhaltsamen, Schwindel erregenden Flusses befinden. Die Lehrer bestehen darauf, dass das gut für einen sei, doch du bist dir noch nicht sicher, warum, während du angesichts der unauslöschlichen Realität, dass du selbst und alle deine Lieben ins große Jenseits übergehen werden, in einem Meer der Tränen versinkst, ganz gleich, wie sehr du dir wünschst, in Gesellschaft deiner Freunde bleiben zu können.

Die Mönche und Nonnen in buddhistischen Klöstern chanten das Sutra der Vergänglichkeit, um sich ständig daran zu erinnern, dass nichts bleibt und dass alles Festhalten an einem Gefühl, einer Person oder einem befriedigenden Gegenstand zu Leiden führt. Ich chante das Sutra, so oft ich daran denke, was gewöhnlich der Fall ist, wenn ich im Auto sitze und aufgrund eines frustrierenden Erlebnisses in meiner Beziehung oder meiner Arbeit kurz davor bin, völlig von diesem Leiden gefangen genommen zu werden, und ich bereits Schokolade gegessen und einen Termin für eine Gesichtspackung gemacht habe und mich noch immer schrecklich fühle:

Alle Dinge sind vergänglich.
Sie entstehen und sie vergehen.
Im Einklang mit dieser Wahrheit zu sein,
bewirkt großes Glück.

Diesen Vierzeiler zu chanten, ist für mich sehr effektiv. Ich fühle mich ruhiger, trotz der Tatsache, dass die Hügel, die noch vor ein paar Wochen grün waren, mittlerweile völlig vertrocknet sind, und meine Haut, die einmal perfekt war, nun Flecke hat, und mein Haar an den Schläfen grau wird, und ich anfange, wie meine Mutter auszusehen, und ich wahrscheinlich – oh Schreck! – irgendwann so aussehen werde wie meine Großmutter, falls ich das Glück habe, so alt zu werden, und die Tüte mit den organischen mit Schokolade überzogenen Mandeln auf dem Beifahrersitz mittlerweile leer ist.

Die gute Nachricht ist, so sage ich mir, während ich gemeinsam mit all den anderen Autofahrern hupend in den Tunnel zur Golden-Gate-Bridge fahre, dass nicht nur die Freude vergänglich ist, sondern auch der Schmerz. Und eine noch bessere Nachricht ist, dass ich nun, da ich das Wesen der Realität ganz an mich heran lassen kann, feststelle, wie ungewöhnlich kostbar selbst dieser Schmerz im Herzen ist. Ich fahre aus dem Tunnel heraus und sehe die Hügel, die einst grün waren und jetzt verdorrt sind. Sie erstrahlen in dem reinen Gold der untergehenden Sonne.

Tibetische Mönche praktizieren die Sandmalerei als eine Form der Meditation. Sie sieben unter Verwendung winziger Metallzylinder Sand in leuchtenden Farben auf eine Holztafel und erzeugen allerfeinste Strukturen mit Wolken, labyrinthartigen Pfaden, unzähligen Gottheiten, Elefanten und schneebedeckten Bergen. Das Anlegen eines solchen Sand-Mandalas erfordert wochenlange ermüdende Arbeit, bei der die Mönche mit ihren geschorenen Häuptern und ihren safrangelben Roben sich über die große Tafel beugen und in den dünnsten Strömen Sand verstreuen. Doch nur wenige Tage nach Fertigstellung des Mandalas begehen die Mönche ein Ritual, bei dem sie Mantras der Auflösung chanten und den Sand von der Tafel wischen – die Formen lösen sich auf, die Farben vermischen sich in einem Haufen glitzernder Materie miteinander – und ihn ins Meer gießen.

Die Absicht der Sandmalerei besteht nicht darin, das Kunstwerk zu erhalten, so dass viele Generationen später noch die Geschicklichkeit der Kunsthandwerker bewundert werden können, oder es zu verkaufen, um Geld zu sammeln, sondern darin, es aufzulösen, damit die Praktizierenden sich von dem Produkt ihrer Mühen lösen und sich dem erhebenden Fluss der Freiheit hingeben können.

Wir alle können Kunstwerke schaffen, von denen wir wissen, dass sie vergänglich sind, Kunstwerke, die wir auf dem Altar der Vergänglichkeit opfern. Jeder Mensch kann Kunstwerke erschaffen, die zur Auslöschung bestimmt sind, die zu Staub werden, ebenso wie wir selbst; und die der Wahrheit der Vergänglichkeit gewidmet sind, welche zum Ursprung unserer Befreiung wird, wenn wir uns ihr hingeben.

Wenn wir die Fähigkeit entwickeln, auf den Wellen des Wandels zu reiten, wenn wir unser Bedürfnis loszulassen, die Realität an unseren Wünschen auszurichten, und uns stattdessen wünschen, dass wir die Realität so annehmen, wie sie sich uns in jedem Moment darbietet, entdecken wir in uns eine beständige Ruhe. Wir verneinen nicht mehr die vorübergehende Natur des Seins und können uns dieses flüchtigen Lebens freuen, bevor auch wir uns auflösen. Wir können die Freuden genießen, die das Leben uns bietet, nicht, weil wir denken, sie blieben ewig bestehen, sondern weil wir wissen, dass sie vorübergehend sind.

Andy Goldsworthy, ein bekannter britischer Künstler, erzeugt Skulpturen in der Natur aus Blättern, Steinen, Zweigen oder Eiszapfen. Seine Arbeiten sind von exquisiter Schönheit. Die visuellen Elemente sind integraler Bestandteil der Landschaft, in der sie ihren Sitz haben, und dennoch treten sie als eigenständige Kunstwerke von ihrer Umgebung getrennt in Erscheinung. Die Arbeiten werden zwar in Dokumentationen festgehalten – sorgfältig produzierte Farbfotografien, gesammelt in Portfolios – doch die eigentlichen Skulpturen sind vergänglich. Gerade diese Vergänglichkeit ist es, die Goldsworthys Kunst so faszinierend macht.

Eine der angenehmsten Aktivitäten, denen man im Freien nachgehen kann, ist, Kunst zu schaffen – vorübergehende, vergängliche Kunst. Die benötigten Materialien stehen frei zur Verfügung: Blätter, Stöcke, Zweige, Treibholz, Kieselsteine, Erde, Blumen, Schnee und Sand. Die Landschaft ist frei von Kritikern, außer denen, die in unseren eigenen Gedanken aktiv sind. Alles, was wir tun müssen, ist, eine Pause einzulegen und zu spielen.

Um im Freien eine Skulptur zu schaffen, treten wir unmittelbarer mit unserer Umwelt in Beziehung und sehen, was wir sonst übersehen. Wir lernen die Muschel oder das bunte Blatt nicht nur aus der Entfernung schätzen, sondern aus der Nähe: Wir berühren es, spüren das Gewicht und die Oberflächenstruktur, die Farben und Muster. Die Kreativität der Natur fließt in unsere eigene Kreativität ein, unsere Entwürfe verschmelzen mit denen der Natur.

✦ Die Übung

Wenn du dich auf einer Wanderung befindest, hinter deinem Haus, am Strand oder, falls du in der Stadt wohnst, auch nur auf dem Balkon sitzt, sammle Gegenstände, die dir auffallen, und ordne sie zu einem Arrangement. Vielleicht reihst du lediglich fünf weiße Kieselsteine auf einem großen dunklen Stein auf. Oder du legst ein rotes Blatt in ein Beet aus gelben Blättern. Oder du legst eine einzelne weiße Muschel auf ein kleines Stück Treibholz. Oder du nimmst einen herabgefallenen Zweig als Basis, stapelst Steine darauf, bestreust das Ganze mit Blättern wie mit Konfetti und setzt deiner Kreation mit Federn die Krone auf. Arbeite ohne nachzudenken oder zu planen. Lass den Teil deiner Kreativität walten, der Freude an Formen und Farben hat. Versuche nicht, dem Ganzen eine Bedeutung zu geben oder deine Fortschritte zu beurteilen. Lass einfach deine Hände Dinge so platzieren, dass sie in Beziehung zueinander treten.

Wenn du fertig bist, schau dir genau an, was du geschaffen hast und gehe dann weiter. Fahre mit deinem Spaziergang, deiner Strandwanderung, deinem Picknick oder deinem Jogging fort. Schaue nicht zurück. Lass deine Kunst los.

Kunst aus gefundenen Objekten

Eines Abends war ich zu einer Soirée in einer Privatresidenz eines Kunstsammlerpaares in Pacific Heights, einer vornehmen Gegend von San Francisco, eingeladen, bei der Geld für einen guten Zweck gesammelt wurde. Die Präsentation der guten Sache, für die geworben wurde, fand im Foyer des Hauses statt, das aus massivem schwarzem Marmor bestand. An der Wand hingen eindrucksvolle Werke zeitgenössischer Künstler, die durch in die Decke eingelassene Lampen perfekt beleuchtet wurden. Nur wenige Stühle befanden sich im Raum, die meisten Gäste standen, während eine Frau mit ernster Miene sich lang und breit über eine furchtbare Situation irgendwo auf der Welt ausließ, die unserer Aufmerksamkeit bedurfte. Nach einer Weile war ich des Stehens müde und hockte mich auf den Sims eines Fensters mit Bilderbuchausblick über die San Francisco Bay. Neben mir stand ein riesiger Sack mit Katzenstreu.

Später, als der Vortrag zu Ende war und der Small Talk begonnen hatte, führte die Gastgeberin eine kleine Gruppe von Besuchern auf einen Rundgang durch die Kunstsammlung, die durch die Küche, die Flure, die Schlafzimmer, die Büros und die Bäder des Hauses führte. Erst als ich meinen Mantel wieder anzog und durch das Foyer zurück nach draußen ging, merkte ich, dass die Katzenstreu ein Kunstwerk war – ein

Werk, das das Paar von einem angesehenen Kunsthändler erworben hatte, ein Werk, das sich als Katzenstreu verkleidete – was es auch tatsächlich war.

Wir können für diese Wende in der zeitgenössischen Kunst den Künstler Marcel Duchamp verantwortlich machen. Man stelle sich die Reaktion der Kunstkenner vor, als er ein Pissoir an eine Ausstellung in New York schickte. „Genial", riefen einige aus. „Der Untergang der westlichen Kunst", beklagten andere. Auf jeden Fall änderten Duchamp und die Dadaisten unsere Sehgewohnheiten und befreiten die Kunst für das Auge des Betrachters.

Duchamp hatte die Absicht, ein Werk zu schaffen, das „die logische Realität aushebeln würde", ein Werk, das dem Betrachter nicht nur angenehm oder reizvoll erscheinen sollte, weil es in meisterlicher Art als Landschaft oder Porträt ausgeführt wurde, sondern das die Wahrnehmung selbst transformieren würde. Sein Experiment gelang, und wir haben heute die Freiheit, jeden Gegenstand in unserer unmittelbaren Umgebung – eine Schüssel mit Büroklammern, einen halb gegessenen Laib Brot, eine Uhr auf dem Kaminsims – zum Kunstwerk zu erklären.

Kunst aus gefundenen Objekten gestattet dem Auge, Kunst zu sehen, wo sie gewöhnlich nicht erkannt wird, und aus allem, was wir irgendwo finden, ein Kunstwerk zu machen. Kunst aus gefundenen Objekten spielt mit dem Zufall. Sie vertraut darauf, dass das, was sich uns in unserer unmittelbaren Umgebung von Moment zu Moment bietet, eine Bedeutung hat und es daher verdient, zur Notiz genommen zu werden. Objektkunst ist eine Übung darin, sich gewöhnlichen Dingen zuzuwenden.

✦ Die Übung

Ein gefundenes Objekt wird zum Kunstwerk, indem man es herausstellt – es in einen neuen Zusammenhang stellt – indem man es einrahmt, es an einen besonderen Ort oder in Beziehung zu anderen Gegenständen stellt, wo es gesehen wird, statt übersehen zu werden.

Objekte, die dich wegen ihrer Form, ihrer Farbe, ihrer Struktur oder ihrer Aussage bezüglich der Realität anziehen – eine Schüssel, ein weggeworfenes Spielzeug, eine Zahnbürste. Du kannst solche Objekte in der

Gosse finden, am Strand, auf deinem Schreibtisch, auf dem Boden oder im Schrank. Du kannst sie mit Leim oder Nägeln, mit Tesafilm, Bindfaden oder durch Balance und Schwerkraft zusammenfügen. Oder du kannst die Objekte einfach in eine Umgebung stellen, in der sie bemerkt werden: fünf Rollen weißes Toilettenpapier in einer Reihe auf dem Spülkasten, ein Salzstreuer auf einem Feigenblatt mitten auf dem Küchentisch, identische Suppendosen auf dem Kaminsims.

Du kannst ein gefundenes Objekt aufhängen: eine pinkfarbene Zahnbürste auf einer kahlen weißen Wand. Du kannst es auf ein Podest stellen: eine Tüte Hundefutter unter einem Scheinwerferlicht. Du kannst es im Garten platzieren: eine Statue aus Kleiderbügeln. Oder du baust es auf der Ecke deines Schreibtisches auf: drei rote, eine blaue und drei gelbe Büroklammern. Lass es von der Decke herunterhängen: ein Brautkleid.

Kunst aus gefundenen Objekten kann eine unmittelbare Übung sein. Wenn du den Impuls verspürst, ein Kunstwerk zu schaffen oder wenn du nervös, gelangweilt oder wütend bist, schau dich in deiner unmittelbaren Umgebung um und verwandle, was immer du findest, in Kunst. Du kannst das auf einem Aktenschrank tun, auf dem Küchentresen, auf einem Tisch im Restaurant oder auf dem Armaturenbrett deines Autos. Eine Gabel kreuzweise über einem Messer mitten auf einem weißen Teller. Eine Pyramide aus Zahnstochern. Eine Rasiercremewurst auf einem nackten Bein. Eine von Brotkrümeln eingerahmte Serviette. Ein Kreis hinuntergefallener Blätter.

Höchstwahrscheinlich schaffst du bereits Kunst aus gefundenen Objekten. Du sitzt mit Freunden am Tisch und schiebst Tasse und Untertasse umher oder du reißt die Serviette in kleine Stücke, die du auf dem Teller arrangierst. Nun, da du weißt, dass dies Kunst ist, bist du ein vollwertiges Mitglied einer Kunstbewegung. Vorwärts! Arbeite es aus, lass dich ein, erschaffe!

Während eines winterlichen Arbeits- und Lehrprogramms, das ich am Esalen-Institut abhielt, hatte ich die Gelegenheit, an einem Wochenend-Beziehungsworkshop eines Psychologen teilzunehmen, der für seine Arbeit im Bereich Liebe bekannt ist. Nach einem morgendlichen Vortrag ließ er uns am Nachmittag eine Karte unserer Beziehungsgeschichte vom Zeitpunkt unserer Geburt an bis zum heutigen Tag zeichnen. Wir sollten alle Menschen einschließen, die für uns wichtig waren: Eltern, Großeltern, Geschwister, beste Freunde, Stiefeltern, Jugendlieben, Liebhaber, Partner, Ex-Partner, Sittenstrolche, Kinder, Stiefkinder und Haustiere. Ich zeichnete lyrische Kurven, gequälte Verdrehungen, optimistische Spiralen, gefolgt von Stürmen schwarzer Flecken, orgiastischen Ausbrüchen und leidvollen Eruptionen mit Pastellkreiden und Farbstiften auf einen großen Skizzenblock. Doch am Ende der Sitzung hatte ich das Gefühl, das Wesentliche an meiner Beziehungsgeschichte nicht wirklich hervorgeholt zu haben, und beschloss daher, die Übung zu einem anderen Zeitpunkt, wenn ich Zeit hätte, fortzusetzen.

Als ich zu meinem Zimmer zurückkam, einem kleinen Apartment am Highway 1, wo die Teilnehmer untergebracht waren, wurde ich mit glücklichem Gewimmer und heftigem Schwanzwedeln von meinem sechs Monate alten Cockerspaniel Emma begrüßt. Mitten auf dem Boden lag ein Knäuel Zahnseide, das mit Lametta, Zweigen und braunen Streifen von Kassettentonband geschmückt war. Der Behälter für die Zahnseide baumelte an dem etwa einen halben Meter langen Knäuel gewachsten Fadens. Emmas Kunstversuch erschien mir als eine weitaus treffendere Darstellung meiner Beziehungsgeschichte als meine eigene, also warf ich meine Zeichnung ins Kaminfeuer, hob aber ihre Arbeit auf, die mittlerweile an der Wand meines Schlafzimmers hängt. Gäste, die von der Skulptur beeindruckt sind, fragen mich, wer denn der Künstler sei. Ich sage dann: „Emma". Sie verstummen und überlegen, ob Emma eine Freundin von mir ist, die sie noch nicht getroffen haben – der Name kommt ihnen so bekannt vor – und, wenn ich ihnen dann sage, dass Emma der Name meines Hundes ist, schauen sie das Werk mit völlig neuen Augen an.

Wenn wir aus Gegenständen, die wir finden, Kunstwerke herstellen, fördern wir eine verspielte Qualität in uns, die wir in unsere privaten und beruflichen Beziehungen einfließen lassen können. Wir haben diese Qualität in uns, wenn wir am Telefon mit jemandem sprechen, wenn wir Marketingstrategien entwickeln, das Abendessen zubereiten oder Windeln wechseln. Wenn wir aus Gegenständen, die wir finden, Kunstwerke herstellen, entsterilisieren wir unsere Umgebung, wir deklassifizieren unsere Kategorien, verlieben uns in den Zufall und verbünden uns mit unserer Umgebung. Wenn wir aus Gegenständen, die wir finden, Kunstwerke herstellen, ändern wir unser Leben – wir hebeln die logische Realität aus und treten in ein kunstvolles Universum aus Salzstreuern, Q-Tips und Pissoirs ein, ein Universum, das uns einlädt, an dem Spiel der Schöpfung teilzunehmen – jetzt.

Fünf

Worte über Worte – ein Angriff auf das Unaussprechliche

„Die Wahrheit ist offenbart. Sie kann niemals erzählt werden. Sie muss in der Erzählung oder durch die Erzählung erscheinen.“[1]

James Hillman

Es geht weiter ...

Einer der besten Schauspiellehrer, bei denen ich je Unterricht hatte, John Parkinson, ließ seine Schüler viele Stunden Körpertraining und Stimmbildungsübungen durchlaufen, bevor er ihnen erlaubte, Worte zu verwenden. „Der Körper kommt zuerst", riet er. „Lass die Sprache aus dem Körper kommen." Für Schauspieler stehen stimmliche und körperliche Präsenz im Mittelpunkt der Arbeit. Doch nicht nur Schauspieler verlassen sich beim Selbstausdruck auf ihren Körper – wir alle tun das. Wir können zwar eine Kurzgeschichte oder ein Gedicht verfassen, ohne jemals zu tanzen oder zu singen, doch die Qualität einer Kurzgeschichte oder eines Gedichts wird sicherlich besser sein, wenn wir jeweils eine Minute lang vor, während oder im Anschluss an unsere Schreibtätigkeit tanzen. Wenn der Körper verspannt ist, neigt auch der Geist dazu, verspannt zu sein.

Ich habe einen Freund, der Romane schreibt. Seine Sätze sind dicht geknüpfte Kommentare über die menschlichen Lebensbedingungen. Sie gehen von einem besonderen Detail des Verhaltens einer Person aus, dringen in die tiefen Regionen der Psyche vor und kommen wieder zurück, ohne ein überflüssiges Wort. Wahrscheinlich feilt er einen halben Tag lang an einem einzigen Absatz. Bei solch fein ziselierter Arbeit kann sich der Geist leicht verspannen, also spielt er Musik und tanzt wild im Raum umher, so lange, wie er braucht, um seine physische Energie freizusetzen und die geistige Verklemmung wieder loszuwerden. Anschließend begibt er sich wieder ans Schreiben.

Wenn du die Übungen, die bisher in diesem Buch vorgestellt wurden, genutzt hast, dann hast du bereits mindestens eine Minute getanzt und ebenfalls mindestens eine Minute mit der Stimme geplappert, also können wir uns nun der Frage des Schreibens zuwenden. Vergiss jedoch nicht, auch beim Schreiben gelegentlich eine Pause einzulegen, um dich zu bewegen, zu scatten, zu kritzeln oder zu singen.

Liebe in Worten

Eine der zahlreichen Freuden beim Schreiben ist, dass wir, wenn wir unsere Gedanken, Gefühle und Erlebnisse niederschreiben, entdecken, was wir denken, fühlen und wissen. Menschen sind paradox – offenbar sind wir die einzige Tierart, die sich über sich selbst Gedanken macht. Dennoch sind wir uns häufig der vielschichtigen Inhalte unseres eigenen Herzens und Verstandes nicht bewusst. Überdies sind wir uns dieses Mangels an Bewusstsein nicht bewusst und gehen daher fröhlich (oder betrübt und elend) durch unser Leben, während eine unbewusste innere Dynamik uns durch unsere Aktivitäten hindurchlenkt und die Entscheidungen beeinflusst, die wir von Moment zu Moment treffen. Sehr häufig entgeht uns das meiste, was wir erleben, bis wir uns speziellen Praktiken widmen, die freilegen, was unter der Oberfläche liegt. Also schreiben wir – wir schreiben, um zuzulassen, dass das, was in uns ist, lauert, brodelt und nagt, ans Tageslicht kommt. Wenn unser Erleben auf dem Papier Gestalt annimmt, kommen Einsichten und Synthesen zustande. Wir schreiben, um unserem Leben einen Sinn abzugewinnen. Und wenn unser Leben sich weigert, Sinn zu ergeben, schreiben wir, um uns mit dem Chaos anzufreunden.

Die Tochter meiner Nachbarin, Jessamyn, ist gestern zwei Jahre alt geworden. Ich brachte ihr ein Geschenk, das sie es mit der besonderen Freude eines Kleinkindes öffnete, für das Geburtstage noch etwas Neues sind. Sie zog einen ausgestopften Affen aus seiner Geschenkpapierhülle und zeigte auf seine Nase.

„Nase“, sagte sie, und ihre Eltern und ich wiederholten: „Nase“. Wir schauten einander an und lächelten – welche Intelligenz! Was für ein

Vokabular! Welche Freude! – Und Jessamyn, die sah, wie wir uns freuten, zeigte auf die dunklen Perlen im Gesicht des Affen und sagte: „Augen“, und wartete auf unsere Reaktion, die prompt kam. Wir lachten laut, sie lachte laut, und wir konnten vor Freude kaum an uns halten.

„Ohr“, sagte Jessamyn, und wir waren völlig überwältigt.

Menschen lieben Worte: gesprochene Worte, geschriebene Worte, Geschichten, Gedichte, Lieder. Sprache ist ein dringendes Verlangen, das in unsere genetische Struktur eingeschrieben zu sein scheint. Als Kinder gurgeln wir mit Lauten, unsere Zunge und unsere Lippen können es kaum erwarten, wortreiche Kommunikation hervorzubringen. Wir lernen, unseren Namen zu schreiben – die Buchstaben unförmig und in Spiegelschrift – und überschreiben die blaue Grenzlinie, innerhalb derer wir bleiben sollen. Wir präsentieren unsere ersten geschriebenen Worte voller Stolz unseren Eltern und Großeltern, bereiten große Freude und ernten großes Lob und hinterlassen dann unsere kaum lesbare Unterschrift auf Kühlschranktüren für tägliche Ehrenbezeugungen. Als nächstes werden wir gezwungen, vor unseren Altersgenossen zu stehen und mit Angstschweiß auf der Stirn Wörter, einen heimtückischen Buchstaben nach dem nächsten, zu buchstabieren, Wörter, deren Klang kaum den Einheiten ähnelt, aus denen sie sich zusammensetzen: Xylophon, Synchronizität, Arachnophobie. Dann bringt man uns dazu, uns mit den Klassikern abzurackern, und macht unseren Erfolg davon abhängig, wie gut wir lateinische Wörter deklinieren und in dicken Wälzern Definitionen von Wörtern nachschlagen können, die wir wahrscheinlich niemals in unser aktives Vokabular aufnehmen werden: Kastellan, hegemonial, isochron. Um dagegen zu rebellieren, erfinden wir unsere eigenen Begriffe und verwenden alte Wörter auf neue Weise: scharf, abgefahren, cool. Wenn wir dann die Reise der Wörter ins Erwachsenendasein überlebt haben, haben wir selbst Kinder, lesen ihnen Gutenachtgeschichten vor, bewundern ihr kaum lesbares Gekritzel und begleiten sie durch Buchstabierwettbewerbe. Von Generation zu Generation brechen wir bei jedem Fortschritt ihrer verbalen Fertigkeiten in Begeisterungsstürme aus.

Kulturen entstehen und wandeln sich durch die Verwendung von Sprache. Wenn wir unsere Erfahrungen und unser Verständnis in Worte fassen, sind wir in der Lage, Wissen zu erwerben, das auf den Formulierungen des kollektiven Verständnisses beruht. Die Zivilisation drängt vorwärts durch die Zeit und kolonisiert neue Bereiche: die allerkleinsten Teilchen der Quantenphysik, die unbegreiflichen Dimensionen des Weltraums, die komplexen Funktionen des menschlichen Geistes.

So nützlich die Sprache ist, so sehr ist sie mit unglückseligen Einschränkungen behaftet. Die Symbole, die wir erschaffen haben, um Bedeutungen zu vermitteln, sind, für sich genommen, bedeutungsleer. Signifikanz wird durch gesellschaftlichen Konsens vermittelt. Bedeutung lebt nicht im Wort, sondern im Akt der Übertragung, des Schenkens. Das Handwerk des Schriftstellers besteht also darin, Sprache auf eine Weise einzusetzen, die möglichst effektiv die Gewährung von Bedeutung durch den Leser ermöglicht. Selbst wenn das Geschriebene von niemandem als dem Autor selbst gelesen wird, ist der Prozess derselbe – ein Zusammentreffen der unbewussten und bewussten Ebenen des Verstandes, die zuerst als Gedankenformen aufsteigen, dann in Symbolsprache übersetzt und zu Papier gebracht und schließlich als Bedeutung im Bewusstsein des Lesers wiederhergestellt werden.

Der Schriftsteller beschwört durch seine Worte Bilder herauf. Er ist ein Magier, dessen Zaubertricks in der Phantasie des Lesers Früchte tragen. Als Menschen sind wir zutiefst in diesen Prozess verliebt. Wenn wir lernen, unsere Gedanken, Gefühle und unser Erleben besser und klarer, zunehmend poetischer und sprachlich genauer auszudrücken, wächst unsere Liebe zur Sprache und unsere Liebe zum Leben.

Richtlinien für das Schreiben

Diese Richtlinien sind immer anwendbar. Dabei spielt es keine Rolle, ob du nur schreibst, um persönliche Erfahrungen mit dem Prozess des Schreibens zu gewinnen, oder in der Absicht, etwas zu schaffen, was es wert ist, veröffentlicht zu werden.

1. Während des Schreibens ist es dem Werk immer zuträglich, wenn wir uns vorstellen, wir schrieben nur für uns selbst. Es ist, als gingen wir in einen Raum, würden die Vorhänge zuziehen und die Tür verriegeln, so dass wir in einem Moment geschützter Ungestörtheit uns

selbst unbeobachtet erleben können. Dann würden wir einen Tagebucheintrag verfassen, den niemand jemals lesen wird, und Dinge über uns selbst zu Papier bringen, die wir gewöhnlich im Verborgenen halten. Während des Schreibens entdecken und enthüllen wir das Verborgene. Wir stellen Verbindungen her und gewinnen tiefe Einblicke in unser Leben, unsere Beziehungen und in die Welt, deren Bewohner wir sind. Während des Schreibens pflegen wir unsere geistige Klarheit. Schreiben ist Medizin, Andacht, Arbeit in Einsamkeit.

2. Halte deine Hand in Bewegung. Natalie Goldberg empfiehlt in ihrem ausgezeichneten Buch über das Schreiben als spirituelle Praxis, den Fluss des Unbewussten durch die bewegte Hand zum Ausdruck zu bringen. Wenn wir warten, um unsere Einsichten zu schärfen und unseren Ausdruck zu verfeinern, lassen wir zu, dass der zensierende Verstand in unser Denken eindringt und uns den Zugriff auf die unbewussten Bildwelten versperrt. Statt sorgfältig und präzise zu sein, lass die Worte ungehindert aus deinen Fingern herausfließen. Wir können immer wieder zu einem Werk zurückkehren und es überarbeiten, wenn wir uns dazu hingezogen fühlen. Wir können uns natürlich auch gelegentlich vornehmen, langsam, sorgfältig und mit großer Präzision zu schreiben. Doch um zu entdecken, was in uns steckt, jenseits von Zustimmung oder Ablehnung des Verstandes, und um die Wahrheit aufzudecken, müssen wir es uns selbst gestatten, zu eilen und die Hand sich so schnell bewegen lassen, wie die Gedanken fließen.
3. Statt bereits vor Beginn des Schreibens alles wissen zu müssen – Anfang, Höhepunkt und Ausgang der Geschichte – lass ein Wort zum nächsten führen. Wisse nichts. Plane nichts. Indem wir uns von Moment zu Moment in die Entstehung neuer Impulse, Bilder und Wörter hinein entspannen, lassen wir ein inneres Wissen hervortreten. Unser Geist ist sehr viel intelligenter, als uns bewusst ist, und die einzige Möglichkeit, Zugang zu diesem angeborenen Verständnis zu finden, ist, die Kontrolle aufzugeben. Wenn wir an einem Werk zur Veröffentlichung arbeiten, einem Drehbuch oder einem Theaterstück, ist ein Überblick, eine Handlungslinie oder eine Charakterstudie natürlich sehr sinnvoll. Doch wenn wir uns auf das Schreiben einlassen, müssen wir auch zulassen, dass sich innerhalb der Struktur ein Freiraum öffnen kann.

4. Nimm dir Zeit. Fünf, zehn, zwanzig Minuten oder eine Stunde. Lege dir während dieses für das Schreiben reservierten Zeitraums alles Nötige zurecht – eine Tasse Tee, einen Stift, Papier, deinen Computer, Papiertaschentücher, eine brennende Kerze, ein Räucherstäbchen, was immer du brauchst und dann – SCHREIBE!
5. Möglicherweise fühlst du dich anfangs beim Schreiben nicht recht wohl, du wirst nervös, verzweifelt oder erschöpft. Oft ist es der Beginn der Arbeit mit Material, das eine tiefgehende Bedeutung für unser Leben hat, welches dieses Unwohlsein hervorruft. Möglicherweise sind wir dabei, Aspekte unseres Seins zu enthüllen, die wir gewöhnlich unterdrücken. Wenn unangenehme Gefühle auftauchen, bleibe dabei und schreibe weiter. Lass dich auf den Schmerz ein. Schreibe über die Angst. Unser bestes Material ist oft genau das, was wir nicht erleben wollen, nicht zum Ausdruck bringen wollen. Lass dich auf das Abenteuer verbotener Bereiche ein und erkunde sie, so weit du kannst. Schreibe, was du nicht schreiben willst. Schreibe, was deiner Meinung nach niemanden interessiert. Schreibe, was du deinem besten Freund, deiner Partnerin oder deinem Kind nicht sagen kannst. Du brauchst dein Werk niemandem zu zeigen. Du kannst die Seiten verbrennen. Du kannst sie in einem Aktenordner abheften oder sie in einem Umschlag versiegeln. Du kannst sie im Safe einschließen oder auf den Altar legen.
6. Schreibe auch einmal über gar nichts. Statt über ein Thema zu schreiben, von dem du weißt, dass es wichtig ist, schreibe über etwas völlig Gewöhnliches. Lass das Gewöhnliche dich zum Bedeutenden führen. Alles ist bedeutend. Die Tasse, die du in Chinatown gekauft hast. Der Bleistift mit dem Namen der Autowerkstatt in goldenen Buchstaben. Die Postkarte von einem Freund aus Heidelberg.
7. Sei respektlos. Oft können wir über Ereignisse lachen, die wir als schrecklich erlebt haben, als sie sich vollzogen; jedoch jetzt, im Nachhinein, erscheinen sie uns in einem ironischen, humorvollen Licht. Akzeptiere Ironie und Humor.
8. Lynn Freed, ein Romanautor, der mich unterrichtet hat, lehrte mich die Grundlagen des Schreibens. Meine Lieblingsregel: „Die einzige Regel ist, was funktioniert“. Wenn das, was du schreibst, auf der Seite Sinn macht, sind alle Regeln unwichtig. Stelle deine eigenen Regeln

auf. Brich alle Regeln, wenn du Lust hast, systematisch eine nach der anderen oder alle gleichzeitig in einem einzigen Abschnitt. Sündige. Erfinde. Scherze. Die einzige Regel ist, was funktioniert.

Details über Details

Die wichtigste Regel beim Erzählen einer Geschichte außer dem, „was funktioniert", ist: „Verwende Details". Das Leben spielt sich nicht im Allgemeinen ab, es vollzieht sich im Besonderen – Farben, Strukturen, Gerüche, Geschmäcker, Klänge, Lichtstimmungen oder Sinneswahrnehmungen. Ich sitze nicht einfach am Schreibtisch. Ich sitze in einem ergonomischen Bürostuhl, den ich meiner Freundin Sally abgekauft habe. Der Stuhl hat eine ganze Reihe von Hebeln und Knöpfen. Sally hat mir erklärt, dass ich den Stuhl jede Stunde neu einstellen und meine Sitzposition für die optimale Haltung der Wirbelsäule und Streckung der Bänder verändern muss. Doch ich ignoriere diese Optionen und hocke auf der Vorderkante des blau gepolsterten Stuhls. Mein Rücken berührt nicht einmal die Rückenlehne, für die ich ein Vermögen ausgegeben habe.

Wir möchten gerne als wichtige Personen mit tief schürfenden Ideen wahrgenommen werden. Doch wenn wir versuchen, tief schürfend zu sein, wirkt das, was wir schreiben, häufig belehrend und pathetisch. Wenn wir genau hinsehen, sehen wir, dass wir alle unsere Weisheiten über Leben und Liebe, Wissenschaft und Börse, Gesundheit und Religion, Kindererziehung und Rosenaufzucht durch das Leben selbst erfahren haben. Wir haben aus unseren Lebenserfahrungen Informationen gewonnen, die wir in Theorien umgesetzt haben. Die Leser sind jedoch eher daran interessiert, etwas über die gelebten Erfahrungen des Autors zu erfahren und durch diese Erfahrungen zu den wie auch immer gearteten Einsichten des Autors geführt zu werden, statt gleich zu Anfang seine Schlussfolgerungen über das Leben im Allgemeinen präsentiert zu bekommen. Ich sage nicht, dass wir nicht über wichtige und tief schürfende Dinge sprechen sollten. Doch ich empfehle, dass wir zuerst die Fakten darstellen, denn in ihnen liegt die Wahrheit verborgen.

Geschichten und die Bilder, aus denen sie bestehen, sind das, was uns bewegt und was uns im Gedächtnis haften bleibt. Sie sind der Weg zum Verständnis unseres Lebens. Wie hat meine Großmutter Fisch zubereitet? Wie hat mein Vater sein dünner werdendes Haar gekämmt? Welche Unterwäsche hat mein Liebhaber getragen, als ich ihn zum ersten Mal beim Ausziehen beobachtete? In welchem Buch hatte er die Postkarte von der Frau versteckt, mit der er eine Affäre hatte, und auf welcher Seite? Geschichten bestehen ebenso wie Menschenleben aus Besonderheiten.

In der heutigen Kultur, besonders der westlichen, werden wir darauf trainiert, unsere Kritikfähigkeit zu entwickeln. Wenn jemand schreibt: „Mein Freund Hans ist grausam", dann denken wir sofort (ohne dass wir uns dieser Gedanken bewusst sind, weil sie so schnell und automatisch vonstatten gehen): *Das ist interessant, aber wahrscheinlich meinst du mit grausam etwas Anderes als ich, oder du hast etwas unternommen, was ihn verärgert hat, und er war nur als Reaktion darauf grausam.* Doch wenn derselbe Autor schreibt: „Ich traf Bob zum ersten Mal, als er als Naturforscher im Regenwald arbeitete. An unserem letzten Abend im Dschungel nahm er mich beiseite, um mir eine Tarantel zu zeigen. Er stocherte mit einem Stock in der Erde herum, und das Tier erschien, groß wie ein Tennisball, mit haarigen Beinen. Ich stieß einen kleinen Entsetzensschrei aus, obwohl ich gewöhnlich keine Angst vor Spinnen habe. ‚Warte hier', flüsterte Bob und verschwand in der vom Gesang der Insekten gefüllten Dunkelheit. Er kam zurück mit einer Zikade in der hohlen Hand, riss ihr die Flügel heraus und warf sie in die Höhle der Tarantel. Das verletzte Insekt gab einen schrecklichen Laut von sich, als es in der Höhle verschwand – und dann war plötzlich Stille. ‚Toller Klang, oder?' fragte Bob mit einem breiten Grinsen. ‚Soll ich noch eine holen?'"

Hier lesen wir über das Erlebnis des Autors, keine Abhandlung über Grausamkeit. Wir bekommen erzählt, was geschehen ist. Aus dieser Information dürfen wir unsere eigenen Schlussfolgerungen über Bob ziehen.

Details führen uns in eine Geschichte hinein, Verallgemeinerungen führen uns heraus. Doch dies ist ebenfalls eine Verallgemeinerung und gilt – wie alle Verallgemeinerungen – nur manchmal. Ein geschickter Schriftsteller kann eine ganze Geschichte nur aus Verallgemeinerungen komponieren, um einen bestimmten Effekt zu erzielen. Doch in den meisten Fällen enthüllen die Details eines Lebens die Wahrheit hinter einer Geschichte. Eine Erzählung kann als Würze einzelne theoretische Einlagen haben, um bestimmte Dinge zu betonen oder einem intellektuellen Anspruch Genüge zu tun – doch diese Theorien sind am effektivsten, wenn sie auf einer Grundlage aus konkreten Details beruhen.

✦ Die Übung

Schließe die Augen und werde still. Wenn du die Augen wieder öffnest, lass deinen Blick auf irgendeinen Gegenstand in deiner Umgebung fallen: ein Glas, ein Bleistiftetui, einen Baum, eine Uhr. Schreibe detailliert über diesen Gegenstand. Versuche nicht, etwas Bedeutendes zustande zu bringen. Lass den Gegenstand dich in sein inneres Wesen hineinführen.

Warum tust du das? Warum beschreibst du eine Uhr, einen Stift oder eine Büroklammer? Um dich in der Konzentration auf Details zu üben. Um zu lernen, das Besondere zu schätzen. Wir reden oft in Verallgemeinerungen und verwenden psychologische Ausdrücke in unserer Konversation. „Ich glaube, ich bin dabei, eine Ess-Störung zu entwickeln." Doch für einen Schriftsteller reicht es nicht aus, nur über Ideen zu berichten. Der Leser möchte wissen, wie die Senfgurke dir durch die von dem Mandel-Schokoladenriegel verschmierten Finger geschlüpft ist, den du bereits um Mitternacht an der Tankstelle gekauft hattest.

Unsere Kunst und unser Leben werden durch unser Bewusstsein verwandelt. Das Bewusstsein der Besonderheiten in unserem Leben wird immer genauer und klarer, unser Verständnis vertieft sich – und aus dem Verständnis wird Weisheit.

Die intime Kenntnis der Dinge

Und so ist jede Unternehmung
ein Neuanfang, ein Angriff auf das Unausgesprochene

T. S. Eliot

Ich sitze in meinem Atelier im „Headlands Center for the Arts". Die Sonne fällt durch das Dachfenster und wirft einen hellen Schein auf die Holzbalkendecke. Ich betrachte eingehend den Lichtstreifen auf der groben Maserung des Holzes, doch mir fehlen die Worte, um das Gefühl zu beschreiben, das in mir durch dieses Licht hervorgerufen wird. Alles, was mir einfällt, sind Klischees: friedliche Stimmung, Strahlen. Diese Worte werden dem Erlebnis nicht gerecht, das ich habe, wenn ich diesen hell glühenden Lichtstrahl genauer anschaue, also gebe ich meine Suche nach den passenden Worten auf und richte stattdessen meine Aufmerksamkeit auf das *Fühlen* der Wahrnehmung – und bleibe dort, auf der Ebene der sinnlichen Realitätswahrnehmung, die sich weigert, in Worte gefasst zu werden.

Erlebnisse können nicht wahrhaftig in Sprache ausgedrückt, sondern nur angedeutet werden. Die Aufgabe des Schreibenden ist es, ein Gefühl im Leser hervorzurufen – genügend sinnliche Details darzustellen, damit der Leser in das Geschehen hineingehen kann und von seinem Standort außerhalb der Geschichte in sie hinein verführt wird, sei es in ein Schlafzimmer in Manhattan, einen Gebirgspfad in Guatemala, den Fahrersitz eines Autos auf einer französischen Landstraße oder in die Gedankenwelt eines Selbstmörders. Worte sind ein schwacher Abglanz zum Heraufbeschwören einer echten Situation. Unser Erleben ist zu vielgestaltig, zu synästhetisch, zu komplex, um jemals ausgesprochen zu werden. Doch wir können Hinweise geben. Wir können Einladungen aussprechen. Wir können locken, überraschen, bekunden und auffordern.

Kein Erlebnis kann von einer Schriftstellerin heraufbeschworen werden, wenn es ihr nicht gelingt, das Licht der Aufmerksamkeit auf ihre momentanen Gedanken, Wahrnehmungen und Empfindungen scheinen zu lassen. Die Arbeit der Schriftstellerin besteht nicht nur im gekonnten Formulieren, sondern darin, selbst das Leben in seiner ganzen Fülle ausreichend bewusst zu erleben, damit das, was sie in der Phantasie des Lesers heraufbeschwört, den Geschmack von Wahrheit hat, statt den von grauer Theorie und konstruierter Bedeutung. Es muss das rohe, unvermischte Gefühl des Lebens selbst widerspiegeln. Die Sonne auf der Balkendecke ist bedeutsam, weil sie glüht, weil später Nachmittag ist, weil der Himmel nicht bedeckt, sondern klar ist, weil das Licht der tief stehenden Sonne im Winter willkommen ist und weil auf dem dunklen Blau des Meeres weiße Schaumkronen zu sehen sind, und weil es Januar ist, und der Wind, der durch die Ritzen bläst, kalt ist.

Wenn wir den Fehler machen, zu viele Details einzuführen, wird das Wesentliche an der Geschichte eher unklarer als deutlicher. Häufiger kommt es jedoch vor, dass wir es vermeiden, Details darzustellen, selbst wenn man uns darum bittet, da wir so rasch wie möglich zum „Wesentlichen" der Geschichte kommen wollen, was gewöhnlich ein starkes emotionalen Erlebnis oder eine bedeutende Theorie über ein Erlebnis ist. Wir vertrauen nicht darauf, dass es die Details sind, in denen die Realität existiert, in denen die Bedeutung verborgen ist. „Gott lebt im Detail", sagte der Architekt Mies van der Rohe, doch wir suchen ihn anderswo.

Wir lernen das Leben durch unsere Sinne kennen: Riechen, Tasten, Schmecken, Sehen, Hören. Jeder unserer Sinne vermittelt uns Details. Wir sehen keinen Apfel. Wir sehen einen roten Apfel mit einem Fleck in der Nähe des Stiels und einem kleinen blauen Aufkleber, auf dem steht: „Aus organischem Anbau". Wir riechen kein Essen. Wir riechen Zwiebeln, Curry, Zimt und Schokolade.

Indem wir genau untersuchen, was wir erleben, werden wir uns der Realität des Erlebten bewusst. Wir entwickeln die Fähigkeit, das momentane Geschehen wahrzunehmen. Wenn wir eine persönliche Beziehung mit der Realität des gegenwärtigen Augenblicks fühlen, gewinnt unser Leben – und unsere Kunst – eine besondere Fülle, Tiefe und Weisheit, nicht, weil wir eine Meinung über etwas haben, sondern weil wir die Dinge aus der Nähe kennen gelernt haben.

✦ Die Übung

Schließe die Augen. Achte auf Gerüche. Bevor du die Aromen, die du feststellst, benennst, achte auf die Gerüche auf einer nichtsprachlichen Ebene. Nun öffne die Augen und beschreibe, was du riechst. Du kannst eine Liste mit Begriffen anlegen: *Zwiebeln, Vanille, sauer, Seetang, Zigarettenrauch, Jasmin*. Oder du legst eine Liste mit kurzen Beschreibungen an: *die über die Lehne des Küchenstuhls gehängte Lederjacke, der vom Nachmittagsspaziergang im Regen durchnässte Hund, eine brennende Lampe, der Geruch von Verbranntem*.

Unser Vokabular für Gerüche ist sehr beschränkt. Beschreibungen von Gerüchen können daher eine große Herausforderung sein. Und doch sind Gerüche Teil unserer Lebenserfahrung im Augenblick, vorausgesetzt, wir verfügen noch über unseren Geruchssinn. Wenn es mir gelingt, dir mein Geruchserlebnis zu beschreiben, bist du in der Lage, dir dieses Erlebnis zu Eigen zu machen und so meine Realität ebenso kennen zu lernen wie ich selbst.

Schließe die Augen und spüre die Empfindungen in deinem Kopf, deinen Armen, deinen Beinen, deinem Rücken und deinem Hals. Die Muskeln, die Organe, die Haut. Lass dir Zeit. Möglicherweise bist du von einer bestimmten Empfindung fasziniert. Schau dir diese näher an. Ein Schmerz kann scharf oder stumpf sein, pulsierend oder gleichmäßig, auf einen bestimmten Ort beschränkt oder weiträumig. Wärme kann gleichmäßig im Körper oder besonders intensiv in Füßen oder Händen gefühlt werden. Achte ganz genau auf deine Empfindungen. Öffne die Augen und schreibe auf, was du spürst: *Enge zwischen den Schulterblättern, die sich wie ein Band anfühlt, Brennen in den Augen, die linke Hälfte der Oberlippe, die leicht verspannt ist und angestrengt zittert.*

Schließe die Augen und lausche. Einige Geräusche, wie ein vorbeifahrendes Auto, kommen und gehen möglicherweise schnell wieder. Andere – das Summen des Kühlschranks, der Fernseher, die Heizung oder Klimaanlage, das Radio des Nachbarn – sind beständiger, doch sie sind Schwankungen unterworfen. Höre aufmerksam zu. Schreibe auf, was du hörst.

Schließe die Augen. Was für einen Geschmack hast du im Mund? Bitter? Süß? Sauer? Feucht? Beiße in etwas hinein und achte auf den Geschmack. Geschmack wird von der Oberflächenstruktur und von der Temperatur beeinflusst. Schreibe auf, was du bemerkst.

Was siehst du? Lass den Blick an einen beliebigen Ort fallen. Achte auf Farben, Formen, Oberflächen, Schatten oder Licht. Schaue genau hin. Schreibe auf, was du siehst.

Wenn du nicht viel Zeit hast, nimm eine einzige Sinneswahrnehmung und schreibe ein paar Minuten über sie. Wenn du dir nicht die Zeit nehmen willst, es aufzuschreiben, mache einfach ein paar Notizen über das, was du riechst, hörst, schmeckst, fühlst oder siehst. Von dieser Übung kannst du überall Gebrauch machen, in der U-Bahn, im Bus oder im Auto, beim Spazierengehen, beim Telefonieren, beim Teetrinken. Wie oft sind wir gezwungen zu warten: in der Warteschleife am Telefon oder in der Schlange am Geldautomaten. Nutze diese Zeit, um die Menge an Informationen zu spüren, die durch die Pforten der Wahrnehmung rauscht. Die Wirkung dieser Übung wird dir immer dann zugute kommen, wenn du dir die Zeit nimmst, deine Empfindungen aufzuschreiben.

Assoziationen über Details

Häufig schreiben wir deswegen nicht, weil wir uns nicht entscheiden können, über was wir schreiben sollen. Wir haben das Gefühl, nur dann beginnen zu können, wenn wir wissen, was wir zu sagen haben. Doch ebenso wie bei den in den vorangegangenen Kapiteln beschriebenen Vorgängen – Bewegung, bildende Kunst und Stimme – können wir damit anfangen, ohne zu wissen, wohin das Ganze führen wird, ja, ohne die geringste Vorstellung davon zu haben, was sich aus unseren kreativen Bemühungen ergeben wird. Wir müssen nur anfangen und dann weitermachen und zulassen, wie ein Wort zum nächsten führt. Doch das zu wissen hilft nur wenig, wenn es darum geht, anzufangen. Wie also fangen wir an?

Im vergangenen Jahr hatte ich im Rahmen eines Programms der *University of California* einen Auftrag, eine Performance über den beruflichen Ruhestand zu gestalten. Einer der anderen Vortragenden war eine Neurologin, bereits über siebzig Jahre alt, die in ihrem Alter weiterhin lehrte und Forschungen im Bereich der Gehirnfunktionen durchführte. Sie erzählte uns, dass die Dendriten, Nervenzweige im Gehirn, die teilweise für unsere Intelligenz verantwortlich sind, mit zunehmendem Alter weiter wachsen, vorausgesetzt, wir trainieren unseren Geist, indem wir neue körperliche Fähigkeiten erlernen und unseren geistigen Horizont erweitern. Wenn wir aufhören zu lernen, hört unser Gehirn auf, Dendriten wachsen zu lassen, und wir verlieren an geistiger Schärfe. Durch ausführliche Forschungen hatte sie herausgefunden, dass assoziatives Denken besonders effektiv für die Stimulation des Dendritenwachstums ist. Je mehr wir unseren Verstand assoziativ einsetzen, indem wir in einem Muster, das eher tangential als linear verläuft, von einem Thema zum nächsten springen, desto intelligenter werden wir.

Assoziatives Denken erhöht nicht nur unsere Intelligenz im Alter, sondern die Verwendung assoziativer Denkprozesse bietet auch Zugang zu Bildern, die unserer künstlerischen Tätigkeit zugute kommen, und sind ein Sprungbrett für weitere Aktivitäten. Durch das Üben unserer assoziativen Fähigkeiten können wir lernen, alles Mögliche zur Inspiration werden zu lassen: eine rosa Nelke, einen Stapel Treibholz, eine Parkbank. Wir können assoziative Vorgänge verwenden, um den Absprung in das „freie Schreiben" zu wagen und gleichzeitig unsere Dendriten wachsen zu lassen.

✦ Die Übung

Stelle eine Liste von Bildern zusammen, die du in deiner unmittelbaren Umgebung siehst, hörst oder riechst.

Der Goldrand des Tellers beim Abendessen
Eine violette Kerze mit Lavendelduft
Ein schwarzes Brillenetui
Ein zischender Teekessel.

Füge anschließend am Ende jedes der Bilder ein „erinnert mich an" hinzu und beende den Satz.

Der Goldrand des Tellers beim Abendessen erinnert mich an Emilys Ehering.
Eine violette Kerze mit Lavendelduft erinnert mich an Sus und Mels Garten.

Ein schwarzes Brillenetui erinnert mich daran, dass ich vorige Woche eine Karte vom Augenarzt bekommen habe, auf der er mir mitteilte, dass meine letzte Untersuchung vor einem Jahr war.

Ein zischender Teekessel erinnert mich an das Geräusch des Windes in einem Fichtenwald.

Fahre ein paar Minuten mit dieser Übung fort und assoziiere über möglichst viele Elemente in deiner unmittelbaren Umgebung. Die Assoziationen können wörtlich sein, wie oben, oder abstrakter:

Die Palme erinnert mich ans Salsatanzen.

Die mit Backsteinen gepflasterte Veranda erinnert mich an meinen Onkel, der Einkaufszentren baut.

Der Papierkorb erinnert mich an E-Mail-Anfragen.

Arbeite so schnell du kannst, ohne nachzudenken. Schreibe Sinnvolles auf: *Die Uhr erinnert mich an meinen Hundertmeterlauf mit elf Jahren. Die Lampe erinnert mich an einen Sonnenbrand.* Und nicht Sinnvolles: *Die grüne Tasse erinnert mich an Pferde. Das Diskettenlaufwerk erinnert mich an die Autobahn.* Lasse deinen Gedanken freien Lauf.

Durch Assoziationen, die von gewöhnlichen Gegenständen ausgehen, erhalten wir Zugang zu den Geschichten, die in unserem Unbewussten, außerhalb der Reichweite unseres Intellekts verborgen liegen. Daher setzen zahlreiche moderne Strömungen in der Psychologie assoziatives Denken ein, um durch die Bewegungen in der Innenwelt eines Patienten unmittelbar sein äußeres Verhalten beeinflussen. Wenn diese inneren Bilder ans Tageslicht gebracht werden, können wir unser Leben mit größerer Klarheit sehen und fühlen uns besser. Doch es ist nicht nur die innere Dynamik, die freigelegt wird. Wenn wir unser Denken befreien und die freie Assoziation über Gegenstände in unserer Umwelt zulassen, verändern wir unsere Perspektive auf die Welt. Berge, Kaffeetassen, Lampenschirme, Bleistiftetuis, die vom gewohnheitsmäßigen Blick abgestumpft erscheinen, werden plötzlich mit neuen Augen gesehen. Die gewöhnliche Realität gewinnt eine Qualität des Geheimnisvollen und einen inneren Reichtum. Das Bleistiftetui erinnert mich eine Kamel-Safari in Rajasthan. Das Dachfenster erinnert mich an die Höhle, in der ich auf Kreta übernachtet habe. Die gelbe Haftnotiz erinnert mich an herabfallende Tulpenblütenblätter.

Die Hand in Bewegung

Doch was fangen wir nun mit der Liste von Bildern, die wir bei unseren freien Assoziationen über andere Bilder gewonnen haben, an? Wir schreiben, lassen die Hand über das Papier gleiten, lassen los.

Lassen was los? – Kontrolle, Anstrengung, Beurteilung, Sorge, Vorstellungen darüber, wie wir leben sollten, wie wir schreiben sollten, Vorstellungen darüber, was wir wollen und nicht wollen, Vorstellungen darüber, dass wir Opfer der Umstände sind und dass wir Angst haben. Ein Wort führt zum nächsten, ein Bild entwickelt sich in ein anderes, Sätze fließen über die Zeilen, Absätze bilden sich, wenn du zulässt, dass sich das Denken entspannt und die Hand in Bewegung bleibt. Doch wenn du deine Arbeit während des Schreibens beurteilst, bringst du den Prozess mittendrin zum Stoppen. Hebe dir die Beurteilung für später auf, nachdem du dir gestattet hast, dich auf der Seite auszutoben.

Beim frei assoziierten Schreiben habe ich oft das Gefühl, dass das, was ich schreibe, totales Gesabbere ist, und ich kann kaum glauben, was für ein oberflächlicher Mensch ich bin. Um dann fortzufahren, bleibt mir nur, mir selbst zu versprechen, dass ich anschließend mein hohles Geschwätz durch den Reißwolf schicken werde. Doch wenn ich dann das Geschriebene lese, entdecke ich zwischen den Zeilen Bedeutungen, die ich niemals freigelegt hätte, wenn ich versucht hätte, mir vorher alles zurechtzulegen und perfekte Satzkonstruktionen mit passenden Verben und großartigen Metaphern zu bilden. Solche geschmackvollen Verben und Metaphern finde ich beim Lesen meiner Assoziationen tatsächlich oft. Etwas in meiner Psyche, das sich nur wenig daraus macht, ob meine Sätze druckreif sind oder im Papierkorb landen, verschafft sich hier Ausdruck.

Gib dich für die Dauer einer freien Assoziations-Sitzung völlig dem Fluss der Worte hin und nimm eher die Position einer Beobachterin oder eines Beobachters ein, statt den entstehenden Text zu kontrollieren. Erlebe, was passiert, wenn dein zensierender Verstand beiseite tritt.

✦ Die Übung

Wähle eine der Assoziationen aus der Liste aus, die du in der vorangegangenen Übung entwickelt hast, und schreibe einen Text.

Der Goldrand des Tellers beim Abendessen erinnert mich an Emilys Ehering. So könnte es anfangen. Doch was folgt dann?

Frage dich, wo du bist.

Wir stehen in ihrem Garten.

Frage dich, was du dort tust.

Emily und Paul hatten mich gebeten, sie zu vermählen, die Zeremonie ihrer Hochzeit zu leiten.

Wie bist du gekleidet?

Was siehst du?

Was hörst du?

Wie kalt oder warm ist es?

Vermeide es, uns zu erzählen, wie du dich fühlst. Lass stattdessen die Details sprechen und enthüllen, welche Emotionen jeweils entstehen.

Es war heiß. Die Sonne schien auf unsere kleine Versammlung von Familienmitgliedern, die sich unter Schirmen aus Chinapapier versammelt hatten und sich mit ihren Programmheftchen Frischluft zuwedelten. Ich merkte, wie ich das Brautpaar anlächelte, das mir gegenüber stand. Ich hatte ein Papiertaschentuch im Ärmel (für den Fall, dass ich wie immer auf Hochzeiten auf jene seltsame, schmerzliche Weise gerührt sein und Sturzbäche von Mascara und Tränen über meine Wangen laufen sollten). Doch momentan machte ich mir keine Sorgen um mein Make-up, weil ich viel zu beschäftigt damit war, die richtigen Worte zu finden. Dies war die erste Hochzeit, die ich jemals leitete. Emily hingegen zerfloss förmlich in Tränen. „Ich will", sagte sie, mit tränennassem Gesicht und geröteten Augen. Sie wusste, dass sie weinen würde und hatte sich nicht einmal die Mühe gemacht, Make-up aufzutragen.

Sie lächelte, mit jener Art von Lächeln, die sich über das gesamte Gesicht ausbreitet und nichts mit Höflichkeit oder angemessenem Verhalten zu tun hat, ein Lächeln, das einfach über einen kommt. Ich lieferte meinen Spruch, „ und hiermit erkläre ich euch zu Mann und Frau …" ab, Paul küsste Emily auf den Mund, und die Hochzeitsgesellschaft warf Reiskörner auf das nun offiziell von mir getraute Paar.

Vierundzwanzig Stunden

Wenn Ihr Alltag Ihnen arm erscheint, klagen Sie ihn nicht an; klagen sie Sich an, sagen Sie sich, dass Sie nicht Dichter genug sind, seine Reichtümer zu rufen; denn für den Schaffenden gibt es keine Armut und keinen armen, gleichgültigen Ort.

Rainer Maria Rilke

Wenn uns unser Leben arm erscheint, dann ist die Schuld dafür nicht in unserem Leben, sondern in unserem Mangel an Bewusstsein zu suchen. Wenn wir genauer hinschauen, werden wir jedoch verstehen, dass wir nicht nur unser Bewusstsein verantwortlich machen können, denn es ist nicht das Bewusstsein, das hier fehlerhaft ist, sondern es sind die Einschränkungen, die wir dem Ausdruck des Bewusstseins auferlegt haben. Sobald wir eine Möglichkeit zum Ausdruck gefunden haben, belohnt uns das Bewusstsein mit einem Einblick in seinen reichen Vorrat an Bildern, Erinnerungen, Träumen, Gedanken und Gefühlen.

Ich improvisiere regelmäßig mit meinem Performance-Partner Corey Fincher. Nachdem wir uns eine volle Stunde lang aufgewärmt haben, führen wir nacheinander jeweils eine zehnminütige Soloimprovisation durch, bei der der andere zuschaut. Wenn ich auf die Tanzfläche hinaustrete, fühle ich oft eine Panik in mir aufsteigen, während ich mein Leben nach bedeutsamem Ausgangsmaterial durchsuche und mir nichts einfällt, was es wert wäre, ausgedrückt zu werden. Ganz gleich, wie oft ich schon in den scheinbar banalsten Ereignissen meines Lebens Material gefunden habe, bin ich doch davon überzeugt, dass mein Leben im Moment völlig sinnentleert ist.

Ich fange mit einer Bewegung an und lasse zu, dass die Bewegung zu sprechen beginnt. Unweigerlich erscheint das, was dann folgt, zu einfach, und ich sperre mich anfangs gegen das Bild. Doch das Bild bleibt bestehen, und ich gestatte mir, es zu beschreiben. Ich sehe meinen Garten. Eine Maurerkelle steckt mit der Spitze in dem Tomatenbeet, das jetzt im Winter braun und verdorrt ist. Also sage ich: „Die Kelle steckt mit der Spitze im Boden, dort, wo die Tomatenpflanzen verdorrt sind." Ich weiß nicht, was ich als Nächstes sagen werde, da die Kelle als solche mir nichts bedeutet. Doch dann erinnere ich mich daran, dass sie mir von einer Freundin in einem hölzernen Kasten als Geburtstagsgeschenk überreicht wurde. Also spreche ich über die Kelle in dem hölzernen Kasten und über meine Freundin mit dem vorzeitig ergrauten Haar. Ich erinnere mich, dass meine Großmutter rote Rosenbüsche rechts und links des Weges in ihrem Vorgarten und Geranien neben dem Haus hatte, die sie jeden Abend mit einem grünen Gartenschlauch goss. Ich erinnere mich, dass meine Gärtnerin, die lange schwarze Haare hat, mit ihrer an Brustkrebs erkrankten Schwester in Vermont zusammenwohnt. Ich könnte immer weiter spinnen. Doch ich verzichte darauf. Stattdessen improvisiere ich zehn Minuten lang. Während dieser Zeit entfaltet sich eine Geschichte mit einem Anfang, einer Mitte und einem Ende, und innerhalb der Geschichte finde ich mein reiches, bedeutungsvolles Leben.

Ich gebe meinen Schülern häufig eine Übung, in der sie über etwas schreiben, das ihnen in den vergangenen vierundzwanzig Stunden widerfahren ist. Dabei sollen sie sich, bevor sie anfangen, keine Gedanken darüber machen, welches Ereignis oder welche Kette von Ereignissen sie beschreiben wollen. Vielmehr sollen sie mit einem einzelnen Bild beginnen und von da aus fortfahren. Wenn sie das Gefühl haben, sie finden genügend Ausgangsmaterial innerhalb der vergangenen vierundzwanzig Stunden, bitte ich sie, den Zeitraum auf zwölf Stunden zu verringern. Auch dabei bitte ich sie, sich vorab keine Gedanken zu machen, sondern mit einem einzelnen Bild zu beginnen und ein Bild zum nächsten führen zu lassen. Dann lasse ich sie über etwas aus den vergangenen zwei Stunden schreiben. Dabei fangen sie gewöhnlich an zu stöhnen, aber sie tun es trotzdem. Schließlich geht es dann um die letzten zehn Minuten. Dabei entdecken wir, dass man, entgegen der Befürchtung, dass einem nichts einfällt, genügend Material hat, um ein Leben lang zu schreiben.

✦ Die Übung

Schließe die Augen, atme und entspanne dich für einen Moment. Blicke dann auf die vergangenen vierundzwanzig Stunden deines Lebens zurück, so als würdest du einen Film anschauen. Achte darauf, welche

Erlebnisse für dich eine besondere Bedeutung haben, nun, da du dir die Zeit nimmst, deine Aufmerksamkeit auf sie zu richten. Möglicherweise fällt dir eine Begebenheit ein, die du übersehen hattest: ein Hund, der allein über die Straße rennt, die Schönheit eines Blumengesteckes am Eingang eines Restaurants, der behaarte Handrücken eines Mannes. Oder dir fällt etwas ein, was definitiv bedeutend für dich war, und du kannst dir nun die Zeit nehmen, es eingehender zu betrachten: hinter einem roten Jaguar herzufahren, deine Tochter, die ihren ersten Milchzahn verloren hat, wie du dich beim Pilze schneiden in den Finger geschnitten hast. Achte auf die Details, wenn du dich zurückbesinnst: das Muster auf der Bettdecke, die Krümel auf dem Boden im Auto, die Farbe deiner Zahnbürste.

Lass deine Gedanken auf einem einzelnen Bild aus den vergangenen vierundzwanzig Stunden ruhen und fang an zu schreiben. Du kannst mit dem Spritzer Rosmarin-Shampoo auf der Handfläche oder dem Anziehen brauner Socken anfangen. Vielleicht hast du im Stau gestanden und „Kultur am Abend" im Radio gehört. Du hast möglicherweise nicht die geringste Vorstellung davon, was dieses Bild zu bedeuten hat – schreibe es trotzdem auf. Wenn dir etwas sehr Tiefgreifendes zugestoßen ist, weißt du möglicherweise sehr genau, was es für dich zu bedeuten hat. Es spielt keine Rolle. Lass dich auf alles ein, was in deinen Gedanken aufsteigt, und schreibe es auf. Oft bringen wir am Ende Bedenken zum Ausdruck, die anfangs nicht so offensichtlich waren. Das Geschenk des Schreibens bietet eine Methode der Aufdeckung.

Lege dich, bevor du anfängst zu schreiben, auf eine bestimmte Zeit fest, zwanzig Minuten, eine Viertelstunde, zehn Minuten oder zwei. Fahre dann mit der Übung so lange fort, wie du dir vorgenommen hast.

Es ist wichtig, zu Beginn der Übung sehr diszipliniert vorzugehen und bewusst die inneren Stimmen zu ignorieren, die behaupten, dass du absolut nichts von Wert zu schreiben hast. Wenn du es schaffst, diese inneren Dämonen zu umschiffen, wirst du Zugang zu einer reichhaltigen Quelle interessanten Materials finden und dein Leben in neuem Licht betrachten.

Wenn wir dieser Fülle in unserem Leben Aufmerksamkeit schenken und ihr Ausdruck verleihen, werden wir im Gegenzug durch Fülle in unserem Leben belohnt.

Reibungspunkte

Nach einer Theorie, die ich vor einiger Zeit gehört habe (und die angeblich auf Lily Tomlin zurückgeht) wurde die Sprache erfunden, weil die Menschen eine Möglichkeit brauchten, sich zu beklagen. Wir haben ein unstillbares Bedürfnis, über Rückenschmerzen, untreue Ehepartner, alternde Eltern, Anwaltsgebühren, Steuern, den Treibhauseffekt, den Feierabendverkehr, Heranwachsende, Festplattenabstürze, Zahnwurzelbehandlungen, steigende Immobilienpreise, Armut und Hunger, Ärzte und natürlich das Wetter zu klagen. Ich gebe dir jetzt eine Gelegenheit, dich zu beschweren – natürlich aus gutem Grund. Die Beschwerde dient dem Zweck der Entwicklung deiner Kunst und bringt die Klage auf eine höhere, spirituelle Ebene der Selbstverwirklichung. Doch es gilt dabei einige Regeln zu beachten. Es ist nicht gestattet, über Theorien zu schreiben, die du dir über alles und jedes zurechtgelegt hast. Bleibe bei den Fakten und würze deine Sätze mit saftigen Details.

✦ Die Übung

Stelle fest, was dich im Moment am meisten ärgert. Dein Nacken tut weh. Ein Polizist, der seine Quote erfüllen musste, hat dich angehalten und dir ein Strafmandat für zu schnelles Fahren ausgestellt, obwohl du alles völlig unter Kontrolle hattest. Bei einem Blick in den Spiegel nach dem Duschen hast du festgestellt, dass du zu viel Speck auf den Hüften hast und deine Oberschenkel viel zu dick sind und du niemals mehr Shorts tragen kannst. Deine Freundin geht in die sechste Woche ihrer Chemotherapie, hat alle Haare verloren und sich die gesamte vergangene Nacht übergeben. Du saßest vorige Woche in deinem weichen Stuhl beim Abendessen und schautest die Fernsehnachrichten. Es wurde berichtet, dass der Präsident der USA plant, in unberührten Naturreservaten nach Öl zu bohren. Du konntest nicht zu Ende essen und warfst deine Essstäbchen gegen den Bildschirm. Schreibe weiter. Verwende Details. Vermeide Theorien, Beurteilungen und Meinungen. Vermeide Sätze, die mit „Ich finde …“, „Ich verabscheue …“, „Ich kann es nicht ausstehen, wenn …“, „Ich bin davon überzeugt, dass …“, „Ich bin froh, wenn …“, „Ich ärgere mich, weil …“ beginnen.

Eure Gefühle interessieren mich nicht, sage ich gewöhnlich meinen Studenten, die bereits mehrere Psychotherapien durchlaufen haben und mit Leidenschaft ihre Gefühle ausbreiten. Doch sooft ich sie auch ermahne, Emotionen immer in Zusammenhang mit Begebenheiten und Menschen zu bringen, irgendwann springt immer jemand auf, bricht auf der Bühne in Tränen aus und sagt mir, wie traurig sie über das Leben im Allgemeinen sei. „Was hast du heute gefrühstückt?", frage ich dann, und sie sagt mit zitternden Lippen: „Einen Fruchtmix mit Orangen, Bananen und Eiweißpulver und zwei gehäuften Teelöffeln Spirulina, und ich habe vergessen, den Deckel fest genug auf den Mixer zu drücken, und mein Mix ist über die gesamte Küche gespritzt." An diesem Punkt wird es interessant.

„Was hattest du an?", frage ich.

„Ein T-Shirt mit der Aufschrift ‚Frauliche Perversionen' und die Boxershorts meines Ex-Freundes, die er in der schmutzigen Wäsche gelassen hat, als er auszog, und die nun voller grüner Flecken waren."

Jetzt wird das Leben dieser Frau immer interessanter, weil man es schmecken, riechen und sehen kann.

Du kannst Emotionen ausdrücken, aber nur mittels Einzelheiten und Fakten. Die Art und Weise, wie jemand die Hände vom Lenkrad nimmt oder ein Kind beim Spielen im Sandkasten beobachtet oder Jasmin riecht, kann offenbaren, ob die Person freudig erregt, deprimiert, hoffnungsvoll oder entmutigt ist.

Fakten, Fakten, Fakten.

Schlaflied für meine Mutter

Gewöhnlich sehen wir das Leben nur von unserem eigenen Standpunkt aus, der durch unsere historische Epoche, den Ort, an dem wir leben, die Kultur, an der wir teilhaben, die Kultur unserer Vorfahren, unsere angeborene Religion, unsere gewählte Religion, unser Geschlecht, unsere sexuelle Orientierung, unser Alter, unsere persönlichen Vorlieben und Bedürfnisse bestimmt wird. Ganz gleich wie korrekt oder wahrhaftig unsere Einstellung den Dingen gegenüber ist, sie ist beschränkt. Die eigentliche Wahrheit ist nicht beschränkt. Die eigentliche Wahrheit ist ein Panorama und sieht die Wirklichkeit aus mehreren Blickwinkeln gleichzeitig.

Im Jahr 1984 gab ich eine Performance unter dem Titel „Schlaflied für meine Mutter". Ich hatte eine Auftragsarbeit für eine Galerie in San Francisco und ging über Wochen hinweg in mein Atelier in Berkeley und improvisierte, suchte nach Material, und war nicht imstande, eine zusammenhängende Thematik zu entwickeln. Meine Träume jedoch waren zur gleichen Zeit erschreckend zusammenhängend – jede Nacht hatte ich Alpträume, in denen ich die Beerdigung meiner Mutter versäumte. Ich träumte, dass ich mit meinem VW-Käfer über kurvige Straßen in den Hügeln fuhr und als ich schließlich am Friedhof ankam, waren die Beerdigungsgäste bereits im Aufbruch. In einem anderen Traum wachte ich auf und stellte fest, dass die Beerdigung am Tag zuvor stattgefunden hatte. Und dann wachte ich wirklich auf und erinnerte mich daran, dass die Beerdigung bereits vor Jahren stattgefunden hatte. Ich hatte sie nicht nur nicht versäumt, sondern sogar selbst organisiert. Ich hatte bei dem jüdischen Bestattungsunternehmen in der Geary Street den Sarg ausgesucht, mich mit dem Rabbiner getroffen, um ihm die Einzelheiten aus Mutters Leben zu erzählen, hatte Blumengebinde mit roten Nelken bestellt, ihren Lieblingsblumen, hatte fahre die Todesanzeige verfasst, den Anzug aus gelbgrüner Knitterseide bestellt, den sie auf ihrer Reise ins Jenseits tragen sollte und hatte mir während der Trauerfeier meinen Weg zum Podium gebahnt, um zu sagen, was für eine gute Mutter sie war.

Doch sie war keine gute Mutter. Sie war eine sehr schwierige Mutter, die das Kochen und Putzen verabscheute und sich nur sehr selten derartigen häuslichen Aktivitäten widmete. Sie war eine Mutter, die die meisten ihrer Tage im Bett verbrachte, eine Mutter, die einen Taxifahrer bezahlte, um mir zu folgen, wenn ich zu einer Verabredung ging, und ihr anschließend die Einzelheiten meines Verhaltens zu berichten. Sie war eine Mutter, die meine Telefongespräche auf Band aufnahm, um sie später gegen mich zu verwenden.

Trotz allem trauerte ich. Ein Jahr lang brach ich in unerwarteten Momenten immer wieder in Tränen aus: Wenn ich nach dem Waschmittel im Supermarktregal griff, wenn ich an der roten Ampel bremste, wenn ich genau wie sie über einen See schwamm, in kräftigen, gleichmäßigen Zügen, die niemals nachließen. Warum also hatte ich jetzt, sieben Jahre später, Alpträume von ihr?

Ich zog einen Aktenordner mit ihren Papieren hervor, den ich aufgehoben, aber niemals gelesen hatte, und studierte endlich den Stapel handgeschriebener Papiere, Briefe, Gedichte und Notizen. In dieser kleinen Sammlung persönlicher Papiere entdeckte ich zwischen den Zeilen eine Geschichte des Lebens meiner Mutter, die mir bis dahin nicht bekannt gewesen war.

Meine Mutter hatte sich in einem Doktorandenkolloquium an der Universität Stanford eingeschrieben und ihre Doktorarbeit darüber geschrieben, wie junge Frauen Dienstleistungsberufe anstreben (Stewardess, Kellnerin, Krankenschwester), während die jungen Männer sich eher Berufe aussuchen, die ihnen Autorität verleihen (Pilot, Arzt, Anwalt). Sie vertrat die These, dass der Grundstein für diese unterschiedlichen Bestrebungen bereits zu dem Zeitpunkt gelegt würde, wenn das Kind in eine öffentliche Schule kam. In den fünfziger Jahren setzte sich meine Mutter dafür ein, das Erziehungssystem so zu ändern, dass Mädchen nach den höchsten beruflichen Zielen streben und sich dabei zuversichtlich fühlen konnten. Als im Jahre 1955 ihr Vater starb und mein Vater eine zwanzig Jahre jüngere Frau heiratete, fiel meine Mutter bei der mündlichen Prüfung durch. Völlig niedergeschlagen zog sie sich in ihr Bett zurück, das sie nur für gelegentliche berufliche Besprechungen und für den Besuch im Supermarkt verließ. Sie stahl. Sie wurde verhaftet. Man entzog ihr die Lehrbefugnis. Sie verbrachte noch mehr Zeit im Bett, stand erst am späten Nachmittag auf. Dann verließ sie das Haus und kehrte nur selten vor Mitternacht zurück. Bis zum heutigen Tag habe ich keine Ahnung, was sie in diesen Stunden getrieben hat. Bars? Kinos? Einkaufszentren? Bowlingbahnen? Sie brachte ein oder zwei Trophäen von Clubs mit, denen sie beigetreten war.

Nachdem ich schließlich ihren Aktenordner durchgelesen hatte, rief ich bei in Stanford an und sprach mit einem ihrer Professoren, der sich gut an sie erinnerte. „Sie war die glänzendste Studentin, die ich in meiner zwanzigjährigen Praxis in Oberseminaren jemals hatte“, erzählte er mir.

Ich bekam ein neues Bild von meiner Mutter. Sie war nicht mehr nur noch eine schlechte Mutter, aus deren Haus ich mit siebzehn Jahren entfloh und nur zurückkehrte, um ihr beim Sterben beizustehen. Sie war nun eine Pionierin in einer Zeit, in der Frauen keine Visionen haben durften. Ich verstand, warum meine Mutter von Depressionen heimgesucht worden war. Ich sah ihren Mut und begriff, mit wie viel Fleiß sie sich dafür eingesetzt hatte, mir ihren Mut und ihren Geist angedeihen zu lassen.

Gemeinsam mit Steve Kent, einem Regisseur aus Los Angeles, und Lauren Elder, einem bildenden Künstler aus Oakland, entwickelte ich eine Performance über das Leben und Sterben meiner Mutter. Wir erzählten die Geschichte aus mehreren unterschiedlichen Perspektiven: Wie ich meine Mutter als Kind wahrnahm, wie meine Mutter mich, ihre Tochter, wahrnahm, als ich erwachsen wurde, wie die Welt meine verrückte, visionäre Mutter wahrnahm, und meine Erfahrung als erwachsene Frau, die auf das Leben ihrer Mutter zurückschaut. Die Wahrheit konnte nur durch die Linse vielfältiger Betrachtungspunkte erzählt werden.

Jeden Abend nach der Performance warteten vereinzelt Frauen in der Lobby, um mit mir zu sprechen. Jede dieser Frauen nahm mich beiseite und gestand mir, dass auch sie von einer genialen Mutter erzogen worden war, die wegen des in den fünfziger Jahren vorherrschenden Klimas, das Frauen auf ihre Rolle als perfekt manikürtes Heimchen am Herd festlegte, auf die eine oder andere Weise verrückt geworden waren. Mit Tränen in den Augen dankten sie mir dafür, dass ich ihnen geholfen habe, das Bild ihrer Mutter zurechtzurücken. Ich war mir bis dahin nicht bewusst, wie weit verbreitet meine Erfahrung war, noch war es diesen Frauen bewusst. Wir waren dankbar dafür, uns begegnet zu sein.

Die größte Belohnung war für mich jedoch die Bewegung in meinem Herzen. Ich hatte zwar die Beerdigung meiner Mutter nicht versäumt, doch ich hatte es versäumt, sie kennen zu lernen. Während der Arbeit an dem Stück begriff ich, was meine Mutter durchgemacht hatte. In meinem Herzen stieg eine riesige Woge der Vergebung auf, die jeden Surfer, der auf der Suche nach der perfekten Woge um die Welt zieht, neidisch gemacht hätte, eine lange, gebogene Welle, die sich nur aufgrund einer rätselhaften Wechselwirkung zwischen Erde und Mond bilden kann, und alles, was du tun musst, ist sie zu fangen und auf ihr in die Brandung reiten.

✦ Die Übung

Nachdem du in einer Sitzung all das aufgeschrieben hast, was dich ärgert, abgeschlossen hast, schreibe die gleiche Geschichte vom Standpunkt deines vermeintlichen Widersachers auf. Tauche so tief du kannst in die Realität des „Anderen" ein. Schau dich selbst aus der Perspektive dieses Anderen an. Betrachte die Welt aus der Perspektive des Anderen. Fühle den Anderen. Sei furchtlos. Schreibe.

Wenn du aus der Perspektive eines anderen schreibst, kannst du die Geschichte in der ersten oder dritten Person schreiben. Experimentiere und finde heraus, was sich am besten anfühlt und dir ermöglicht, am tiefsten in die Erfahrung einzudringen. Du kannst auch in der dritten Person schreiben, wenn du über dich selbst schreibst, wodurch du etwas Abstand von einer Geschichte gewinnen kannst, die sich zu persönlich anfühlt oder deren Enthüllung zu verwirrend ist.

Die Kunst fordert, dass wir die ganze Wahrheit sagen, nicht nur unsere blinde, anklagende und selbstmitleidige Version der Wahrheit. Daher fühlen wir uns zur Kunst hingezogen, und daher ist es so schwierig, ein Kunstwerk auf die richtige Weise zu vollenden. Deshalb können wir unsere Kunstwerke oft nicht ausstehen oder lieben sie über alles. Daher kommen wir immer wieder zurück zu unserem Lehrmeister, zurück zur Kunst, und bieten unsere Gemälde, Tänze, Zeichnungen und Lieder an. Und daher wünschen wir uns manchmal, Hannibal Lector würde auftauchen und die Gliedmaßen der Kunst einfach abhacken und sie gegrillt verspeisen. Und manchmal legen wir mit vor Dankbarkeit feuchten Augen der Kunst Blumen zu Füßen. Sie ist der furchtlose, uns anspornende, präzise Guru, der in seiner Forderung nach Wahrheit, der reinen Wahrheit und nichts als der Wahrheit keinen Moment nachlässt und beständig bleibt, bis wir aufgeben und uns ihm völlig hingeben.

Sechs

Tea for Two –
Schöpfungen paarweise

Improvisation, Komposition, Schreiben, Malen, Theater, Erfindung – alle kreativen Unternehmungen sind Formen des Spiels, Ausgangspunkt der Kreativität im menschlichen Wachstumszyklus und eine der elementarsten Lebensfunktionen.

Stephen Nachmanovitch

Pflege der Freundschaft

Die ersten Kapitel dieses Buches haben sich auf Solo-Übungen beschränkt, die auf unser Bedürfnis als Individuen eingehen, unserem Leben durch kreativen Selbstausdruck neuen Schwung zu verleihen. Derartige isolierte Aktivitäten sind jedoch nicht ausreichend, um unsere Sehnsüchte zu erfüllen – wir haben darüber hinaus ein tief empfundenes und legitimes Verlangen nach tiefen und freudvollen Kontakten. Dieser Hunger wird so lange an uns nagen, bis wir unser Herz mit aufrichtiger zwischenmenschlicher Wärme nähren.

Viele Menschen fühlen sich allein gelassen, weil sie sich als Teilhabende am modernen Leben viele Möglichkeiten zwischenmenschlicher Nähe verbaut haben. Doch so allein wir uns auch fühlen mögen, wir sind doch niemals in diesem Leben wirklich allein. Wir sind umgeben von lebendigen Wesen, mit denen wir untrennbar verbunden sind.

Der Wunsch nach lebhaften, intimen Kontakten ist ein gesundes menschliches Bedürfnis, das erfüllt wird, wenn wir in Gemeinschaft unserer Freunde einfach wir selbst sind, rückhaltlos und großzügig. Ebenso wie jeder von uns einzigartig ist, trägt auch jede unserer Freundschaften eine unverwechselbare Persönlichkeit – ein Aroma, einen Geschmack, einen Lebensstil. Wir lieben an unseren Freundschaften nicht nur die Menschen, die unsere Freunde sind, sondern auch die Lebensart, die jede dieser Freundschaften mit sich bringt. Ebenso wie wir als Individuen nach Freiheit streben, wollen wir uns auch in Gesellschaft frei fühlen. Wir finden einen solchen Weg zu mehr Freiheit, wenn wir Beschäftigungen in unseren Freundschaften nachgehen, die spontane und kreative Selbstverwirklichung als natürliches Element menschlichen Verhaltens integrieren.

Meditation

Es dauert nur eine Minute. Setze dich mit einem Freund hin, schließt die Augen und atmet. Das ist alles. Einer von euch beiden muss nur couragiert genug sein, es vorzuschlagen: „Lass uns eine Minute meditieren". Der andere muss offen genug sein, dem zuzustimmen, auch wenn er nicht gerade in der Stimmung danach ist, weil er zuviel zu tun hat, und der Wecker im Kopf schon tickt wie ein Herzschlag nach Aufputschmitteln: „Gute Idee".

Ein Kollege, mit dem ich zusammenarbeitete, kam zu spät zu einer Besprechung in den Raum gestürzt. Es war ein heißer Nachmittag, uns beiden stand bereits der Schweiß auf der Stirn, und der Hund lag reglos in einer schattigen Ecke. Wir beide sprachen sehr schnell und fielen einander ins Wort, weil es anscheinend zu zeitraubend war, den anderen aussprechen zu lassen. Wir hatten viel zu viel für die zur Verfügung stehende Zeit zu besprechen. Als wir unsere Stühle zusammen rückten und unsere Notizblöcke und Stifte bereit legten, gab es einen kurzen Moment der Stille, und ich hatte den Eindruck, dass wir eine Minute meditieren sollten. „Lust zu meditieren?", fragte ich. Ein Leuchten ging über das Gesicht meines Kollegen, so, als ob er gerade eine Reise nach Hawaii gewonnen hätte, alles inklusive. Wir wurden sofort still.

Sicher kennst du das Gefühl kurz vor dem Einschlafen bei einem Nachmittagsschläfchen im Urlaub: Eine Brise weht durch das geöffnete Fenster, du driftest langsam ab und fragst dich, warum du jemals deine „Nickerchen" aufgegeben hast, wo sie doch, wie du gerade spürst, eines der schönsten Dinge im Leben sind. Nach ein paar Minuten öffneten wir die Augen und waren innerlich ruhig. Dann begannen wir offiziell unsere Besprechung und hörten endlich auf, verbal auf einander einzudreschen.

Wenn wir auch nur für einen flüchtigen Moment Zuflucht zur Stille nehmen, werden wir ganze Schichten von Stress los. Wir sehen klarer und finden einen Ort der Ruhe, ganz gleich, wie schwierig unser Leben im Moment sein mag. Meditation ist eine Zeit für den lärmenden Verstand und das streitbare Gemüt, sich zurückzulehnen und auf die leise Stimme des Herzens zu hören. Meditation ist in der Regel eine lautlose Übung – die Unmenge an umherirrenden Gedanken, die durch die Drehtüren unseres Verstandes eilen, wird nicht ausgesprochen. Wir stellen uns daher die Meditation gewöhnlich als eine rein private Erfahrung vor. Tatsächlich können kontemplative Praktiken jedoch tiefe Verbundenheit schaffen und eine tief greifende Wirkung auf die Qualität unserer zwischenmenschlichen Beziehungen haben.

Unsere Kommunikation vollzieht sich in erster Linie im nonverbalen Bereich. Daher hat das meiste, worüber wir uns mit unseren Mitmenschen austauschen, nur wenig mit Worten zu tun. Gelegentlich haben wir das Glück, mit einem Freund in einen Zustand zu gelangen, in dem die Kommunikation mühelos fließt. Zu anderen Zeiten geht gar nichts, und ganz gleich, wie gut wir unsere Gedanken und Gefühle auch artikulieren, wir dringen einfach nicht zum anderen durch. Durch einfaches gemeinsames Stillsein können wir unser Beisammensein von Grund auf verändern.

Wenn wir still werden, öffnen wir den Teil unseres Wesens, der ruhig, aufmerksam und freundlich ist. Wenn wir ärgerlich, verletzt oder erschöpft sind, werden wir uns dieses emotionalen Zustandes bewusst und können ihn unserem Freund eingestehen. Wenn wir ihn anerkennen, ist es weniger wahrscheinlich, dass wir Schaden anrichten. Stattdessen können wir uns durch unsere Freundschaften gegenseitig nähren.

Wenn wir mit einem Freund meditieren, entledigen wir uns für einen Moment unserer Geschäftigkeit und berühren gemeinsam die Stille, die im innersten Kern aller geistigen, körperlichen und emotionalen Aktivität liegt. Die Stille, die im Zentrum unseres Herzens lebendig ist, ist dieselbe Stille, die im Herzen unseres Freundes lebendig ist, und wenn wir diese Stille berühren, treten wir in Kommunikation miteinander.

Wir brauchen dazu keine Stunde und nicht einmal zwanzig Minuten – wir können eine, zwei oder drei Minuten meditieren. Wir brauchen nicht mit verknoteten Beinen im Lotussitz zu sitzen. Wir können auf einem Stuhl oder einem Sofa sitzen oder uns hinlegen. Wir brauchen auch keine ausgefeilten Praktiken – wir können einfach gemeinsam still werden, den Geist zur Ruhe kommen und das Herz atmen lassen.

Wir wissen das, aber wir vergessen es schnell. Wir vergessen es, weil wir durch Reden und Tun und Denken hypnotisiert sind und uns vorstellen, dass Wohlbefinden nur in Worten, Handlungen und Ideen zu finden ist. Gelegentlich haben wir jedoch das Glück und hören auf die Stimme, die uns anhält, still zu sein, nicht nur allein, sondern mit unseren Freunden – sich eine Minute oder zwei Zeit zu nehmen, nur da zu sitzen, die Augen zu schließen und in die Welt der Stille einzutauchen.

Meditation ist einfach. Wir selbst sind kompliziert. Doch wir sind auch weise und couragiert. Jeder von uns. Ganz gleich, wie oft wir es vergessen oder für wie viele Jahre, die Stille erwartet uns mit großer Geduld. Und immer wenn wir uns daran erinnern, ist die Stille da, im innersten Kern unseres Daseins, und hält ein großes Geschenk für uns bereit.

✦ Die Übung

Wenn du mit einem Freund zusammen bist, dann nimm dir eine Minute Zeit, schließe die Augen und fühle, wie der Atem kommt und geht. Strenge dich beim Atmen nicht an, sondern lass den Atem in seinem eigenen Rhythmus fließen. Wenn die Aufmerksamkeit sich auf den Atem richtet, geht der Atem gewöhnlich tiefer in den Körper hinein. Öffne den Bauch für deinen Atem.

Wenn du einatmest, lade deine Gedanken, dein Herz und deinen Körper ein, ruhig zu werden. Wenn du ausatmest, lade alle Spannungen die du bewusst oder unbewusst hältst, ein, von dir abzufallen.

Nimm gemeinsam mit deinem Begleiter die Einladung an, die dir von der Stille angeboten wird, und komm zur Ruhe. Wenn du die Augen öffnest, werdet ihr einander sehen und euch freuen.

Massage

Meine Nachbarin Anne, die elf Jahre alt war, kam mich nach der Schule besuchen und klagte über Rückenschmerzen. Ein paar Tage zuvor hatte sie einen Autounfall gehabt und litt noch immer an den Folgen des Aufpralls. Als sie auftauchte, war ich gerade mitten in der Arbeit an einem Artikel, der in Kürze abgegeben werden musste. Die Küche stand voll mit schmutzigem Geschirr. Überall lag Staub, so dick, dass man mit dem Finger darin malen konnte. Überdies hatte ich noch eine Liste mit Telefonanrufen, die ich erledigen musste. Doch ich ließ Anne ein Schaumbad ein. Als sie wieder aus der Badewanne stieg, lud ich sie ein, es sich auf meinem Bett bequem zu machen, und massierte ihren Rücken. Ihr Atem wurde unter meinen Händen tiefer und ihre Muskeln weicher, und als Anne ruhiger wurde, wurde auch ich ruhiger. Wenn ich mich im Haus umschaute, fühlte ich mich nicht mehr länger durch das Chaos bedrängt, sondern bemerkte die Vase mit den frischen Lilien, die ich an jenem Morgen auf den Sekretär gestellt hatte, und die tiefrote Farbe des indianischen Teppichs in der Sonne, die durch die Glastür hereinfiel.

Einer der Vorzüge einer Massage ist, dass derjenige, der massiert, von der zunehmenden Ruhe, die der Massierende ausstrahlt, ebenfalls ergriffen wird. Das ist die Alchemie der Berührung.

Massagen sind gut für die Freundschaft. Wir müssen keine Ganzkörpermassagen verteilen oder Unmengen von Zeit damit verbringen – wir können den Kopf, die Füße oder die Schulter für ein, zwei oder drei Minuten massieren.

Aber ich möchte jetzt lieber niemanden massieren, denn mir tut selbst der Rücken und der Nacken weh, sagst du dir, wenn du siehst, wie dein Freund sich mit schmerzvoller Miene an die Schulter fasst. Du weißt, er hat Schmerzen, und du könntest dir eine Minute Zeit nehmen, und er würde sich besser fühlen. Stattdessen fasst du dir selbst an die Schulter und verziehst dein Gesicht, und gemeinsam klagt ihr über dieses und jenes Wehwehchen wie zwei alte Leutchen, die auf der Terrasse eines Strandhotels in Warnemünde sitzen, bei dem die weiße Farbe von den Wänden blättert.

Wir meinen, wir sind so beschäftigt und leiden selbst so sehr, dass es uns schaden könnte, wenn wir uns nun auch noch um eine Freundin kümmern sollten. Diese Logik scheint zwar zwingend zu sein, ist jedoch trotzdem falsch. In Wirklichkeit würden wir uns nämlich besser fühlen.

Du kannst deiner Freundin bei einer Tasse Tee eine Handmassage anbieten, und sie von dem Mann erzählen lassen, den sie im Internet getroffen hat, unter dem Decknamen Kadett, der erst sehr attraktiv erschien, aber dann nur über seine Zinnsoldatensammlung reden wollte. Oder du bietest ihr eine Kopfmassage an, weil sie etwas beunruhigt ist. Ihre Tochter hat gerade den Führerschein gemacht und besteht darauf, sich ihr Auto für den Abend auszuleihen. Sie sitzt zum ersten Mal allein hinter dem Steuer und will nun mit ihren Freunden losziehen.

Oft sind wir einfach zu schüchtern, um das Geschenk gegenseitiger Berührung anzubieten, und bieten stattdessen lieber einen doppelten Martini an. Doch wenn wir schlau sind und den Mut aufbringen, um herauszufinden, wann ein solches Angebot angebracht ist, könnten wir entdecken, dass unsere Freunde zutiefst dankbar sind, wenn sie auch nur eine einminütige Massage bekommen, und dass wir die Berührung ebenso genießen wie unsere Freunde, die sie entgegennehmen.

✦ Die Übung

Biete eine Woche lang deinen Freunden, deinen Kindern, deinem Ehepartner und deinen Kollegen an, sie zu massieren.

Wenn du eine Massage beginnst, nimm dir einen Moment Zeit, um deine Hände auf dem Körper deines Partners ruhen zu lassen, ohne sie zu bewegen. Fühl die Wärme der Haut, die Lebendigkeit des atmenden Körpers unter deinen Händen. Lass dann die Finger ihren Weg finden. Hände haben ihre eigene Intelligenz und können fühlen, wo die Muskeln verhärtet sind und festhalten, wo die empfindlichen Stellen sind, die nur eine leichte Berührung brauchen – und sie wissen, was zu tun ist. Ein Aspekt, der jede Massage zu einem angenehmen Erlebnis werden lässt, ist die Aufmerksamkeit des Massierenden.

Wenn du nach einer Woche merkst, dass dir das Massieren Freude macht, verlängere die Übung auf einen Monat, ein Jahr – oder mache sie ein Leben lang.

Partnertanz

Eines Sonntagmorgens stand ich in der Küche und spülte das Geschirr. Ein englischer Freund war bei mir zu Besuch. Er war im Bad und rasierte sich den Kopf. Dann kam er ohne Hemd aus dem Bad stolziert. Seine Glatze war auf Hochglanz poliert, die Schlafanzughose hing lose über seinem schlanken Körper und er schob eine CD ein – irgendeinen DJ-Mix, den er aus London mitgebracht hatte. Als er zu tanzen begann, schrubbte ich weiter meine Töpfe, grummelte ärgerlich über den Topfboden mit dem angebrannten Porridge vor mich hin und fragte mich, ob mein Freund sein Bett gemacht oder es unordentlich hinterlassen habe. Er schlenderte zu mir herüber, griff meine seifige Hand, schwang die Hüften und schaute mir geradeheraus in die Augen. Ich konnte nicht widerstehen. Wir tanzten um den Küchentisch, er schnappte sich ein Geschirrtuch und wirbelte damit wie eine Bauchtänzerin mit ihrem Seidenschal. Einige Minuten später glitten wir beide hinüber zum Waschbecken, ich spülte (weiterhin Hüften schwingend) die Töpfe, er trocknete ab (mit Geschirrtuch wirbelnden Tanzeinlagen). Beim Wegräumen des Geschirrs tanzten wir umeinander herum, mit den Utensilien in der Hand, wie zwei Köche in einem Broadway-Musical.

Mit Freunden zu tanzen ist gute Medizin – heilsam für den Körper und gesund für die Freundschaft. In einigen Fällen, wenn man Jahre mit Freunden verbracht hat, und Tanzen nicht zum Repertoire gemeinsamer Aktivitäten zählt, kann es anfangs schwierig sein – die Körper wissen nicht recht, wie sie aufeinander eingehen sollen. Hier sind ein paar Bewegungsrezepte, die dir auf die Sprünge helfen können.

✦ Die Übung

Wenn du mit einem Freund, deinem Ehepartner, Kind, Liebhaber oder Kollegen zusammen bist, lege eine Musik auf und fordere zum Tanz auf. Vielleicht kocht ihr zusammen, arbeitet im Garten, schaut Fernsehen, räumt auf oder habt eine Besprechung. Macht eine Pause und tanzt zusammen.

Tanze irgendwann allein für dich. Bewege dich dabei auf eine Weise, die vollkommen von der Reaktion deines Körpers auf die Musik bestimmt wird. Finde dich dann irgendwann wieder mit deinem Tanzpartner zusammen und bewege dich genauso wie dein Partner. Wechsle frei zwischen diesen beiden Optionen hin und her – allein tanzen und gemeinsam tanzen.

Wenn du allein tanzt, gib dich völlig deinen Bewegungen hin. Wenn ein Partner sehr intensiv tanzt, fühlt der andere Partner die Energie und kann in einen ähnlichen Raum energetischer Klarheit bewegt werden. Sich einer Bewegung hinzugeben, heißt nicht, dass man sich schnell und weit ausgreifend bewegt. Man kann auch langsame, lyrische Bewegungen machen. Wenn du dich deinem Partner anschließt, um dich gemeinsam mit ihm zu bewegen, behalte deine Art der Bewegung bei.

Während sich euer Tanz entfaltet, möchtet ihr euch möglicherweise gelegentlich berühren, an den Hände halten, mit den Hüften anstoßen oder in die traditionelle Partnerhaltung übergehen. Anschließend entfernt ihr euch wieder, so dass ihr eure eigene private Beziehung zur Bewegung in Gegenwart eures Partners findet.

Jeder Ort kann so in einen Tanzsaal transformiert werden, das Wohnzimmer, die Küche, das Badezimmer, der Fahrstuhl, der Flur, das Treppenhaus oder der Garten.

Spiegeln

Vor einigen Monaten hatten Corey und ich einige Probleme mit unserer gemeinsamen Arbeit an einigen Szenen. Wir merkten immer wieder, dass wir vollkommen entgegengesetzte Richtungen verfolgten, sowohl körperlich als auch von der Vorstellung her. Wenn Corey eine Szene über einen kranken Vater und seine promiskuitive Tochter vorschwebte, stellte ich mir eine Szene über ein Paar verwilderte Hunde vor. Wenn Corey uns als alte Männer, die mit einem kleinen Kahn in den Sonnenuntergang ruderten, visualisierte, stellte ich mir vor, wir wären ein Ehepaar, das in einem Restaurant in Streit geriet. Wenn er das Gefühl hatte, wir müssten weniger Worte verwenden und die Bewegung die Führungsrolle übernehmen lassen, fing ich an zu plappern. Wenn ich das Gefühl hatte, es sei Zeit zu singen, wurde er stumm. Der Druck angesichts der bevorstehenden Performance wurde immer größer, und unsere Ungeduld immer unerträglicher. Wir verloren das Vertrauen zueinander.

David, unser Regisseur, schlug vor, wir sollten eine Spiegelübung versuchen. Ich reagierte ausweichend. Spiegeln ist ein altes Theaterspiel, das ich in den sechziger Jahren gemacht hatte – gab es nicht eine etwas raffiniertere Übung, die wir ausprobieren könnten, etwas Moderneres? David ließ sich nicht erweichen. Widerstrebend setzte ich mich Corey gegenüber, schaute ihm in die Augen, und wir wechselten uns darin ab, den Bewegungen des anderen zu folgen.

„Nicht so schnell, achte auf den Gesichtsausdruck", gab David an, und ich passte die Muskulatur meiner Lippen und Augenbrauen an, um Coreys Ausdruck zu imitieren. „Bewegt euch, ohne dass einer von euch führt", sagte David, und Corey und ich ließen die Bewegungen geschehen, als passierten sie von selbst. Wir waren so synchron in unserem Ausdruck, wie wir es vermochten.

Wir fuhren einige Zeit so fort, und ich merkte, wie ich mich in Corey auflöste und er sich in mir. Die entstehenden Bewegungen kamen wie aus einem gemeinsamen Körper, der seinen eigenen Willen und seine eigene Führung hatte. Die Empfindung der Gegenseitigkeit war eine große Erleichterung, doch ich war froh, als David uns anhielt, zum Ende zu kommen, und ich die Gelegenheit hatte, wieder allein meinen Körper zu bewohnen, mit der Freiheit, jederzeit allein einen Arm in die Luft zu schleudern oder auf dem Boden zusammenzubrechen. Doch Corey hatte sich noch nicht vollständig aus meiner Innenwelt zurückgezogen und ich nicht aus seiner. Als wie wieder zur freien Improvisation übergingen, fanden wir bemerkenswert leicht Zugang zur Welt des jeweils anderen. Wir gingen beide sofort in dieselbe Geschichte: ein Paar, das Pläne für einen Urlaub in den Tropen schmiedet.

Spirituelle Lehrer erzählen uns immer und immer wieder, dass wir keineswegs voneinander getrennt, sondern untrennbar miteinander verbunden sind. Diese Einsicht ist mittlerweile naturwissenschaftlich bestätigt worden. Dennoch sind wir konditioniert, diese Tatsache zu übersehen. Intimität ist etwas Beängstigendes, und besonders wir als westliche Menschen wurden zu Wettbewerb und Individualismus erzogen. Wir ziehen ein bequemes Maß diskreter Vereinzelung dem Gefühl der Identitätsauflösung vor. Folglich sind wir mit den Strategien der Aufweichung des Egos, die Voraussetzung für effektive Partnerarbeit sind, nicht vertraut. Sich mit einem Partner vollkommen simultan zu bewegen kann ein erstaunlich tief greifendes Erlebnis sein. Wenn wir uns der Führung unseres Partners anvertrauen, haben wir das Gefühl, mit ihm zu verschmelzen, und wenn wir selbst die Führung übernehmen, erkennen wir uns in den Bewegungen unseres Partners wieder. Beides kann uns ein Erlebnis unvergleichlicher Intimität verschaffen.

In beiden Fällen entledigen wir uns des Gefühls der Trennung und gleichzeitig der psychologischen Widerstände gegen eine wirkliche Zusammenarbeit. Unsere Partnerschaft gewinnt eine neue Qualität, die uns sowohl bei der Arbeit als auch in der Freizeit zugute kommt.

Während eines Kommunikations- und Teambildungslehrgangs für die Angestellten einer Softwarefirma lud ich die Teilnehmer ein, sich gegenseitig zu spiegeln. Für viele von ihnen war es das erste Mal seit der Pflicht-Tanzschule in der High-School, dass sie Partnerübungen mit Körperbewegungen durchführten. Doch sie schritten tapfer zur Tat. Ich konnte sehen, wie sie zögerten und wie hölzern und gehemmt ihre Bewegungen waren. Im Verlauf der Übung gewannen sie jedoch Geschmack an der Sache, und ihre Hemmungen legten sich. Die Spannung entwich ihrem Gesichtsausdruck, und der Raum wurde lebendig.

Wochen später fragte ich die Teilnehmer, ob sie am Arbeitsplatz irgendwelche Veränderungen beobachtet hätten. Sie berichteten, dass sie sich viel entspannter im Umgang miteinander fühlten, nicht nur bei lockeren Gesprächen in der Teeküche, sondern auch bei formellen Geschäftsbesprechungen am runden Tisch. Kreativität scheint in einer entspannten Umgebung zu erblühen – das gilt nicht nur für die individuellen Gedanken jedes Einzelnen, sondern auch in Partnerschaften und im Umfeld einer Gruppe. Wir alle könnten jemanden bei uns zu Hause oder am Arbeitsplatz gebrauchen, der uns die entsprechenden Anweisungen gibt: „Hallo, alle mal herhören! Die Atmosphäre hier ist viel zu verspannt. Nehmt euch eine Minute Zeit und macht eine Spiegelübung!" Diese Person müsste natürlich mit der richtigen Autorität ausgestattet sein, so dass wir ihren Anweisungen auch wirklich folgen.

Spiegeln, Massage, Bewegungen und Meditation unterstützen den Prozess, den man beim Theater „Tuning" oder „Einstimmung" nennt. Wenn die Schauspieler optimal aufeinander eingestimmt sind, gewinnt ihre Darstellung an Authentizität und Klarheit. Sie bewegen sich dann mit spürbar harmonischerer Gestik und Sprache gemeinsam auf der Bühne. Wir können uns diese Art von Einstimmung in unserem privaten und beruflichen Leben zunutze machen. Wenn wir uns mit unserem Partner oder unseren Freunden im Einklang fühlen, gewinnt alles, was wir gemeinsam tun, eine neue, fließende Qualität.

Für mehr Harmonie in unserer Partnerschaft können wir Übungen einsetzen, die auf den großen Bereich der nonverbalen Grundlage unserer Beziehung eingehen. Wir lernen, einander zu fühlen und gefühlvoll miteinander umzugehen, statt nur vom Kopf her zu handeln. Wir können unsere Vorstellung der Getrenntheit etwas aufweichen und das Gefühl der Verbundenheit stärken.

✦ Die Übung

Stelle dich deinem Partner gegenüber, als würdest du in einen Spiegel schauen. Entscheidet euch, wer als Erster die Führung übernimmt. Schaut euch in die Augen. Partner A beginnt sich langsam zu bewegen und achtet darauf, dass die Bewegungen so einfach sind, dass Partner B ohne Probleme folgen kann. So kann A etwa zuerst langsam die Arme heben, bis sie auf Schulterhöhe sind, und sie dann wieder senken. Anschließend das Ganze noch einmal, doch diesmal gehen die Arme so weit in die Höhe, dass sie bis über den Kopf gestreckt werden. Partner B führt die Bewegungen so genau wie möglich aus und bleibt im Einklang mit seinem Partner. Nach einer halben Minute, oder was immer sich „richtig" anfühlt, sagt Partner A: „Wechsel", und Partner B übernimmt die Führung. B hebt möglicherweise ein Bein an oder macht einen großen Schritt zur Seite. A folgt und bleibt so gut wie möglich im Einklang. Nach weiteren dreißig Sekunden sagt B: „Wechsel", und A übernimmt die Führung, und so weiter, immer hin und her.

Nach ein paar Minuten, wenn beide Partner mehrere Gelegenheiten hatten, zu führen und geführt zu werden, versuche, überhaupt keine Führung mehr zu haben und die Bewegung ihre eigene Dynamik entfalten zu lassen. Bewegt euch langsam genug, um die Bewegungen im Einklang halten zu können. Ihr werdet merken, dass ihr wie von Zauberhand geführt zusammenarbeitet – euch gemeinsam nach vorn beugt, als würdet ihr euch in die Augen schauen wollen, und gemeinsam in Zeitlupe seitwärts lauft.

Macht euch nichts daraus, wenn ihr keine fließenden ungeführten Bewegungen zustande bekommt. Einer muss möglicherweise für einen Moment die Führung übernehmen, bevor die ungeführten Bewegungen weiterfließen. Kein Problem. Das liegt in der Natur dieser Art von Bewegung. Ebenso kann es vorkommen, dass du das Gefühl hast, der andere führe, und der andere denkt, du führst. Ein Vorteil dieser Übung ist, dass man völlig das Gefühl dafür verliert, woher der Impuls kommt, während sich die Grenzen zwischen den Partnern allmählich auflösen.

Vergiss nicht, dass es die Absicht der Übung ist, sich im Gleichklang zu bewegen. Damit dies gelingt, ist es wichtig, sich so zu bewegen, dass der andere leicht folgen kann – eine Hand langsam drehen, so dass einmal die Handfläche und dann der Handrücken nach oben zeigt, sich aus der Hüfte seitwärts neigen und dann wieder aufrichten.

Wenn du mit deinem Partner etwas Übung in diesem Spiel hast, könnt ihr euch allmählich immer schneller bewegen und neue, komplexere Bewegungen einführen. Das ist sehr aufregend, und irgendwann ist es kein Thema mehr, wer eigentlich führt.

Gut, nun hast du die Übung gelesen, sie verstanden, und hast sogar ein gewisses Interesse entwickelt, sie tatsächlich einmal zu versuchen. Aber du tust es nicht. Du findest nicht die Zeit, nicht einmal fünf Minuten während einer geschäftlichen Besprechung mit deinem Partner, um so etwas Verrücktes zu tun, wie voreinander zu stehen und sich gegenseitig zu imitieren. Und ganz sicher hast du keine Zeit zu Hause, wenn ständig das Telefon klingelt, das Abendessen zubereitet und das Kind gebadet werden muss. Nicht dass du meinst, es sei eine dumme Übung, doch sie ist nicht so wichtig, und du hast eben im Moment nur Zeit für wichtige Dinge.

Ehrlich gesagt, verstehe ich deine Position, und diese Übung wird dein Leben nicht weniger geschäftig machen. Doch leider reicht es nicht aus, über die Übung zu lesen, um aus ihr einen Nutzen zu ziehen. Dazu musst du sie selbst einmal ausprobieren. Wenn du keine fünf Minuten erübrigen kannst, nimm dir wenigstens eine Minute. Wenn du keine ganze Minute Zeit hast, nimm dreißig Sekunden. Es ist gut möglich, dass deine Stimmung sich verbessert und deine Partnerschaft dich amüsiert. Dann kannst du mit deiner geschäftlichen Besprechung, deinen Essensvorbereitungen, deinen häuslichen Tätigkeiten fortfahren, jedoch mit etwas mehr Spaß.

Satz für Satz

In meiner Kindheit in Los Altos verbrachte ich zahlreiche Nachmittage mit meiner besten Freundin Nancy damit, den Versandhauskatalog von Sears, durchzublättern, der dick wie eine Bibel war. Wir suchten Hochzeitskleider samt attraktiver Männer, Wohnzimmereinrichtungen und Sofas aus und stellten uns vor, wir würden in einem schönen Haus im Ranch-Stil mit kurz geschorenem Rasen wohnen. Trotz aller New-Age-Formeln darüber, dass die Realität sich genau so entfaltet, wie man sich das mit Präzision und Überzeugung visualisiert hat, lebe ich heute nicht in einer Sackgasse in einem Haus mit einer Veranda, auf der violette Sonnenschirme Kartoffelchips mit Zwiebel-Dips beschatten, während ein braungebrannter Ehemann in Bermuda-Shorts mit chromblitzendem Grillbesteck am Gartengrill steht. Doch ich hatte großen Spaß, mir das Ganze mit Nancy auszumalen.

Sich Personen vorzustellen, die ihr Eigenleben entwickeln, ist für unsere Psyche eine höchst angenehme Beschäftigung. Das einsame Ausdenken von Geschichten hat zwar seine Vorzüge, doch sich mit einem Freund zusammen eine Handlung auszudenken, ermöglicht es, die eigene Realität mit jemandem zu teilen, genauso wie wir dies als Kinder in unserem Hinterhof getan haben.

Eine gemeinsam erschaffene Realität ist jedoch noch mehr als nur ein angenehmer Moment kollektiver Fantasie. Wenn wir uns mit einem Freund zusammentun, um eine andere Realität zu erschaffen, geben wir der Stimme unseres Unbewussten eine Möglichkeit, sich auszudrücken. Unsere Charaktere leben unsere inneren Konflikte aus, enthüllen unsere

Geheimnisse und durchleben das, was wir selbst nicht zum Ausdruck bringen können, und bieten so unserer Psyche die Möglichkeit zur Heilung.

Wir haben immer die Möglichkeit, uns am sprichwörtlichen Lagerfeuer zusammenzufinden und uns gegenseitig Geschichten zu erzählen. Schalte am Abend, statt ins Kino zu gehen und eine vorgefertigte Geschichte zu konsumieren, das Licht aus, lehn dich zurück und fang an zu erzählen: „Es war einmal …“

✦ Die Übung

Mach es dir mit einem Freund bequem. Denkt euch gemeinsam eine Geschichte aus, indem ihr abwechselnd jeweils einen Satz beitragt.

Beispiel:

X fängt an: „Noch fünf Wochen bis zum Urlaub“, dachte Geraldine.

X spinnt weiter: Das Telefon hatte den ganzen Tag geklingelt.

X: Sie hatte Anrufer einfach in die Warteschleife geschickt, wo sie gezwungen waren, Werbung und seichte Musik zu hören.

Y: Als sie dann schließlich mit ihnen sprach, waren sie ärgerlich und unhöflich.

X: „Noch fünf Wochen muss ich das aushalten, bevor ich in den Urlaub gehen kann“, dachte sie.

Y: Lachsfischen in Alaska.

X: Voriges Jahr war sie die einzige Frau in einer Reisegruppe von 18 Männern.

Y: Das war, als sie den Schwarzbär gesehen hatte.

X: So nannten sie ihn.

Y: Er fuhr einen riesigen Laster und roch nach schlechtem Aftershave.

X: Er fuhr drei Mal im Monat von Mississippi nach Anchorage.

Y: Und er erzählte witzige Geschichten über seine Familie.

X: Sie mochte die Art, wie er mit den Augen zwinkerte, und dass er sich nichts aus Familienleben machte.

Y: „Noch fünf Wochen arbeiten“, sagte sie, und das Telefon klingelt schon wieder.

X: „Und dann geht's endlich ab nach Alaska.“

Haltet die Geschichten anfangs kurz. Wenn ihr Zeit habt, spinnt gemeinsam ein paar Geschichten. Dann probiert es mit längeren Geschichten.

X sagt: Paul schaute in den Spiegel und merkte, dass die Hose, die er trug, zu kurz war.

Y spinnt weiter: Er brauchte einen gut sitzenden Anzug für die Bar Mitzvah in zwei Tagen, doch er weigerte sich, einen zu kaufen, der wirklich gut passte, obwohl seine Mutter behauptete, dass der Anzug völlig tadellos säße, wirklich tadellos.

Lege dich nicht auf einen bestimmten Ablauf der Geschichte fest. Gehe auf die Beiträge deines Partners ein und lasst eure Partnerschaft ihr Eigenleben entfalten, unabhängig davon, wie du gern die Geschichte weiterspinnen würdest. Vielleicht stellst du dir vor, dass Paul am Ende einen eleganten Armani-Anzug bekommt, während dein Partner sich ausmalt, wie die Mama mit dem schlechten Geschmack die Oberhand behält, und während Paul die Ansprache hält, er an nichts anderes denken kann als die zwei Zentimeter entblößte Wade zwischen Sockenende und Hosenanfang. Im weiteren Verlauf der Geschichte bleibt der Frau des Rabbiners noch beim Festessen eine Fischgräte quer im Hals stecken, und beim Versuch, sie mit Hilfe des Heimlich-Handgriffs wieder aus der Luftröhre herauszubekommen, brach der gute Mann ihr auch noch ein paar Rippen, sie musste ins Krankenhaus, und die ganze Bar Mitzvah wurde verschoben. Das Schöne an der Kollaboration beim Geschichtenerzählen ist das Überraschungselement. Lass alle vorgefassten Vorstellungen fallen und erlaube der Geschichte, sich mit deinem vollen Einsatz, aber ohne deine Kontrolle frei zu entfalten.

Die Erotik des Gesangs

Mit Anfang zwanzig nahm ich an einem Seminar über Schamanismus am Esalen-Institut teil. Gegen Ende des Seminars zogen wir hinaus in die Wildnis mit nichts weiter als einem Schlafsack und verbrachten die Nacht allein im Freien. Ich hatte mich mit einem schlaksigen, großen Mann mit welligem Haar und Hornbrille angefreundet, der Science-Fiction-Geschichten schrieb. Wir zogen gemeinsam los auf einem Weg an einem Bach entlang durch einen Wald mit riesigen Mammutbäumen und beschlossen, uns irgendwann zu trennen und getrennte Wege zu gehen. Nach einigen Meilen entdeckten wir eine Höhle, die in den Stamm eines der uralten Bäume durch ein Feuer eingebrannt worden war. Wir rollten unsere Schlafsäcke auf und machten es uns in der Höhle gemütlich. Die Nacht brach herein, und es war stockfinster. Wir zündeten eine Kerze an, steckten sie in die Erde und begannen zu singen. Wir sangen keine Lieder, die wir kannten, sondern ließen uns spontan Melodien einfallen, die aus unseren gegenwärtigen Gefühlen heraus entstanden. Unsere Stimmen verschmolzen miteinander, bildeten Harmonien, lösten sich voneinander und fanden in längeren Unisono-Passagen wieder zusammen. Obwohl wir uns körperlich nicht berührten, hatte ich das Gefühl, dass wir uns außerordentlich nahe kamen.

Körper sind plump und schwer, doch die Stimme, die aus nichts als Luft besteht, kann sich mit Leichtigkeit mit der eines Partners vermischen, bis man keine Trennung mehr zum anderen spürt. Man verschmilzt miteinander wie Zucker in warmem Wasser. Vokalduette können Gefühle ähnlich einem Liebesakt verursachen, wenn die beiden Sänger gut miteinander harmonieren. Wir hören ihre getrennten Stimmen, doch wir hören auch die Mischung der Töne, die sie hervorbringen – und die gemischten Töne sind es, die uns bewegen – die zwei, die zu einem werden.

Wie oft haben wir das Gefühl, dass es unserer Beziehung mit unserem Partner, unseren Freunden und unseren Kindern an Ausgelassenheit und Verspieltheit mangelt. Die Gewohnheiten des Alltags trüben unsere zwischenmenschlichen Beziehungen. Wenn wir zusammen singen, können wir dieses Gefühl der Monotonie überwinden. Wir brauchen keine Lieder auswendig zu lernen, um zusammen zu singen. Wir können Töne und Melodien jederzeit auf der Stelle frei erfinden.

✦ Die Übung

Wenn du mit einem Freund zusammen bist, unterbrecht, was ihr gerade tut, und macht eine Pause. Singt ein Lied zusammen, das ihr beide kennt. Dies kann ein Wiegenlied, ein Volkslied, ein Schlager oder eine andere leicht zu singende Melodie sein.

Singt das Lied einige Male und lasst dann die Wörter weg. Singt einfach die Melodie auf eine Silbe wie na-na-na, la-la-la oder du-bi-du. Wenn ihr das Gefühl habt, die Melodie zu kennen, fangt an zu improvisieren. Fügt eine Harmoniestimme hinzu, eine Bassstimme oder einen Rhythmus. Oder singt nur ein paar Noten hie und da als Verzierung.

Wenn es euch leicht fällt, versucht gemeinsam eine Melodie ohne Vorlage zu improvisieren. Einer fängt mit einer einfachen Phrase oder Melodie an, möglicherweise acht Takte auf eine einfache Silbe wie la-la-la oder do-do-do. Dann wiederholt er diese einfache Phrase immer wieder. Der Partner stimmt ein und singt mit, so dass ihr im Einklang seid.

Wenn ihr eine gemeinsame Melodie gefunden habt, fangt an zu improvisieren. Summt eine gleichmäßige Bassnote, eine harmonische Zweitstimme oder eine perkussionsartige Rhythmusstimme. Singt, ohne euch anzustrengen, ohne nachzudenken, mit großer Leichtigkeit, lasst die Komposition sich in eine beliebige Richtung entwickeln, wo immer die Melodie sie hintreibt. Fahrt fort, bis ihr ein gemeinsames natürliches Ende findet.

Wiederholt die Übung nach einer Runde, wobei diesmal der andere Partner die Eingangsphrase singt. Denkt daran: Es geht um Einfachheit.

Während es manchen Menschen leicht fällt, gemeinsam zu singen, haben andere Schwierigkeiten damit. Egal, zu welcher Kategorie du gehörst, du solltest dir diese Übung für eine gewisse Zeit zu Eigen machen und sie perfektionieren. Du wirst schon nach kurzer Zeit merken, dass du Fortschritte machst und dass du tatsächlich gut mit anderen zusammen singen kannst.

Es kommt nicht darauf an, jemanden durch inspirierte Kreativität oder Virtuosität zu beeindrucken. Stattdessen solltest du dich voll darauf einlassen, zu hören und das Gehörte zu unterstützen. Stell deine Stimme auf deinen Partner ein, so dass du mit dessen Tönen verschmelzen kannst.

Das Singen mag für jemanden leicht oder schwierig sein, doch es gibt nur eine Möglichkeit, sich wirklich damit vertraut zu machen: Man muss es tun. Wenn wir uns im Singen üben, werden anfängliche Schwierigkeiten oder Unannehmlichkeiten durch beachtliche Fortschritte belohnt.

Jede Partnerschaft hat ihre Stärken und Schwächen. Ich hatte das Glück, mit einem völlig fremden Menschen ein Gesangsduett in vollkommener Harmonie zu erleben. Bei anderer Gelegenheit erlebte ich jedoch ein sehr steifes, verwirrtes Duett mit einem Partner, mit dem ich bereits viele Jahre zusammengearbeitet hatte. Jedes Mal, wenn wir improvisieren, kommt etwas anderes dabei heraus. Statt zu hoffen, dass das Ergebnis perfekt sein wird, können wir es darauf anlegen, vollkommen experimentell zu sein, offen für alles, was passiert, offen dafür, unsere Beziehungen durch das Medium des Klangs zu verfeinern und allmählich unsere Geschicklichkeit im Spiel miteinander sowie in unserer Beziehung weiterzuentwickeln.

Sprich mit einem Fremden

Manchmal sind wir nicht deswegen allein und einsam, weil wir keinen netten und treu sorgenden Partner haben, keine Schar guter Freunde, die uns Freude bringen, und keine Familie, mit der wir unter dem Weihnachtsbaum sitzen können, sondern aus irgendwelchen anderen Gründen, die wir nicht benennen können. Wir hetzen durch die Gegend, machen unsere Besorgungen und haben das Gefühl, in einer unsichtbaren Schutzhülle zu stecken, die uns vom Rest der Menschheit abschirmt, mit der wir U-Bahnen, Büros, Parks, Fitness-Studios und Kinos teilen. Wir stellen uns vor, wir seien sicher in unserem Kokon, während wir in Wirklichkeit unter einem vagen Unwohlsein leiden.

Eines der schönen Dinge beim Reisen ist, dass man unterwegs Menschen trifft, die man gewöhnlich nie kennen lernen würde. Während einer Bahnreise in Frankreich traf ich einen Mann, der sich auf russische geistliche Chormusik spezialisiert hatte. Während wir die Cote d'Azur entlang rollten, setzte er mir seine Kopfhörer auf, und ich tauchte in himmlische, soeben aufgenommene Harmonien ein. In Paris traf ich einen Journalisten, der Experte in sowjetischer Spionage war. Er erzählte mir Geschichten von berühmten Spionen und wir tranken Limonade in einem Straßencafé.

Obwohl es einem im Allgemeinen leichter fällt, ein Gespräch mit einem wildfremden Menschen anzufangen, wenn man weit weg von zu

Hause ist, habe ich festgestellt, dass es solche Momente des Kontakts auch im eigenen Umfeld geben kann. Das Leben unserer Mitmenschen ist faszinierend und ein einziges Gespräch mit einem Fremden kann Inspiration für einen ganzen Roman sein. Plötzlich fällt die unsichtbare Schutzhülle weg, und wir merken, wie verbunden wir sind.

An einem Morgen in Esalen gab ein tibetischer Lama eine Lehrrede. Er erzählte, dass er sich bei seinem ersten Besuch in den Vereinigten Staaten gefühlt habe, als sei er im Reich der Götter – helle Lichter, Unmengen an frischen Lebensmitteln, glänzende, leise summende Autos, saubere und farbenfrohe Kleider, alles, was man sich wünscht, in Reichweite. Ein Begleiter fuhr mit ihm über die Golden-Gate-Bridge, und der Lama war beeindruckt vom Blick auf die Bucht von San Francisco, gesprenkelt mit Segelbooten und Inseln, und auf die Stadt San Francisco, die wie aus Alabaster im Glanz der untergehenden Sonne erstrahlte.

„Die Brücke ist sehr berühmt, weil immer wieder Selbstmörder von ihr in die Tiefe springen", erklärte der Führer.

Der Lama war verwundert. Wie kann jemand unter diesen prachtvollen Bögen mit einer so phantastischen Aussicht, in dieser Welt des Reichtums den Drang verspüren, ein kostbares Menschenleben zu beenden? Doch nach ein paar Wochen in den Vereinigten Staaten begann der Lama zu verstehen, wie es zu einer solchen Verzweiflung kommen konnte.

Wenn ein Dorfbewohner in Tibet auf einem Bergpfad einem Fremden begegnet, so erzählte er uns, halten beide an und reden miteinander. Solche Gespräche sind sehr persönlich – die Beziehungen zu den Ehepartnern, die Dorfpolitik, die Kinder. Nach einer oder zwei Stunden fährt der Fremde dann auf seinem Weg fort. Nicht die Zeit war in diesem Moment wichtig, sondern die Qualität der zwischenmenschlichen Beziehung.

Vor vielen Jahren erhielt ein Freund den Auftrag, ein Filmskript über die Zerstörung des Amazonasdschungels zu schreiben. Während seiner wochenlangen Recherchen vor Ort traf er einen Schamanen namens Davi Kopenawa Yanomami. „Als der weiße Mann kam, war das erste, was er uns brachte, seine Krankheiten", erklärt der Schamane. „Die Yanomami haben Medizin für ihre Krankheiten. Sie sind Bestandteil des Abkommens zwischen den Menschen und dem Wald. Doch die Yanomami haben keine Medizin für eure Krankheiten. Ich habe die Zivilisation des weißen Mannes gesehen … seine Städte, sein Elend. Jeder hier stirbt durch eure Traurigkeit und eure Krankheiten und die Krankheiten eures Herzens."

Wenn wir von der Krankheit der Einsamkeit, die Teil des modernen Lebens ist, geheilt werden wollen, müssen wir selbst die Medizin dafür finden.

✦ Die Übung

Finde im Supermarkt, im Kino, im Bus, in der U-Bahn, in einem Café, einem Buchladen, im Flughafen oder im Fitness-Studio jemanden, den du nicht kennst und mit dem du ein Gespräch beginnen kannst. Sei freundlich. Stelle Fragen. Zeige Interesse. Zeige, dass du es ernst meinst.

Du kannst diese Übung für ein oder zwei Wochen als Teil einer Performance betrachten. Sprich jeden Tag mit einem Fremden und dokumentiere die Begegnung durch ein Foto, einen Tagebucheintrag, eine Skizze oder eine Kurzgeschichte. Die Wahrnehmung unseres Lebens wandelt sich von Grund auf, wenn wir mit einander in Verbindung treten.

Wir können die Epidemie der Isolation nur beenden, wenn wir Kontakte herstellen. Wir können nicht warten, bis unsere Kultur sich verändert oder bis wir durch einen unerfindlichen Akt göttlicher Gnade davon erlöst werden. Wir selbst sind die Werkzeuge dieser Gnade, wenn wir durch Wort und Tat anerkennen, dass wir nicht allein, sondern gemeinsam auf dieser Erde sind.

> *„… möglicherweise dauert es viele Jahre, bis du erkennst, dass der Fremde, mit dem du eine halbe Stunde lang auf dem Bahnhof gesprochen hast, dir mehr darüber gezeigt hat, wo deine wahre Heimat ist, als der Priester oder dein bester Freund oder gar dein Psychotherapeut."*
>
> Frederick Buechner

Wortgefechte

Mein Freund Bharath, der an der Universität Oxford in Großbritannien studiert hat, verwendet Sprache auf eine Weise, die für Amerikaner ungewöhnlich ist. Seine Sätze sind lang, gut formuliert, mit einer Prise trockenen Humors und voller mehrsilbiger Wörter. Ich merke, dass meine Sprache, wenn ich mit ihm spreche, etwas gehobener wird, und ich in unseren langen Konversationen schwelge. Eines Abends gerieten wir jedoch in eine etwas überhitzte und keineswegs angenehme Diskussion. Nach einer Stunde unterbrach er mich mitten in einem Satz und sagte: „Das Bild, das du gebraucht hast, war völlig inkorrekt." Ohne einen Moment zu zögern, erwiderte ich: „Na und! Dafür passen bei deinen Verben die Zeiten nicht zueinander!" Wir schauten einander mit bitterer Miene an – und mussten plötzlich lachen. Wir machten mit unserem Streit weiter, waren aber nun milder gestimmt und nahmen unsere Positionen nicht mehr so bitter ernst.

Wenn wir in eine schwierige Diskussion mit einem Freund oder Kollegen verwickelt werden, können wir uns über bestimmte Themen so entzweien, dass wir völlig aus den Augen verlieren, wer überhaupt die andere Person ist und was sie uns bedeutet. Wir sehen sie ausschließlich im Licht der gegenwärtigen Krise. Vielleicht wissen wir ja aus unserer spirituellen Praxis oder aus unseren Sitzungen mit Psychotherapeuten, dass unser Blick, wenn wir in einem Knoten der Verletztheit gefangen sind, so verzerrt ist, dass wir dazu neigen, alte Wunden auf aktuelle Probleme zu projizieren und die Realität durch die Brille unserer eigenen Konditionierungen zu sehen. Obwohl wir wissen, dass unsere Wahrnehmung durch Wahnvorstellungen getrübt ist, halten wir an unseren Positionen fest.

Wenn wir verletzt sind, neigen wir dazu, in eine Trance zu geraten, die nur noch Täter und Opfer sieht. Solange wir in dieser Trance sind, kann kein Verständnis entstehen. Es ist wichtig, dass wir lernen, uns vor emotionalen und physischen Verletzungen zu schützen und mit unseren Partnern darauf zu einigen, dass unsere Bedürfnisse respektiert werden. Doch wir können auch Fähigkeiten erlernen, die den Schmerz emotionaler Knoten verringern, indem wir im Moment der größten Probleme unmittelbar ein spielerisches Element in unsere Beziehungen einführen.

Die einzige Möglichkeit, Konflikte zu lösen, kommt aus der Weisheit eines mitfühlenden Herzens. Spielerisches Handeln öffnet, indem es das Herz einlädt, sich vollständig zum Ausdruck zu bringen, das Herz für das Verständnis unseres Partners – des Geliebten, des teueren Freundes oder des Arbeitskollegen, der plötzlich zum Feind geworden ist. Das Spiel ist möglicherweise nicht die letzte Lösung für entstehende Konflikte, doch es kann eine Methode sein, den eisernen Griff unserer festgefahrenen Standpunkte etwas zu lösen, um Raum für Verständnis zu schaffen. Aus diesem Verständnis heraus können Einigungen erreicht werden, die unser Leiden lindern.

Eine der zentralen Elemente der Lehre von Thich Nhat Hanh ist, dass Mitgefühl aus Verständnis erwächst. Die Formel für die Lösung menschlicher Konflikte hat nichts damit zu tun, zu beweisen, dass der eigene Standpunkt objektiv wahr ist, dass unsere individuellen Bedürfnisse irgendwie wichtiger, moralisch wertvoller und substanzieller sind als die des anderen. Vielmehr hat es mit dem Verständnis dessen zu tun, dass alle Gesichtspunkte subjektiv sind. Wenn wir unsere wohl begründeten Klagen in Kunst transformieren, lockern wir die Fesseln der Selbstbezogenheit und beginnen, unseren Horizont etwas zu erweitern.

✦ Die Übung

Malkampf

Das nächste Mal, wenn du in einen Streit mit deinem Ehepartner, Liebhaber, Freund, Eltern, Geschwister oder Kind gerätst, hole dir deine Malsachen hervor. Wenn du ein Atelier oder ein Spielzimmer hast, dann hänge ein großes Blatt Papier an die Wand oder rolle es auf einem Tisch oder auf dem Fußboden aus. Wenn ihr euch streitet, malt mit Farbe etwas auf das Papier. Statt dass jeder etwas für sich malt, malt direkt auf die Malereien des anderen. Werft Farbe auf das Papier, klatscht mit dem Pinsel darauf, benutzt eure Hände wie damals im Kindergarten.

Wenn ihr lieber kein großes Schlamassel mit den Farben anrichten wollt, verwendet Farbstifte oder Buntstifte, Kreiden oder Pastellkreiden. Wenn ihr kein Papier von der Rolle habt, legt Zeitungen auf dem Tisch oder dem Boden aus und malt auf die Zeitungen. Geht vor das Haus und malt auf dem Asphalt der Garagenzufahrt.

Malt möglichst mit vollem Körpereinsatz, lasst jeden Strich einen körperlichen Ausdruck eurer Gefühle sein, wie sie im Moment entstehen.

Malt mit furiosen Gesten. Malt eure Verletzungen. Malt riesige Gesten mit viel Kraft. Oder kleine, winzige Kratzbilder in einer Ecke. Wenn ihr mit einem Blatt fertig seid, nehmt das nächste.

Wenn du es nicht schaffst, mit der Person, mit der du im Clinch liegst, einen Malkampf zu beginnen, übe das Ganze mit einem guten Freund. Verabredet euch, rollt das Papier aus und beginnt den Malkampf.

Sieben

Beim Zusammensein – Spiele in der Gruppe

„Der Schauspieler kann sich in sich selbst einer kosmischen Furcht annähern, die so groß ist wie sein Leben. Er kann von seiner Furcht zu einer Freude wechseln, die so süß ist, dass sie keine Grenzen kennt."

Joseph Chaikin

Sangha

Gemeinschaftliche Kreativität steht in mehrfacher Hinsicht im Zentrum dieses Buches. Wir können große persönliche Ausdrucksfreiheit erleben und lernen, in unserer Partnerschaft ausgelassene Spiele zu spielen, doch ohne eine Gemeinschaft von Freunden, mit denen wir zusammenarbeiten können, wird unserem Leben ein wesentlicher Zusammenhalt fehlen. Thich Nhat Hanh hat einmal gesagt, dass in jedem Zeitalter ein Buddha erscheint – eine Person mit großer spiritueller Weisheit, deren Ausstrahlung Millionen Menschen berührt. Der nächste Buddha, so sagt Thich Nhant Hanh, wird jedoch keine Einzelperson sein, sondern eine Sangha, eine vielfältige Gemeinschaft von Menschen, die in ihrer Hingabe an die Erweckung von Herz und Geist fundamentale Auswirkungen auf die Entwicklung der Menschheitsgeschichte haben wird. *Wir* werden der Buddha sein, wenn wir als Gemeinschaft den Mut aufbringen, unser Leben der Entfaltung von Weisheit und Mitgefühl zu widmen.

Unsere Leben sind nicht einzeln und getrennt voneinander, sondern zutiefst miteinander verflochten. Wie der sprichwörtliche Schmetterling am Amazonas, dessen Flügelschlag das Wettergeschehen auf der anderen Hälfte des Globus beeinflusst, sendet all unser Tun Wellen von Auswirkungen in ein nahtloses Muster verwobenen Seins. Viele Menschen stellen das Bewusstsein der Verbundenheit in den Vordergrund ihrer Lebenserfahrung, um das allumfassende Netz an Beziehungen zu feiern und ihm Ausdruck zu geben.

Wir können allein singen, doch Harmonie erreichen wir nur, wenn wir als Chor singen. Wir können allein tanzen, doch die Freude der Stammesenergie können wir nur erleben, wenn wir gemeinsam tanzen. Wir können allein beten und meditieren, doch wenn wir gemeinsam beten und meditieren, werden wir von der Gemeinschaft angehoben und getragen. Durch die Hingabe an die Bindungen, die durch gemeinschaftliche Selbstverwirklichung entstehen, können wir unserer Getrenntheit entkommen und so nicht nur auf unsere individuellen Bedürfnisse eingehen, sondern auch etwas für die Wunden der Welt tun.

Ich biete zwei Arten der Gruppenarbeit an – eine, in der alle gleichzeitig zusammenarbeiten, und eine andere, in der ein Einzelner oder ein Paar arbeitet, während die anderen beobachten. Der Gedanke an eine Selbstdarstellung vor Publikum lässt die meisten Menschen vor Entsetzen erschauern. Doch gleichzeitig haben wir das Bedürfnis, beobachtet zu werden, wenngleich wir uns dies häufig nicht eingestehen. Das Publikum gibt dem Darsteller eine Energie, die, genährt vom Licht der Aufmerksamkeit, eine Klarheit und Tapferkeit erzeugen kann, die ohne die Gegenwart eines Beobachters nicht möglich wäre. Wir erfreuen uns an der Kunst der Darstellung nicht nur, weil wir geliebt werden wollen und dem Irrtum nachhängen, dass das Publikum uns das bieten kann, was unsere Familien häufig versäumt haben – reine und echte Verehrung –, sondern auch, weil wir uns in dem erhabenen Zustand der Bühnenpräsenz sonnen, der unser geistreichstes, weisestes und authentischstes Wesen zum Vorschein bringt.

Nach einer Runde von Solo- und Duett-Performances im Rahmen meiner Workshops erglüht mein Atelier häufig förmlich vor lauter gegenseitiger Dankbarkeit und Anerkennung. Wir lernen einander kennen auf eine Weise, die durch gewöhnliche Gespräche niemals erreicht werden kann, und erleben liebevolle Bindungen, die sich weit über die Grenzen des Raums in das Gewebe der Lebenserfahrung der Teilnehmer erstrecken.

Gesangsrunden

1990 wurde ich in die Sowjetunion eingeladen, um mit anderen Künstlern und Friedensaktivisten aus aller Welt an einer Reise auf der Wolga teilzunehmen. Die Perestrojka war dabei, sich zu auszubreiten, und das Land befand sich im Umbruch. Am Horizont zeichnete sich die Möglichkeit einer neuen Freiheit ab. Alle paar Tage legten wir in einer anderen Stadt an der Wolga an und gaben spektakuläre Auftritte in mehrstöckigen Theatern für ein Blumen werfendes, vor Begeisterung trampelndes und in Beifallsstürme ausbrechendes Publikum.

Gegen Ende der Tournee bekundete mein Freund, ein Anthropologe, gegenüber den Organisatoren Interesse, eine besondere Region zu besuchen, in der einige Stammesschamanen noch immer ihre alten Rituale pflegten. Ein Bürokrat schnappte ohne weitere Erklärung unsere Pässe, und einige Tag später überreichte uns ein blonder Reiseleiter in rotem Anzug Bahnfahrkarten und begab sich mit uns auf eine Reise, deren Ziel nicht explizit angegeben wurde.

Nach einer Bahnfahrt, die die ganze Nacht dauerte, kamen wir in einer Stadt im Norden nahe der finnischen Grenze an. Eine Gruppe von Restauratoren gotischer Kirchen begrüßte uns am Bahnhof. Statt ins Land der Tuva zu reisen, um alte Stammesrituale und Obertongesang zu untersuchen, was wir eigentlich erwartet hatten, wurden wir seltsamerweise auf eine Luftkissenfähre bugsiert, die uns geschwind über einen großen See auf die Insel Kidji brachte. Auf dieser Insel befindet sich eine berühmte Holzkirche mit zahlreichen Zwiebeltürmen.

Gegen Abend luden unsere Gastgeber uns in eine alte finnische Sauna zum Bad ein. Die Männer saßen dicht gedrängt in einem Saunahäuschen, wo sie schwitzen, Wodka herunterkippten und sich mit heilsamen Weidenzweigen auf die nackte Haut peitschten. Die Frauen hatten ihre Sauna auf der anderen Seite und klatschten einander mit Myrtenzweigen auf Rücken, Hüften und Brüste. Wenn wir die Hitze nicht mehr ertragen konnten, sprangen wir in den eiskalten See, der nur ein paar Schritte über einen Schlammpfad entfernt war. Dort kühlten wir uns ab für eine weitere Runde Schwitzen und Peitschen in der alten Saunahütte.

Anschließend versammelten wir uns in einer kleinen Hütte mit Schlafräumen voller Doppelstockbetten. Wir drängten uns in der Küche zusammen. Meine Gastgeber, die noch sehr jung waren, als der Eiserne Vorhang fiel, waren noch nie einem Amerikaner begegnet. Sie hatten nichts Gutes über das Imperium des Bösen auf der anderen Seite des Ozeans gehört, wo die Reichen in Palästen lebten, die Armen obdachlos und hungrig auf den Bürgersteigen schliefen und eine Regierung, die darauf erpicht war, die Weltherrschaft zu übernehmen, ihre Atomraketen auf Moskau richtete. Ich war ebenfalls ein Kind des Kalten Krieges und hatte mich, wenn in der Grundschule die Sirenen zum Probealarm heulten, pflichtgemäß unter meine Schulbank geduckt, mit einer Hand den Hals und der anderen die Augen bedeckt, um mich auf den Tag vorzubereiten, an dem von den satanischen Kommunisten eine Atomrakete auf uns abgefeuert würde. Jahrzehnte später trafen wir, Russen und Amerikaner, mit glühenden Wangen, hungrig und zutiefst erleichtert hier um einen alten Küchentisch zusammen. Im direkten Kontakt mit dem Feind feierten wir mit Wodka, einem Einmachglas mit Erbsen, Sardinenbüchsen, gekochten Kartoffeln, einem großen Stück Käse und dünnen Scheiben Schwarzbrot.

Mitten während unseres Mahls lehnte sich einer der Männer in seinem Stuhl zurück und begann mit tiefer, kräftiger Stimme zu singen. Mit seinem Vollbart, seinem langen gewellten Haar und seinem engelsgleichen Gesicht ähnelte er einer Ikone an der Wand einer der Kirchen, die er so meisterhaft restaurierte. Als er seinen Gesang beendet hatte, überkreuzte der Mann neben ihm seine kräftigen Arme über seinem Bauch und stimmte ein anderes Lied an. Jeder steuerte etwas Eigenes bei: ein Schlaflied, ein Volkslied, ein Kirchenlied. Einer der Männer konnte kaum den Ton halten, aber er sang mit kräftiger Stimme, ohne einen Moment zu zögern. Eine blasse Frau mit großen blauen Augen und rotem Wuschelkopf sang ruhig und bewegend einen luftigen Gesang. Mein Freund gab ein Navajo-Hei-Ja-Ja-Lied zum Besten, das er von einem Medizinmann gelernt hatte, und ich sang ein hebräisches Gebet, das mir meine russische Großmutter beigebracht hatte.

Die Idee, dass das Singen nur etwas für Kinder oder professionelle Musiker sei, wäre unseren russischen Gastgebern niemals gekommen, ebenso wenig wie die Vorstellung, dass man unbedingt die richtigen Töne treffen müsse, um zu singen. Singen ist das Grundrecht eines jeden Menschen, das der Männer, Frauen, Kinder und sogar der Amerikaner, die aus dem Feindesland zu Besuch sind. Der Gesang war für uns.

Bei der Gesangsrunde um diesen Tisch geschah an jenem Abend etwas, was eine gewöhnliche Konversation niemals hätte bewirken können, etwas Inniges, Verspieltes, Geistvolles und dennoch zutiefst Ernsthaftes – wir lernten uns lieben, jeder liebte jeden. Singend sahen wir einander nicht mehr als Fremde an, sondern erkannten uns als gleichartig.

✦ Die Übung

Wenn du mit Freunden oder Familie zusammentriffst – nach dem Essen, bei einer Party, im Auto, um ein Feuer oder zum Picknick – stimme ein Lied an. Lade alle Teilnehmer ein, ein Lied zu singen, solo, ein Lied, das für sie etwas bedeutet.

Jeder von uns kennt wenigstens ein Lied auswendig. Vielleicht ist es ein Song von den Beatles, vielleicht ein Lied, das einen Platz tief in deinem Herzen hat, ein Kirchenlied, ein Gebet aus der Synagoge, ein Mantra, ein Wiegenlied, das erste Lied, das du in deinem Leben gelernt und das du immer schon für dich selbst gesungen hast. Oder du erfindest spontan eine eigene Melodie.

Es kommt nicht darauf an, den Ton zu halten. Du brauchst auch kein Mikrofon und keine Begleitung. Auch den Text zu behalten ist nicht wichtig. Singe einfach aus der Tiefe deines Herzens heraus. Du kannst ganz leise singen oder dein Lied herausgrölen.

Ganz gleich, wie gut oder wie schlecht wir singen, wir können uns immer daran erfreuen, Zeuge zu sein, wie in uns allen eine innere Persönlichkeit erscheint, der Sänger. Das Können ist irrelevant. Es ist lediglich wichtig zu singen. Mit Gefühl. Mit Nachdruck. Mit Eleganz.

Wie bei vielen der Übungen in diesem Buch braucht es Mut, vor anderen zu singen. Doch die Freude, die das macht, ist es sicher wert, das anfängliche Unbehagen zu überwinden. Gehe das Risiko ein. Wir verstecken uns, weil wir Angst haben, als Stümper zu erscheinen, uns lächerlich zu machen oder nicht geliebt zu werden. Doch gerade das Verstecken ist es, was uns weniger ansprechend macht. Wenn wir die Maske fallen lassen und so erscheinen, wie wir wirklich sind, mühelos und ohne jemandem etwas vorzumachen, gewinnen wir an Ausstrahlung und werden frei.

Simultanvortrag

Wir reden und reden und wissen häufig überhaupt nicht, wovon wir sprechen. Doch auf der Suche nach der Liebe und Anerkennung unserer Kinder, Kollegen und Eltern (die es niemals geschafft haben, uns als Kinder richtig zu lieben, doch die uns eines Tages vielleicht doch lieben werden, wenn wir es schaffen, irgedetwas richtig zu machen) geben wir riesige Mengen von Unsinn von uns und versuchen dabei so kompetent und selbstbewusst wie möglich auszusehen. Der „Simultanvortrag", ein Spiel, bei dem wir einen möglichst glaubwürdigen Vortrag über ein Thema geben, über das wir so gut wie nichts wissen, bietet uns eine kleine Atempause in diesem ständigen Kompetenzzwang, weil wir unsere Anerkennung nicht aufgrund unserer Sachkenntnis bekommen, sondern aufgrund unserer Fähigkeit, uns durchzumogeln.

Das erste Mal, als ich dieses Spiel spielte, hatte ich eine furchtbare Angst, völlig zu versagen, weil mir nichts zu dem Thema einfiel. Als ich jedoch erst einmal mit meinem Lehrvortrag begonnen hatte, war ich selbst erstaunt, wie leicht mir all diese Theorien über die Lippen kamen und wie vertraut mir alles vorkam. Es war, als ob ich über etwas sprach, über das ich tatsächlich Bescheid wusste, obwohl ich in Wirklichkeit alles frei erfand. In einem elektrisierenden Moment (wie in einer Nahtoderfahrung, in der das gesamte Leben in einer Nanosekunde vorüberzieht) sah ich, wie ich gewöhnlich vorgebe, mehr zu wissen, als ich tatsächlich weiß. Wir alle rücken uns in ein möglichst positives Licht und täuschen etwas vor, weil wir meinen, dass unser Wert als Menschen sich daran misst, wie viele Informationen wir angesammelt haben, so als wäre das Leben eine Gameshow. Also leiten wir aus dem, was wir wissen, andere Dinge ab und erfinden Dinge, über die wir nichts wissen. Als ich das erste Mal „Simultanvortrag" spielte, wussten alle Zuhörer, dass ich keinen Schimmer hatte, wovon ich sprach, und ich *sollte* ausnahmsweise auch nichts wissen. Das ist es, was das Spiel so amüsant macht – wenn wir mit falscher Autorität loslegen, genießen wir die Freiheit, ganz offen, statt immer nur heimlich völligen Unsinn zu verzapfen.

Wenn du deinen Simultanvortrag hältst, hält zur gleichen Zeit dein Partner einen Simultanvortrag. Ihr redet gemeinsam auf ein Publikum ein, das gleichzeitig dir und deinem Partner zuhört. Während du über die Geschichte und die Verwendung der Stricknadel auf Sardinien zur Zeit der Präraffaeliten oder die Konstruktion von Walknochenkorsetts und die postrevolutionäre Wirtschaftsentwicklung in Neuengland fantasierst, baust du Wörter oder Wendungen, die du bei deinem Partner aufschnappst, in deinen Vortrag ein. Wenn dein Partner beispielsweise sagt: „In Sardinien wurden Stricknadeln aus Zweigen der Blaupinie gewonnen, die man zu dreißig Zentimeter langen Stäben mit einem Durchmesser von einem Zentimeter zurechtschnitzte. Die Nadeln wurden dann mit einem schwarzen Stein abgerieben, um die Splitter zu beseitigen", könnte der andere sagen: „Korsette enthielten in Neuengland, zusätzlich zur Verwendung von Walknochen auch die handgeschnitzte Borke der Blaupinie, die anschließend mit einem schwarzen Stein abgerieben wurde".

Um diese Aufgabe zu bewältigen, musst du auf das hören, was dein Partner sagt. Die Fähigkeit zu sprechen, während jemand anders bereits spricht, und gleichzeitig auf das zu hören, was er sagt, ist eine nützliche Fähigkeit für das Improvisieren. Zuschauer sind beeindruckt, wenn sich zwei Erzählstränge gleichzeitig entfalten und sich an bestimmten Stellen magisch überschneiden. Doch selbst wenn wir keine Absicht haben, jemals ein Improvisationsensemble auf die Beine zu stellen, können wir durch diese Integrationsübung die Fähigkeit üben, die Ideen eines Partners mit unseren eigenen zu kombinieren und so die weit verbreitete Neigung, die Gedanken anderer zurückzuweisen, überwinden.

Viele Menschen haben Angst, öffentlich zu sprechen. Das Herz flattert, der Magen dreht sich um, Schweiß bricht aus. Doch wenn wir solches Unbehagen aushalten können, werden wir entdecken, dass es uns Freude macht, im Brennpunkt der Aufmerksamkeit zu stehen und unser Verständnis der Dinge zum Ausdruck zu bringen. Der Simultanvortrag ist eine Übung, die uns helfen kann, unbeschwert vor Publikum zu sprechen. Je mehr wir mit unserer Fähigkeit zum improvisierten Sprechen vertraut werden, desto unbeschwerter können wir an Gruppentreffen teilnehmen – beruflichen Treffen, Partys, öffentlichen Foren. Das Lampenfieber mag zwar nicht völlig verschwinden, doch wenn wir das entsprechende Selbstvertrauen haben, können wir frei und mit Humor sprechen und uns dabei wundern, dass es so wenig Anstrengung und Aufmerksamkeit erfordert.

✦ Die Übung

Zwei Teilnehmer melden sich freiwillig für die Übung. Zwei weitere übernehmen es, die Themen anzugeben. Achte darauf, dass die beiden Sprecher *absolut keine Ahnung* von den Themen des Vortrags haben. Falls sich herausstellt, dass sie entsprechende Kenntnisse haben, verwerft sofort das Thema und lasst euch ein anderes einfallen.

Themenbeispiele:

Die Verwendung der Kalligraphie in Kasachstan zwischen 1702 und 1706 und ihr Einfluss auf den Pferdehandel.

Antike griechische Gesänge zur Vorbereitung auf die Entbindung im Vergleich zur Tonalität der Pekingoper im fünfzehnten Jahrhundert.

Die Sprecher reden gleichzeitig über die zugewiesenen Themen und arbeiten einzelne Wörter oder Wendungen ein, die sie im Vortrag des anderen hören. Wenn beispielsweise eine Person sagt: „Die in Kasachstan verwendeten Schreibfedern wurden aus den Schnäbeln eines blau gefiederten Vorgels hergestellt, der im äußersten Norden des Landes zu finden war“, dann kann der andere gleichzeitig folgendes zum Besten geben: „Eine im äußersten Norden Griechenlands verbreitete Sitte war es, dass die Frauen, in blaues Gefieder gekleidet, um das Kindsbett herumstanden und einen Heulgesang anstimmten.“

Die Aufgabe besteht darin, dass beide Teilnehmer einen zusammenhängenden und glaubwürdigen Vortrag über das zugewiesene Thema halten. Außerdem sollen sie so gut wie möglich den Vortrag des anderen verfolgen und Begriffe daraus in ihre eigene Rede einarbeiten.

Die Depressionsparty

Meine Freundin Sheilah rief mich an und berichtete, dass sie total deprimiert sei. „Ich auch“, sagte ich, und war erleichtert, dass ich nicht allein in meinem Elend war. Ich kann es auf den Tod nicht ausstehen, wenn es mir wirklich schlecht geht und eine gute Freundin anruft und mir erzählt, wie fabelhaft sie sich fühlt, weil alles in ihrem Leben wunderbar läuft – sie hat weltbewegenden Sex mit ihrem Mann, hat gerade den Pulitzerpreis gewonnen und ihre Eltern, die sie verehrt, weil sie ihre

Künstlerkarriere ein Leben lang so großartig unterstützt haben, feiern mit ihr zusammen ihren Erfolg in ihrer Villa in der Toskana, und sie hat gerade fünf Kilo abgenommen. Ich hasse das. Es freute mich daher geradezu zu hören, dass Sheila dem Selbstmord nahe war, und wir hingen eine halbe Stunde am Telefon und jammerten über unsere bröckelnden Beziehungen, unsere stagnierenden Karrieren, darüber, dass wir gerade fünf Pfund zugenommen hatten, obwohl wir doch nur Selleriestangen knabbern und nur *ganz selten* in den Schokotrüffelladen an der Fourth Street gehen, wo man eine heiße Schokolade umsonst bekommt, auch wenn man nur gerade mal ein paar Trüffel probiert.

„Wir müssen *unbedingt* etwas tun", summte Sheilah, von Beruf Jazzsängerin, ins Telefon. Wir erwogen, ans Meer zu fahren, doch es war Sommer, und der Sommer in San Francisco ist dafür bekannt, dass es am Meer kalt und neblig ist, was unsere deprimierte Stimmung nicht gerade heben würde. Ins Kino? Unausstehlich, der Gedanke mit jeder Menge fremden Leuten, die Popcorn in sich hineinstopfen, in einem dunklen Raum zu sitzen. Schließlich einigten wir uns auf den Plan, eine Party zu geben, eine Depressionsparty.

Wir sagten unseren Gästen, sie sollten Schwarz tragen, und servierten schwarzes Essen: Kaviar, schwarze Sesamkekse, Dip aus schwarzen Bohnen, schwarzen Kaffee, schwarze Schokolade. Wir hatten schwarze Teller, schwarze Servietten und schwarze Kerzen angerichtet. Wenn irgend jemand fragte, wir du dich fühltest, solltest du sagen, dass es dir schrecklich, furchtbar und schlecht ginge, und dich über all die abstoßenden, entmutigenden, sinnlosen und krankhaften Dinge beklagen, die in deinem Leben stattfinden: Führerscheinentzug, schiefgegangene Liebensaffären, Klimakatastrophe, finanzieller Ruin, nicht enden wollende Erkältungen, Ungeziefer im Schlafzimmer, Zahnwurzelbehandlungen, Karriereknicks. Nach wenigen Minuten Gejammer fühlen sich alle bereits etwas besser, und alle würden auf die Frage: „Wie geht's?" am liebsten wieder sagen: „Gut", aber das lassen wir nicht zu.

Schließlich konnten wir es nicht mehr ertragen, auch nur eine unangenehme Tatsache zu erwähnen, und Albernheit machte sich breit. Wir legten eine Musik auf und tanzten.

Der Pelikantanz

Vor vielen Jahren verbrachte ich einige Wochen auf der Isla de la Piedra, einer lang gestreckten Insel in der Bucht von Mazatlán mit kilometerlangen weißen Sandstränden. An den Abenden sah ich, wie die Sonne im Meer versank und braune Pelikane in langen Paraden quer über den lachsfarbenen Himmel flogen. Ein Leitpelikan schien die Flugrichtung zu bestimmen, während die anderen großen Vögel wie eine Reihe von Revuetänzerinnen aus einem Busby-Berkeley-Musical hintendrein flogen. Ich beobachtete ihre Sturzflüge und kunstvollen Flugmanöver dicht über der Gischt der Brandung und sah, oder besser gesagt „fühlte", dass sie sich nicht als einzelne Lebewesen bewegten, sondern als ein Gesamtkörper. Ihre Kommunikation, die so präzise war, dass sie sich in perfektem Einklang bewegen konnten, schien nicht nur als Reaktion auf die Wahrnehmungen eines einzelnen Tieres bezüglich Windrichtung und Beuteerkennung stattzufinden, sondern auch in Reaktion auf ein gemeinschaftliches, gleichzeitiges Wahrnehmen der Gruppenimpulse. Die Beobachtung ihrer gleichzeitigen Bewegungen gab mir ein unbeschreibliches Glücksgefühl, weil ich in der Bewegung der Pelikane erkannte, was ich immer schon geglaubt hatte: Wir existieren nicht als getrennte Individuen, die vereinzelt in ihrer Haut stecken, sondern sind durch ein unsichtbares Netz verbunden, dessen Wesen wir noch nicht vollständig verstehen, aber bereits wahrnehmen können.

Nach meiner Rückkehr in mein Atelier in der Innenstadt von Oakland begann ich an einer Performance zu arbeiten, die auf den zahlreichen Bildern aufbaute, die ich auf meiner Reise gesehen hatte. Ich lud eine Gruppe befreundeter Männer ein, um mit mir an einem experimentellen Bewegungsstück zu arbeiten, welches ich den „Pelikantanz" nannte. Ich baute unsere Bewegungen auf den Flugmanövern der Pelikane auf. Wir arbeiteten mit einer Anführer-Nachfolger-Struktur und spielten mit simultanen Bewegungen und Kettenbewegungen, bei denen beispielsweisc ein Tänzer mit den Armen kreist, der nächste folgt, dann der nächste und so weiter, bis die Bewegung den letzten Tänzer erfasst hat. Dann beginnt der Anführer mit einer neuen Bewegung, die wiederum durch die gesamte Kette wandert.

Wir probten vier Wochen lang. Mit der Zeit wurden die Tänzer immer empfänglicher für die subtilen Bewegungen der anderen und konnten nahtlos den Anführer wechseln. Sie bewegten sich wie ein einziger Körper. Nach der letzten Vorstellung unseres Stücks konnten die Männer sich nicht trennen, nannten sich fortan „The Pelicans" und trafen sich weiterhin, um sich an der gemeinschaftlichen Bewegung zu erfreuen.

Wir scheinen getrennte Individuen zu sein, jeder mit seinem eigenen Leben. Auf einer bestimmten Ebene ist dies wohl der Fall, doch wir sind nicht so getrennt, wie wir uns das vielleicht vorstellen. Jeder von uns hat Erfahrungen, die auf die Existenz von Verbundenheit hinweisen: Das Telefon klingelt in dem Moment, in dem wir an jemanden denken, eine Tante erscheint uns im Traum, und später stellt sich heraus, dass sie genau in dem Moment verstarb, in dem wir von ihr träumten, oder wir sprechen scheinbar zufällig zusammen mit einem Freund genau die gleichen Wörter aus.

Wenn wir uns unser Leben genauer anschauen, können wir keine klaren Grenzen zwischen verschiedenen Phänomenen feststellen. Mein Vater, der als Wissenschaftler viele Jahre auf dem Gebiet der Oberflächenchemie gearbeitet hat, erklärte mir an einem Nachmittag, als wir zusammen über die Bucht von San Francisco blickten, dass es keinen bestimmten Punkt gibt, an dem der Himmel und das Wasser aufeinander treffen. Je näher der Himmel der Oberfläche des Ozeans kommt, desto mehr nimmt er die Elemente des Wassers an, und je näher der Ozean dem Himmel kommt, desto mehr nimmt er die Elemente der Luft an, so dass ein Kontinuum anstelle einer deutlichen Demarkationslinie zwischen den beiden Körpern entsteht.

Wir alle bestehen aus etwas, das ein wenig anderes ist als wir selbst. Wir atmen Sauerstoffmoleküle ein, die einst Teil von Bäumen waren und nun Teil von uns werden. Anschließend atmen wir sie wieder in das Universum aus, wo sie in den Körper eines anderen Lebewesens integriert werden. Wir verzehren die Moleküle einer Karotte, die einst Teil der Erde waren und nun Teil von uns sind, durch uns hindurchgehen und wiederum Teil der Erde werden. Unsere Kinder bestehen aus unseren eigenen Molekülen, und wir alle bestehen aus Sternenstaub. Wer sind wir also?

Als ich in Indien war und Poonjaji besuchte, hielt ich eines Tages an, um eine weiße Kuh zu bewundern, die mitten auf der Straße stand und vor sich hindöste. Die Kuh wachte auf und schaute mich mit ihren großen braunen Augen an. Was ich sah, war nicht dic Kuh, sondern das Licht des Bewusstseins, das durch ihre Augen schien. Und ich erkannte das Bewusstsein der Kuh als dasselbe Bewusstsein, das durch meine eigenen Augen floss und es mir ermöglichte, die Kuh zu sehen. Ich sah, wie ich auf mich selbst zurückschaute, und ich sah, dass dieses einheitliche Bewusstsein, das wir auch als „Liebe" bezeichnen, das elementare Gewebe alles Seins im Universum ist. Es ist in jedem Partikel der Materie enthalten; es ist die essentielle Natur und das Bindegewebe allen Seins. Dann stand die Kuh auf, ließ einen Fladen fallen und marschierte davon, während der Verkehr um sie herumbrummte.

Jeder Mensch ist ein Individuum, und gleichzeitig sind wir ein weiter Raum des Seins, der keine Grenzen hat und alle Lebewesen und alle Zeiten umfasst. Die meisten spirituellen Praktiken weisen uns auf ein Verständnis dieser Einheit hin – wie wir mit allem und jedem verwoben sind – und wenn wir diese Erfahrung als gefühlte Realität berühren, und sei es auch nur für einen flüchtigen Moment, überkommt uns eine Woge des Wohlgefühls. Wir haben nicht etwa das Gefühl, dass uns etwas Phantastisches, Exotisches passiert ist, sondern wir fühlen, dass wir uns endlich im vertrautesten und gewöhnlichsten Aspekt dessen entspannt haben, von dem wir schon immer wussten, dass wir es sind. Wir empfinden diese Auflösung der Trennung des Selbst als einen Moment der Gnade, wenn wir in einer tiefgehenden sexuellen Vereinigung verschmelzen, wenn wir Zeuge einer Geburt werden, wenn wir in die Trance eines heftigen Tanzes gehen, wenn wir wochenlang auf unserem Meditationskissen sitzen und dem Atem folgen, wenn wir Rituale mit heiligen Pflanzen begehen, wenn wir beten. Einige von uns haben die Einheit beim Tanzen für sich allein oder in einer Gruppe unserer Freunde verspürt, wenn sie über den Boden flogen wie Pelikane.

✦ Die Übung

Diese Übung kannst du im Wohnzimmer, am Strand, im Tanzstudio oder in einem Hinterhof durchführen. Eine Person übernimmt die Führung und bewegt sich in raschen Schritten über den Boden. Die anderen folgen der Anführerin in einer Linie und imitieren in präziser Gleichzeitigkeit ihre Bewegungen. Die Anführerin bewegt sich langsam genug, so dass alle mit Leichtigkeit folgen können. Wenn sie genug vom Anführen hat, kann sie die Gruppe in einen Kreis führen, und eine neue Anführerin tritt hervor.

Die Übung kann als Experiment mit gleichzeitigen Bewegungen, aber auch mit aufeinander folgenden Bewegungen geschehen. Die Anführerin hebt den Arm, dann hebt die nächste Tänzerin ihren Arm, dann die nächste und so weiter, bis die Bewegung durch die gesamte Gruppe gegangen ist.

Arbeitet anfangs in Stille. Wenn ihr wollt, könnt ihr euch später nach Musik bewegen. Experimentiert mit vielen verschiedenen Musikarten, um das Vokabular des Tanzes zu bereichern.

Wenn ihr mit derselben Gruppe über längere Zeit hinweg arbeitet, wird sich die Einstimmung der Teilnehmer und die Kommunikation untereinander verfeinern, und die Tänze können komplexer werden. Eine feste Gruppe ist für diese Übung nicht erforderlich. Man kann sie jederzeit, überall und mit jedem durchführen.

Wenn wir einen Schwarm Delfine beim gemeinsamen Springen oder die glatten Körper von Seehunden beim Herumschwimmen beobachten, können wir die Freude am Gruppenspiel sehen und eine Resonanz in unserem eigenen Körper verspüren. Dieser Impuls zum Zusammenspiel ist ein Teil von uns und nach Meinung vieler für unser Wohlbefinden unerlässlich.

Klangkreis

Das Singen in der Gruppe erzeugt Harmonien, Klänge und rhythmische Beziehungen – Effekte, die eine einzelne Stimme niemals erzeugen könnte, ganz gleich, wie geschickt sie im Umgang mit Obertönen, Scat-

Gesang oder Liedgestaltung auch sein mag. Diese Effekte gehören zum Schönsten, was uns als Menschen möglich ist. Doch wir sind nicht allein in unserem Impuls zum Chorgesang: Tiere singen zusammen, geben ihr Pfeifen und Zwitschern, ihr Hupen und Heulen, ihr Bellen und Jaulen in Wäldern, Wiesen und Sümpfen von sich, in leidenschaftlicher Ankündigung der Paarungszeit, bei Gefahr oder um den Sonnenaufgang zu begrüßen. Seit ewigen Zeiten vereinigen wir unsere Stimmen zum Gesang, vermischen sie zu einem zusammengesetzten Klang, der wie eine Einheit klingt, obwohl er aus einer Vielzahl von Stimmen besteht. Als Menschen, die gewöhnlich in Isolation voneinander leben und Sehnsucht nach Gemeinschaft haben, finden wir in Momenten des Gesangs eine willkommene Erlösung.

Weil die meisten Menschen nicht mehr zusammen singen, wenn sie sich zu gesellschaftlichen Ereignissen zusammenfinden, können wir Schwierigkeiten haben, wenn wir in Gemeinschaft ein Lied anstimmen wollen. Behindert durch unsere Angst vor der Unzulänglichkeit, unterdrücken wir unsere Stimme auf eine Weise, wie es ein Vogel, Hund, Wolf, Wal oder Schimpanse niemals wagen würde, ohne sein Überleben zu riskieren. Unser Überleben mag zwar ebenfalls durch die Unterdrückung des Singens gefährdet sein, doch dadurch, dass wir uns der mysteriösen Verbindung von Wohlergehen, Gesang und Gemeinschaft nicht bewusst sind, meinen wir, wir könnten das Singen aufgeben, ohne dass uns etwas fehlt. Wie seltsam, dass wir uns so radikal von den Aktivitäten abgewendet haben, die uns innere Befriedigung schenken, und fest davon überzeugt sind, dass wir nicht singen können, und daher eben nicht singen. In Wirklichkeit ist jeder Mensch mit der Fähigkeit zum Singen geboren, ebenso wie das Rotkehlchen, die Schwalbe, der Delfin und der Wolf mit der Fähigkeit geboren wurden, die Stimme zu erheben und gemeinschaftlich zu singen.

„Singkreis“ ist eine Komposition für stimmliche Improvisation in der Gruppe mit Tonphrasen. Die Komposition wird Element für Element konstruiert und dekonstruiert, das Zusammenkommen und Auseinandernehmen der Elemente gibt der Komposition eine dynamische Bewegung. Die grundlegende Anweisung besteht darin, dass jeder Teilnehmer der Mischung eine Tonphrase beisteuert, die auf irgendeine Weise zu dem passt, was bereits vorhanden ist.

✦ Die Übung

Sitzt im Kreis. Ein Teilnehmer beginnt mit einer kurzen Phrase mit deutlichem Rhythmus, die man leicht über längere Zeit hinweg wiederholen kann. Die Phrase kann eine kurze Melodie mit acht Takten sein oder ein Rhythmus (bumm da da bumm, bumm da da bumm). Alle Teilnehmer klopfen leicht den Rhythmus mit.

Während der erste Sänger mit der Wiederholung seiner Phrase fortfährt, stimmt die Person neben ihm mit einer zweiten Phrase ein, die sich von der ersten unterscheidet, aber auf irgendeine Weise dazu passt. Die neue Phrase kann eine harmonische zweite Stimme zur ersten sein, ein Rhythmus oder auch eine Ergänzung, die in einen Moment der Pause fällt.

Beide Sänger fahren mit ihren Phrasen fort, und die Person neben der zweiten stimmt mit einer Phrase ein, die zu den bereits vorhandenen passt. Das geht so weiter, bis schließlich alle Teilnehmer im Kreis ihre Phrase von sich geben.

Nach ein, zwei oder drei Minuten hört der erste Sänger auf, nach ein paar weiteren Takten der zweite, dann der dritte und so weiter, bis der letzte Sänger der einzige ist, der noch übrig bleibt. Dieser singt dann seine Phrase noch ein paar Takte lang und hört schließlich auch auf.

Eine Gruppe kann bereits so gut aufeinander eingestimmt sein, dass sie diese Übung aus dem Stand vollbringt, doch eine Wiederholung der Übung trägt auch in diesem Fall zu einer Verbesserung der Stimmfähigkeit der Gruppe bei. Mach dir nichts daraus, wenn für ein paar Runden eine reine Kakophonie ausbricht. Es gibt zwei Möglichkeiten, dies zu betrachten: Zum einen kann es passieren, dass die Teilnehmer nicht genau zuhören, so dass sie, wenn sie an der Reihe sind, Phrasen singen, die nicht auf dem basieren, was bereits vorhanden ist. Wenn wir genau hinhören, können wir ein Element hinzufügen, das das Ganze auf eine höhere Stufe bringt, statt es zu stören. Andererseits enthält moderne und postmoderne Musik häufig Dissonanzen und Chaos, die man in der Vergangenheit „unmusikalisch" genannt hätte. Wenn deine Gruppe eine Komposition aus dissonanten und zufälligen Klangmustern erzeugt, kannst du dies ebenso gut im Licht der Postmoderne betrachten.

Hilfreiche Regeln:

1. Statt zu versuchen, besonders kreativ und einzigartig zu sein und Töne zu erzeugen, die hervorstechen, und für diesen Erfindungsreichtum gerühmt zu werden, halte es lieber einfach, unkompliziert und leicht durchschaubar.
2. Wenn jemand eine Phrase beiträgt, die dir gefällt, kannst du einstimmen, indem du eine ähnliche Phrase verwendest und nur ein kleines Element veränderst.
3. Zuhören, zuhören, zuhören.

Arbeitsspiel

Menschen treten in Kontakt, wenn sie zusammenarbeiten. Beim Bauen einer Sandburg, bei der Zubereitung eines Essens, bei einer Wandmalerei oder beim Unkrautjäten im Garten finden wir zahlreiche Möglichkeiten zur Zusammenarbeit, und unsere Meinung über Politik, Erziehung oder Gott und die Welt sind irrelevant. Die Arbeit macht es möglich, dass wir eine gemeinsame Basis finden.

Einer meiner Freunde ist Koch in einem Restaurant. Er wird häufig auf Partys eingeladen, jedoch nicht, um selbst zu kochen, sondern um die Zubereitung des Essens zu beaufsichtigen. Die Gäste bekommen eine Schürze umgehängt, ein scharfes Messer in die Hand gedrückt, und mein Freund liefert das Rohmaterial und die Rezepte. Ich hatte die Ehre, zu einer dieser Gesellschaften eingeladen zu werden, und als ich Pilze schnippelte und Zwiebeln dünstete, verlor ich vollkommen die Angst, die ich oft habe, wenn ich zu einer Party gehe und keinen der Gäste kenne. Das gemeinschaftliche Kochen brach das Eis zwischen den Partygästen, da es für jeden von uns etwas zu tun gab, über das man reden konnte.

Inspiriert durch dieses Erlebnis gab ich beim letzten Hanukkah-Fest eine Latkes-Party. Ich lud meine Freunde ein, große Schüsseln und Reiben mitzubringen, alle saßen um den Tisch und rieben Kartoffeln. Einige beklagten sich, dass es zu anstrengend sei und ob wir nicht einfach die Küchenmaschine benutzen sollten. Doch ich ließ mich nicht erweichen. Ich wusste, dass die Kartoffelpfannkuchen besser schmecken würden, wenn es ein wenig Schweiß kostete, sie herzustellen, und dass die Atmosphäre im Raum dabei helfen würde. Die Mühe lohnte sich. Als wir schließlich die Hannukah-Kerzen anzündeten, fühlte sich der Raum warm und freundlich an, und das Ritual spiegelte diese Intimität wider. Als meine Gäste nach Hause gingen, dankten sie mir nicht nur für die Latkes, sondern auch für die schöne Stimmung.

Hier sind ein paar Ideen für Gruppenprojekte. Suche dir aus der Liste diejenigen aus, die dir am besten gefallen und lass dir dann eigene einfallen.

✦ Die Übung

Wenn du eine Dinner-Party gibst, lass die Gäste das Tischtuch bemalen. Decke den Tisch mit Papiertischtüchern und verteile farbige Filzstifte. Statt deine Gäste einzelne Bilder malen zu lassen, lade sie ein, Muster zu erfinden, die zu einander passen, so dass alle gemeinsam an einem Gesamtkunstwerk arbeiten.

Errichte eine Strandskulptur aus Fundsachen: Treibholz, Muscheln, Bojen, Reifen oder Seetang.

Schmücke einen Weihnachtsbaum mit selbst gebasteltem Christbaumschmuck.

Lade deine Freunde zu einer Arbeitsparty ein, wenn du ein großes Projekt hast wie Wände streichen oder Beete im Garten anlegen. Lege während der Pausen Musik auf und tanze mit deinen Gästen.

Umgib dich mit Freunden, um gemeinsam Weihnachtsgeschenke herzustellen: Marmelade, Süßigkeiten, Duftkissen oder Kerzen.

Versammle deine Freunde für einen guten Zweck: Essen für Obdachlose, einen Brief an einen Bundestagsabgeordneten, Bücher für Gefängnisinsassen sammeln, Decken für Kinder von Asylanten.

Kostümparty

Während unseres Sommer-Retreats verbringe ich einen Abend mit meinen Schülerinnern und Schülern in Verkleidung unter einem Dach aus Weinreben im Garten. Jeder nimmt eine andere Stimme, eine andere Körperhaltung und eine erfundene Lebensgeschichte an und bleibt mehrere Stunden in dieser Persona. Zu fortgeschrittener Stunde, wenn das Zusammenspiel allmählich immer komplexer wird, wird das Ganze sehr interessant.

In einem Jahr kleidete sich Melanie in ein Laken und trat als Scheich auf. Jaime trug einen langen Rock, hakte sich beim Scheich ein und erklärte, dass er seine Lieblingsfrau sei. Ashley zwängte sich in eine knallenge Schlaghose, setzte eine Perücke mit langen Locken auf und mimte einen russischen Rockstar. Die schwangere Maria schob einen Einkaufswagen voller Abfall vor sich her und wurde zur Lumpenfrau. Mel kam als Huhn und gackerte den ganzen Abend.

Seltsamerweise sträube ich mich jedes Mal, obwohl ich es schon sehr oft gemacht und die Transformation jedes Mal genossen habe: „Nein, nein, nein! Ich will kein Kostüm tragen!“ Ich jammere im Hinterzimmer, wo mich niemand hören kann, während meine Schüler folgsam und erfinderisch in Bergen von Klamotten wühlen. „Ich weiß nicht, wer ich sein soll!“ Ich jammere meiner Assistentin (falls vorhanden) die Ohren voll. „Ich hasse dieses Spiel!“, vertraue ich den Insekten an, die von der Decke hängen, während ich es endlich schaffe, eine Kombination von Kostümen anzulegen – einen Kimono vom Haken im Badezimmer und ein Glitzerkleid aus der hintersten Ecke des Kleiderschranks – um in Gestalt einer alternden Geisha samt Popcorn-Fetisch und züchtigem Fächer zu erscheinen. Zu fortgeschrittener Stunde wird mein Alter Ego durch die Konversationen mit anderen seltsamen Gestalten endlich etwas warm, bis meine Schüler sich schließlich nach Mitternacht einer nach dem anderen zur Ruhe begeben. Ich bleibe meiner gewöhnlichen Identität beraubt zurück und würde am liebsten überhaupt nicht mehr in die „normale Realität“ zurückkehren.

Diese Übung gewinnt ihren Reiz hauptsächlich durch die Beziehungen, die sich zwischen den verschiedenen Charakteren entwickeln. Unsere zwischenmenschlichen Beziehungen sind häufig so monoton, dass wir schon wissen, wie andere auf uns reagieren. Wenn wir jedoch die Persona ändern, ändert sich auch die zwischenmenschliche Dynamik, und wir gewinnen ein neues, unbelastetes Leben.

Wir sind nicht, wer wir zu sein glauben – wir sind nicht, was wir tun, wir sind nicht unser Alter, unser Geschlecht oder unsere sexuellen Vorlieben. Wir sind nicht, wo wir leben oder wo wir geboren wurden, in welche Religion wir hineingeboren wurden oder welche wir praktiziert haben. Wir sind nicht unsere Hautfarbe. Wir sind nicht unser Körper. Wir sind nicht unsere Gedanken. Wir sind etwas Unbenennbares, Unbeschreibliches, Vitales, Mysteriöses und von Grund auf Freies. Wir wissen das bereits, seit wir zum ersten Mal als Kinder in den Spiegel geschaut haben und voller Erstaunen über unser Spiegelbild dachten: *Das bin nicht ich.* Wir haben unser Leben lang in den Spiegel geschaut und sind erschrocken. *Das bin nicht ich*, denken wir insgeheim, wenn wir Mascara auflegen oder unser Kinn rasieren. Und wir haben Recht damit. Dennoch fangen wir an zu glauben, dass wir der sind, zu dem wir uns gemacht haben, den wir erfunden haben: der Mann im dunkelblauen Anzug mit dem gestreiften Schlips und den italienischen Schuhen, die Frau in Birkenstock-Sandalen mit langem, mit einer türkisfarbenen Haarspange hochgestecktem Haar. Wir fixieren uns nicht nur selbst in festen und falschen Identitäten, sondern fixieren auch einander: Das ist der der schwule Buchhalter mit dem lila Kaschmirpullover, das ist die geschiedene Ehefrau mit Perlenohrringen, die immer mit einer Chanel-Handtasche herumläuft und einen goldenen Mercedes fährt.

Wir verkleiden uns jeden Tag und jede Nacht unseres Lebens: formelle und informelle Verkleidungen, sexy, angeberisch, feminin, maskulin, weit, eng, sommerlich, winterlich, herbstlich und frühlingshaft, Verkleidungen, die unserem Alter, unserer Kultur und unserer Subkultur entsprechen. Wir tragen unsere Haare nach einem bestimmten Stil, haben einen bestimmten Geschmack bei Schuhen, einen bestimmten Stil bei unseren Augenbrauen und sogar beim Fell unserer Haustiere. Wir haben Verkleidungen für unsere Wohnung, unsere Fenster und Türen, und alle diese Verkleidungen erinnern uns daran, wer wir vermeintlich sind. Wir haben uns so an unsere äußere Erscheinung als Definition und Ausdruck unserer Identität gewöhnt, dass wir, wenn wir sie ändern und uns etwas Anderes anziehen, eine andere Persönlichkeit einladen, die ihr Eigenleben entfaltet Und dieses „Coming-Out“ kann etwas erstaunlich Befreiendes haben.

Wir können mit unserem Leben spielen, die Prägungen von Gesellschaft, Familie, Klasse und Beruf auflockern, die von uns fordern, dass wir zu etwas werden, was wir nicht sind, und auch noch an diese Fälschung glauben. Wir können sein, wer immer wir sein wollen, für einen Abend, einen Nachmittag, einen Tag, eine Stunde – selbst ein paar Minuten können erstaunlich erfrischend sein – und dann zu unserer vertrauten Identität zurückkehren. Diese wird auf uns warten, bereit, uns jederzeit wieder aufzunehmen, wenn wir das Bedürfnis danach haben.

✦ Die Übung

Gib eine Kostümparty. Du kannst deine Freunde bitten, bereits in Kostümen zu erscheinen, oder du kannst ihnen eine Sammlung von Kleidern, Hüten, Stoffen und Utensilien zur Verfügung stellen, wenn sie eintreffen. Lade deine Gäste ein, eine Persona zu erfinden, die sich aus dem zusammengestellten Kostüm ergibt, statt sich auf eine berühmte historische Persönlichkeit oder einen Hollywoodstar festzulegen. Fordere die Teilnehmer auf, sich die Lebensgeschichte und die gegenwärtige Situation der entstehenden Persönlichkeit vorzustellen. So könnte beispielsweise die Bedienung in einer Cocktailbar drei Mal verheiratet gewesen, aber gerade solo sein und auf der Suche nach einer Zigarette, weil sie heute Morgen aufgehört hat zu rauchen. Ein Hundetrainer könnte gerade seinen Beruf an den Nagel gehängt haben, weil er von einem Bullterrier attackiert wurde, und ist nun auf der Suche nach einem neuen Job. Ein Surfer könnte auf dem Weg nach Australien sein und jemanden suchen, bei dem er ein paar Wochen unterkommen kann.

Du kannst die Gäste zum Kaffeetrinken am Nachmittag einladen und sie bitten, mit Hut und Handschuhen zu erscheinen. Meine Gäste kamen daraufhin mit Sombreros, Fahrradhelmen, OP-Häubchen und Kochmützen sowie weißen Fausthandschuhen und 50er-Jahre-Hütchen. Ich öffne überdies auch noch meinen Kopfbedeckungs-Fundus und biete Handschuhe für Gäste an, die ihre eigenen vergessen haben oder die Lust verspüren, mitten während der Party ihren Stil zu verändern.

Du kannst deine Gäste bitten, Kostüme aus ihrem Kleiderschrank mitzubringen und sie anderen anzubieten, so dass jeder der Gäste aus den mitgebrachten Kostümen wählen kann.

Was immer du tust, vergiss nicht, dass ein Teil von dir möglicherweise selbst dann, wenn du bereits im Kostüm steckst, noch immer meint, es sei den ganzen Aufwand nicht wert. Doch am Ende wirst du froh sein, dass du nicht auf diese Stimme gehört hast.

Trommeln

Voriges Jahr zu meinem Geburtstag leitete Barbara Borden, eine Meisterperkussionistin, einen Trommelkreis. Sie kam bereits früh am Morgen in mein Atelier und breitete ihre Sammlung von Trommeln, Rasseln und Klanghölzern aus. Ich holte meine Congas und den Korb mit Perkussionsinstrumenten hervor, die ich im Laufe der Jahre gesammelt hatte – Rasseln aus Ecuador und dem Amazonasbecken, Tamburine aus São Paolo, Knocheninstrumente aus Mexiko. Wir entzündeten Kerzen, stellten Stühle im Kreis auf, und um acht Uhr Abends trafen die Gäste mit ihren eigenen Rasseln und Trommeln ein.

Barbara lud zu Beginn die Runde ein, einen regelmäßigen Viervierteltakt zu halten, wobei sie kräftig mit der flachen Hand auf ihre afrikanische Djembe schlug. Wir stimmten ein, alle zusammen in einfachstem Unisono, und trommelten den Rhythmus. Dann zeigte sie verschiedenen Gruppen verschiedene Rhythmen, und der Klang verdichtete und erweiterte sich, erhielt Synkopen und wurde transparenter. Wir schlugen unsere Trommeln und schüttelten unsere Rasseln, und als wir uns entspannten, wurde der Rhythmus beständiger, trieb sich selbst an und trug uns fort, ein starker, vielschichtiger Rhythmus, der ständig in Bewegung war, ein Rhythmus, der unsere ganze Gruppe in eine andere Welt versetzte.

Im Verlauf des Abends durchliefen wir verschiedene innere Zustände, eine gemeinsame Trance, die durch unser Trommeln markiert wurde. Ich spürte die Wechsel und las sie in den Augen und Körpern meiner Freunde. Wir trommelten immer weiter, hielten den Takt beständig, während Barbara mit ihrer Trommel abhob, mit dem Rhythmus weiterflog, ihre Hände stark und sicher, und der Schlag ohne einen Gedanken durch sie hindurchging. Wenn du versuchst, herauszufinden, wie es geht, verirrst du dich, der Beat geht verloren, der Kreis bröckelt. Wir hielten den Rhythmus für Barbara, so dass sie uns auf ihrem Flug mitnehmen konnte. Ich schaute mich in unserem Kreis um und sah, wie die Gesichter vor Freude zu glühen begannen. Wir waren mehr als nur glücklich, es sei denn, du verstehst unter „Glücklich sein" auch eine Spur Traurigkeit. Denn ich sah auch die Trauer in den Augen meiner Freunde. Die Scheidungen, die an AIDS gestorbenen Brüder und Liebhaber, die an Brustkrebs gestorbenen Schwestern, Ehefrauen und Mütter, die toten Eltern und Großeltern – die großen Enttäuschungen, die sich in den Herzen breit machen, obwohl die Weisheit sie immer wieder zu verbannen versucht. Durch das Trommeln waren wir gemeinsam ein Stück abgehoben, so dass der Blickwinkel etwas weiter wurde, und das Panorama sich ohne zurückzuweichen in seinem Rahmen hielt. Und wir hörten nicht auf zu trommeln.

Wenn du zwei Uhren in einem Raum aufhängst, deren Pendel in verschiedenem Rhythmus schwingen, wirst du sehen, dass sie innerhalb von ein oder zwei Tagen anfangen, sich im Gleichtakt zu bewegen. Die Wissenschaft nennt diese Neigung von Gegenständen und Wesen, ihre Rhythmen zu modulieren, um einen Einklang zu erreichen, „Koppelung" oder „Resonanz". Unser Körper ist ein rhythmischer Organismus: Unser Herz schlägt als Reaktion auf elektrische Impulse, und das Blut pulsiert rhythmisch durch unsere Venen. Wir atmen im Rhythmus, gehen im Rhythmus, joggen im Rhythmus, passen unseren Schritt dem unseres Partners an. Wir leben in einem rhythmischen Universum: Die Erde dreht sich um die Sonne und der Mond um die Erde in einem steten Rhythmus, der die inneren Rhythmen unseres Körpers – die Muster biochemischer Veränderungen beim Schlafen und Wachen – und den Rhythmus der planetarischen Gewässer, Ebbe und Flut, sowie den Rhythmus der Jahreszeiten bestimmt. Wenn wir trommeln, begeben wir uns in Resonanz und stellen eine Verbindung untereinander her. Zusammen schütteln wir unsere Rasseln, schlagen das Fell unserer Trommeln mit unseren bloßen, geröteten Händen und verbinden uns mit dem rhythmischen Kosmos.

Wenn wir den Kontakt, den wir durch den mit unseren Händen geschlagenen Rhythmus herstellen, spüren, verbinden wir uns miteinander, und wenn wir die Verbindung fühlen, vertieft sie sich immer weiter, so dass sie nicht mehr nur eine mechanische Verbindung ist, sondern eine energetische, so, als würde der Rhythmus, der aus unseren Händen heraus entsteht, selbst unsere Hände antreiben.

Der Rhythmus befreit uns aus dem Gefühl der Vereinzelung in das spürbare Gefühl der Gemeinschaft. Wenn wir einen Pulsschlag erzeugen, bringen wir nicht nur unsere Hände, sondern auch unsere Herzen und unsere Gedanken in Resonanz. Trotz unserer Wünsche werden weiterhin Probleme auftauchen, Missverständnisse eintreten, Konflikte durch zuwiderlaufende Bedürfnisse entstehen. Frieden ist kein bewegungsloser Zustand, sondern muss immer wieder neu geschaffen werden. Wenn wir die Abgründe in unserem Herzen heilen wollen, finden wir einen gemeinsamen Rhythmus. Wir erzeugen Gemeinschaft und lindern unser Leiden und das Leiden unserer Mitmenschen.

✦ Die Übung

Versammle eine Gruppe mit einer Kollektion von Perkussionsinstrumenten. Wenn du und deine Freunde keine Trommeln und Rasseln besitzen, könnt ihr sie leicht herstellen. Füllt leere Gläser mit Bohnen oder Murmeln, holt euch ein Waschbrett vom Flohmarkt, Essstäbchen, Holzlöffel, Holzschalen, Töpfe und Pfannen, Plastikflaschen. Setzt euch in einen Kreis.

Der Anführer beginnt mit einem einfachen Puls, dem jeder folgen kann. Spielt diesen Puls einstimmig, bis der Beat sicher steht. Dann könnt ihr zusätzliche Rhythmusmuster hinzufügen, während mindestens eine Person den einfachen Grundschlag hält.

Wenn während des Spiels der Rhythmus zerfällt, stoppt und beginnt mit einem klaren einstimmigen Beat von vorn.

Trommelt, bis ihr einen natürlichen Endpunkt findet. Dann ruht eine Weile aus und beginnt noch einmal. Nehmt euch die Zeit, immer wieder einen klaren Beat zu erzeugen, bevor ihr andere Rhythmen einfließen lasst.

Acht

Belebende Liebe – das heilige Spiel der Leidenschaft

O du, die ich liebe ...
hart wird der Kampf sein, doch du kommst mit.

Pablo Neruda

Die Fantasie steigt ins Bett

Es gibt nichts Aufregenderes als den schöpferischen Umgang mit der Liebe ... Das Geheimnis des Erfolgs liegt nicht darin, das Erwartete zu tun, sondern den Rahmen zu sprengen und sich an Orte zu begeben, an denen man nie zuvor gewesen ist.

Lou Paget

Unsere Erfahrungen mit der Liebe sind teils körperlich und teils im Reich der Fantasie angesiedelt. Mit Fantasie meine ich hier nicht die Person, die wir uns vorstellen, wenn wir unseren Partner umarmen. Ich meine damit, wie es passieren kann, dass wir wegen der Gedanken, die wir im Kopf haben, bei der Berührung unseres oder unserer Geliebten einen Moment lang zutiefst erregt sein können, während wir am nächsten Tag völlig kalt bleiben, obwohl wir von derselben Person an derselben Stelle auf genau dieselbe Weise berührt werden. Sexualität hat nur wenig mit dem rationalen Verstand zu tun und dafür um so mehr mit unseren ursprünglichen Trieben, frühkindlichen Prägungen und den Geschichten, die wir uns selbst oft unbewusst erzählen. Spontane Spiele und Rituale laden verschiedene Persönlichkeiten, Archetypen und Energien ein, die unter der Oberfläche lebendig sind und irgendwann auf der Spielwiese ans Tageslicht kommen, um das Schlafzimmer in einen Raum heiliger Freude zu verwandeln.

Erotische Erregung wird durch das Unberechenbare verstärkt. Wir suchen nach neuen Anregungen, sind jedoch eher vorsichtig, wenn es darum geht, neue Spiele in unsere vertrauten, echten Beziehungen einzuführen. Wir können mit exotischen neuen Stellungen experimentieren oder uns in halbseidener Leopardenunterwäsche und Netzstrümpfen für ein heimliches Schäferstündchen herausputzen, doch das Ganze für einen Abend mit unserem langjährigen Partner? Schon der Gedanke daran ist uns peinlich. Die Einführung von Spielen und Ritualen im Schlafzimmer erfordert Mut, doch selbst ein schüchternes Sichvorwagen in neue erotische Gefilde kann große Wirkung zeigen.

Der Wert dieses Kapitels liegt in der Stimmung der Übungen. Verspieltheit und Offenheit für Erotik als einem heiligen Raum kann dem Liebesspiel eine neue Dimension geben, die durch keine noch so raffinierte Technik ersetzt werden kann. Das reine Vergnügen ist einer der am tiefsten gehenden, jedoch am wenigsten besprochenen Aspekte der Liebe – die Fähigkeit, über unsere unerfüllten Begierden und Ängste, über Verwirrung und Zellulite, Körpergerüche und Narben, über versteckte Aggressionen und Spinat zwischen den Zähnen lachen zu können. Alle großen, weisen Persönlichkeiten, denen ich im Leben begegnet bin, verfügten über eine gesunde Portion Humor. Obwohl sie viel menschliches Leid gesehen haben, hören sie nicht auf, sich über dieses seltsame, wunderbare so flüchtige Leben zu amüsieren, und ihre Leichtigkeit des Seins ist ansteckend. In ihrer Gegenwart breche auch ich in ein Lachen aus, das so hell ist, dass es wahrscheinlich in der Dunkelheit leuchten würde. Das Leben kann in uns brüllendes Gelächter und großartige Orgasmen erzeugen, wenn wir es schaffen, uns daran zu erinnern, wie wir uns amüsieren können.

Doch Lust und Vergnügen sind nicht die einzigen positiven Wirkungen von Spielen im Schlafzimmer. Wenn unsere Leidenschaft entzündet wird und wir uns frei im Akt der Liebe ausdrücken können, erleben wir eine tiefe Intimität. Wenn wir aus unserem Versteck herauskommen und herauslassen, was in uns ist, lernen wir einander auf einer tieferen Ebene kennen, einander vollständiger wertzuschätzen und einander und die Welt immer wieder aufs Neue lieben.

Vorbereitung des Raums

Jack lebte nur wenige Häuserblocks von einer lärmenden Autobahn entfernt in einer Gegend mit verfallenen Häusern, heruntergekommenen Lagerhallen und Baulücken mit wilden Müllkippen. Um zu seiner Haustür zu gelangen, musste ich über einen Schutthaufen steigen. Während ich allein auf dem Bürgersteig stand, bei ihm klingelte und wartete, bis ich ihn endlich das Treppenhaus herunterstapfen hörte, fragte ich mich oft, was ich hier überhaupt sollte. Doch wenn ich dann seine Wohnung betrat, waren sämtliche Zweifel über die Wahl meines Liebhabers mit einem Mal verflogen. An einem unserer gemeinsamen Abende führte eine Allee aus einzeln in Vasen aufgestellten Tulpen zu einem Bett, das von Kerzen umstellt war. An einem anderen Abend war die Wohnung vollkommen dunkel, außer der frei stehenden Badewanne, in der uns ein Schaumbad erwartete. Es zog mich immer wieder zu ihm. Ich war hingerissen von der Art, wie er die Dinge gestaltete.

Das Schlafzimmer ist ein Theater der Liebe. Ein Teil der Faszination dieses Theaters ist unsere Fantasie. Und die Fantasie wird genährt durch die Ausstattung des Theaters, das Bühnenbild. Auf der Bühne entfaltet sich eine Handlung, und wir werden in die Zeit und an den Ort unserer Fantasie geführt. Gleichzeitig sind wir jedoch auch das Publikum, das Schulter an Schulter in einem verdunkelten Raum sitzt. In dieser Gleichzeitigkeit finden wir ein neues Leben, ohne das, was wir bereits haben, zu verlieren – und das macht uns Freude. Auch im Bett können wir uns an dieser Gleichzeitigkeit erfreuen. Unsere Libido wird lebendig, wenn wir jemand anders sein dürfen als der, der wir sind, und an einem anderen Ort als da, wo wir sind, während wir gleichzeitig wir selbst, in unserem Schlafzimmer bleiben.

In Rajasthan besuchte ich einmal einen Palast, wo der Raja für jeden seiner unzähligen Räume einen anderen Kunsthandwerker mit der Raumgestaltung beauftragt hatte. Die Wände des Gebetsraums waren mit winzigen Spiegeln im Abstand von wenigen Zentimetern überzogen. Zündete man in diesem Raum eine Kerze, dann wurde das Licht der Flamme gebrochen und in Tausende schimmernder Lichter vervielfältigt. Ich versuchte mir vorzustellen, wie die Betenden sich fühlen, wenn sie inmitten einer Unendlichkeit von widergespiegelten Kerzenlichtern stehen, und ich dachte darüber nach, wie der Künstler in die Planung nicht nur das Aussehen des Raumes, sondern auch die spektakuläre Wirkung seiner Lichtführung einbezogen haben musste. Das Licht spielt eine entscheidende Rolle, da es nicht nur bestimmt, wie wir sehen, sondern auch wie wir uns fühlen.

Doch bekanntlich geht die Liebe auch durch den Magen.

An einem Neujahrsmorgen hielt ich mich in einem japanischen Hotel in San Francisco mit einem Mann auf, dessen Attraktivität mir von dem Moment an aufgefallen war, als ich ihn zum ersten Mal sah. Nach einer Woche langer Gespräche beim Abendessen und auf Waldspaziergängen hatten wir beschlossen, vor seiner Heimreise die Nacht gemeinsam zu verbringen, und nun lagen wir da. Er griff nach dem Telefon neben dem Futon, bestellte frisches Obst beim Zimmerservice, und als es ankam, pflückte er eine Erdbeere aus dem Korb und ließ mich ein Stück abbeißen. Dann steckte er den Rest der Frucht in seinen Mund. Ich hatte mich wahnsinnig, ja rettungslos in ihn verliebt. Der Geschmack der Erdbeere zerging mir auf der Zunge, und ihre winzigen goldenen Samen knirschten zwischen meinen Backenzähnen. Ich sah, wie das saftige rote Herz der Frucht, in die ich gerade gebissen hatte, in seinem Mund verschwand. Jedes Stück Wassermelone, Ananas und Mango, das darauf folgte, war ein erotisches Wunder. Ich empfehle zwar keineswegs, sich Hals über Kopf in einen Mann zu verlieben, der in ein paar Tagen wieder in sein Tausende von Kilometern entferntes Zuhause fliegen wird, doch ich empfehle in der Tat, sich der Erotik des Geschmackssinns hinzugeben und hier und da Gaben mit Essbarem aufzustellen – Pralinen, Champagner, Aprikosensaft, Austern, Mangos, Profiteroles – um in einem bestimmten Moment des Liebesabenteuers nach Herzenslust in diesen Genüssen schwelgen zu können.

Später an jenem Neujahrsmorgen, als mein Freund sich anzog, hielt er sich eine Weile im Unterhemd auf – einem jener einfachen weißen Unterhemden aus weißer Baumwolle ohne Ärmel, unter den Achseln weit ausgeschnitten, wodurch der Blick auf die Brust- und Oberarmmuskulatur gelenkt wird – und ich begriff zum ersten Mal, warum Gott Herrenunterwäsche erschaffen hat. Geben wir's doch zu: Wir lieben schicke Wäsche und textile Extravaganzen: Samt-BHs, Seidenschlafanzüge, Federboas, Stöckelschuhe, pinkfarbene Satin-Boxershorts, ein T-Shirt mit Löchern, das man am liebsten vom Körper abknabbern würde. Wir können Hüte hervorholen und sie am Bettpfosten aufhängen, Masken, Augenbinden, Ballkleider, Handschuhe, Kniestrümpfe, hochhackige Schuhe, Schals, Pelzjacken, Schürzen oder Schottenröcke.

Und natürlich spielt da auch noch die Musik eine Rolle.

Mein Freund Jim arbeitete als Performancekünstler. Er liebte Wortspiele. Er schenkte mir ein ganzes Sortiment von Spieluhren, die er aus Blech-Gewürzdosen hergestellt hatte. Der Chilipfeffer spielte „La Cucaracha“. Er lebte in einem Loft in San Francisco. Die einzigen Möbel in seinem Schlafzimmer waren zwei Lautsprecher und eine Matratze, und bevor wir ins Bett stiegen, stellte Jim die Playlist zusammen. Eines Abends spielte er Steve Reichs „Drumming“, ein dreißigminütiges, rein rhythmisches Stück, das langsam und einfach beginnt und sich Ebene für Ebene steigert, bis es am Ende hart und treibend zur Sache geht. Man fühlt sich am Ende völlig anders als am Anfang des Stücks. Zwar weiß man nicht mehr, wie man dorthin gekommen ist, aber man ist froh, dass man es geschafft hat. An einem anderen Abend spielte er singende Sägen, wieder an einem anderen Zydeco, und an einem dritten Abend Musik, die sein Freund für Computer und Mülleimer komponiert hatte. Die Musik beeinflusste, wie wir herumrollten, und wir entdeckten ständig neue Möglichkeiten, Dinge im Bett zu unternehmen. In diesem Loft war der Bär los!

Manchmal möchte man keine Musik hören, sondern nur das Geräusch des Atmens, des lustvollen Grunzens und Stöhnens und Murmelns und Jaulens und Knurrens und gelegentlichen Heulens. Doch zu anderen Zeiten möchte man Musik, ebenso wie man Musik zum Tanzen möchte. Die Musik verändert, wie du dich fühlst, und leitet Energie direkt in den Körper. Wenn ihr beide dieselbe Musik hört, bewegen sich eure Körper in Harmonie miteinander. Der Geist wird leer und Empfindungen strömen in den Raum ein, der nun nicht mehr von Gedanken ausgefüllt wird, und das fühlt sich gut an.

✦ Die Übung

Die Vorbereitung des Raums für das Liebesspiel kann in einfachen Dingen wie einer anderen Beleuchtung bestehen. Ein befreundeter Regisseur stellte Teelichter um die Fußleisten seines Hauses – was sehr spirituell und sexy wirkt. Das Umwickeln der Bettpfosten mit Lichterketten schafft eine festliche Atmosphäre, obwohl man dabei aufpassen sollte, sich nicht in den Drähten zu verheddern. Auf der anderen Seite könnte ein solches Missgeschick zu einem recht vergnüglichen Intermezzo führen. Bereits eine einfache farbige Glühbirne in einer Nachttischlampe kann eine besondere Stimmung im Raum schaffen. Oder du trägst ganz dick auf und hängst eine Discokugel auf, die von einer Stroboskoplampe angestrahlt wird.

Doch was beleuchten wir? Gewöhnlich einen Raum, in dem wir jede Nacht schlafen, dessen Form und Umrisse uns so vertraut sind, dass wir auch im Dunklen unseren Weg zum Bad finden und mit geschlossenen Augen den Wecker ausschalten können. Eine solche Vertrautheit ist zwar für den Alltag sehr förderlich, doch nicht unbedingt für erotische Spiele. Eros reagiert auf das Aussehen der Dinge. Schmücke die Oberfläche der Kommode mit grünen Äpfeln, mit einem ausgehöhlten Kürbis, in dem eine Kerze brennt, oder einer Wasserschüssel, in der Schwimmkerzen und Hibiskusblüten schwimmen. Schmücke die Ränder des Raumes mit einer langen Reihe Kieselsteine, bedecke den Boden mit buntem Herbstlaub, streue Rosenblätter über das Bett, hänge in Reichweite Federn auf. Verändere so viele Dinge wie möglich – Vasen mit einzelnen Rosen auf dem Bücherregal, dem Schreibtisch, den Fensterbrettern, Nachtschränkchen, Simsen, Treppenstufen und im Bad. Lass dir etwas Schönes einfallen und habe Spaß dabei.

Lass deine Fantasie spielen. Nutze, was dir zur Verfügung steht, was dir die Jahreszeit zu bieten hat. Nimm dir fünf, zehn, oder fünfzehn Minuten Zeit und verwandle den Raum in eine erotische Spielwiese.

Ölungen, Salbungen und Waschungen

Kürzlich beim Abendessen erzählte mir ein Freund von seiner neuen Freundin. „Das erste Mal, als wir uns liebten“, sagte er, „kniete sie sich vor mich hin, zog mich aus, ein Kleidungsstück nach dem anderen, faltete alles fein säuberlich zusammen und legte es vor mich hin. Sie sprach dabei kein Wort.“ Er machte eine Pause, und ich merkte, wie ihm Tränen in die Augen stiegen. „Ich habe mich noch nie so geehrt gefühlt", gestand er. Mein Freund war als Kind sexuell missbraucht worden und hatte bis zu dem Augenblick, als seine Geliebte vor ihm niederkniete wie beim Gebet und ihn langsam auszog, um seine Nacktheit zu enthüllen, noch nie seinen Körper als etwas erlebt, das Verehrung verdient.

Wir vergessen allzu leicht, dass unser Körper unsere Wertschätzung verdient. Stattdessen behandeln wir ihn wie einen Leibeigenen oder Sklaven. *Ruhe jetzt!* sagen wir unseren Lendenwirbeln, die schmerzen, weil wir den Körper länger sitzen lassen, als es seine Konstruktion erlaubt. *Unerhört, sich jetzt auch noch zu beklagen, wo wir doch so viel überaus wichtige Arbeit zu erledigen haben. Hier, ich gebe dir ein Aspirin. Und jetzt benimm dich.* Indem wir uns Waschungen und Salbungen zuteil werden lassen, müssen wir uns selbst und unseren lieben Mitmenschen ins Gedächtnis rufen, dass dieser sterbliche Körper aus Fleisch und Blut heilig ist. Heilig, heilig, heilig.

Ich nahm einmal an einem Ritual mit einem Schamanen aus Ecuador teil, der für die Art bekannt ist, wie er seine Gebete singt. Er errichtete einen Altar und begann, in eine Flasche zu singen. Er sang kräftig, rief die Geister um Hilfe an, bat sie in das Wasser, in das er duftende Blüten aus dem Regenwald getaucht hatte. Er fuhr fort, in die Flasche zu singen, während er uns besprenkelte, und obwohl es keinen wissenschaftlichen Beweis dafür gibt, dass das Singen von Gebeten in Flüssigkeiten die chemische Zusammensetzung der Substanz verändert, konnte ich die Wirkung der Tröpfchen, süß wie französisches Parfüm, die mit seinem Segen über mein Haupt rannen, deutlich spüren. Ich fühlte mich gut. Ich fühlte mich gesegnet.

Wenn wir rituelle Handlungen mit dem Körper vollführen, wirken wir auf Herz und Geist ein. Möchten wir unseren Geist aus der Wohnzimmerwelt der neuesten Nachrichten, Versandhauskataloge und angebissenen Pausenbrote unserer Kinder in die Schlafzimmerwelt heiliger Zehen und göttlicher Bauchnabel transportieren, können wir eine Übergangshilfe gut gebrauchen. Durch die Ausführung eines körperbetonten Rituals senden wir über den Körper eine Botschaft zum Unbewussten, dass wir ab sofort in eine andere Modalität eintauchen werden. Auf diese Weise bereiten wir unsere Liebe nicht nur als körperliche Lust vor, sondern als einen Freudentanz im Land der Geister. Und wir brauchen uns dabei nicht auf importierte Schamanen zu verlassen. Wir können uns sehr gut selbst gegenseitig segnen und salben.

✦ Die Übung

Zieht euch gegenseitig aus, ein Kleidungsstück nach dem anderen. Lasst ein Bad ein. Aromatisiert euer Badewasser mit Kräutern und Blüten aus dem Garten. Sprüht Lavendel- oder Rosenwasser auf die erhitzten Gesichter und die Fußsohlen. Reibt euch gegenseitig mit duftender Lotion ein. Entzündet etwas Räucherwerk, am besten mit getrocknetem Salbei, und lasst den Rauch über den Körper eures oder eurer Geliebten streichen. Und segnet alles und jeden, während ihr dies tut.

Ein Segen muss nicht kompliziert oder kreativ sein. Er muss nur ausgesprochen werden. Ein klassischer, einfacher, erprobter und effektiver buddhistischer Segenswunsch ist: „Mögest du glücklich sein. Mögest du Frieden haben." Jemandem Glück und Frieden zu wünschen, ist immer ein guter Anfang. Lass dir eigene Segnungen und Wünsche für deinen Partner einfallen.

Dankbarkeit lässt das Herz weich werden. Sprich aus, was du an deinem Partner schätzt: „Ich bin dankbar für deinen Bizeps", sagt sie. „Ich bin dankbar für den Duft deiner Haut", sagt er. „Ich bin dankbar für dein Lächeln", sagt sie. „Ich bin dankbar für den Leberfleck zwischen deinen Brüsten", sagt er und küsst sie direkt auf den kleinen dunklen Punkt. Gehe über die typischen Merkmale hinaus auf die etwas seltsameren Eigenschaften ein: „Ich bin dankbar dafür, dass dein Lachen wie das Schnattern einer Ente klingt", sagt sie. „Ich bin dankbar dafür, dass du deinen Kopf zur Seite neigst und den Mund verziehst, wenn du versuchst, eine Wegbeschreibung zu verstehen", sagt er.

Heil- und Segenswünsche zu geben und zu empfangen und auszusprechen, was uns Freude macht, kann tiefe Dankbarkeit und Liebe in uns wecken, wenn wir gewahr werden, wie sehr man sich um uns sorgt. Wenn sinnliche Lust und echte Liebe auf diese Weise untrennbar miteinander verwoben sind, werden wir zu dem, was uns die heiligen Bücher verheißen: Götter und Göttinnen in himmlischer Umarmung.

Wir müssen jedoch vorsichtig sein, um nicht Gefahr zu laufen, alles todernst zu nehmen. Absurdität und Lächerlichkeit sind gute Geister, die wir herbeirufen können. Sei albern. Sei verspielt. Sei respektlos. Kitzelt euch gegenseitig mit Raubvogelfedern und Grashalmen. Funktioniert alte Aspirinflaschen und Streichholzschachteln zu Rasseln um und umrasselt eure Körper. Malt mit Schlagsahne Symbole auf Brüste, Pobacken und Stirn. Leckt eure Augenlider. Küsst die Zehenspitzen. Kitzelt euch zwischen den Rippen. Verwandelt Kondome in Fingerpuppen, während ihr die Geister des Eros und des herzhaften Lachens heraufbeschwört.

Kunstgriffe

Vor einigen Jahren war ich in Zagreb, um auf einem internationalen Tanzfestival eine Performance zu geben, und meine Freundin Malena, deren Freundin für ein paar Wochen verreist war, bestand darauf, dass ich in ihrem Apartment wohnte – einem größeren Raum mit einer winzigen Kochnische und einem kleinen Badezimmer, wo man sich seitlich aufs Klo setzen musste, um nicht mit den Knien an die Wand zu stoßen. Jede Nacht zog ich zusammen mit Malena einen Futon aus dem Schrank und machte auf dem Boden das Bett. Während man in der Ferne den Lärm von der Kriegsfront hören konnte, lagen wir unter unseren Decken noch lange wach und diskutierten, oft mit erhitzten Gemütern über die komplexe politische Lage auf dem Balkan, bis uns vor Erschöpfung die Augen brannten. Und anschließend vertrauten wir uns noch gegenseitig Geheimnisse aus unserem Liebesleben an.

Malena, eine Frau mit olivfarbener Haut, dickem schwarzem Haar und Zigeunerblut, hatte ihren Liebhaber bereits einige Jahre gekannt, bevor sie sich in ihn verliebte. Sie hatten gemeinsame Freunde, die zusammen die Filmhochschule besuchten, und jeden Abend trafen sie sich in einer Kneipe in der Straße, in der sich Malenas Apartment befand. Eines Abends saß sie mit ihren Freunden auf einer Steinmauer gegenüber der Kneipe, ließ die Füße baumeln und rauchte eine Zigarette. Boric setzte sich neben sie. Ihr Gespräch drehte sich um ihre Arbeit bei CNN an der Kriegsfront und um ihre Träume, gemeinsam nach Amsterdam zu ziehen, während Boric zärtlich Malenas Fußgelenke umspielte.

„Ich wünschte, er würde mich noch einmal so berühren", flüsterte Malena, neben mir liegend. Die Glut ihrer Zigarette warf einen Schimmer auf ihre dunklen Augen. „Wir sind nun schon zwei Jahre zusammen, und es scheint, als habe er die Feinheiten der Liebe vergessen."

Feine, intelligente Berührungen können die Liebe erwecken und wiedererwecken. Wenn wir genau darauf achten, werden wir merken, dass der Körper eine bestimmte Architektur hat. Wenn wir auf eine Weise berührt werden, die den Linien dieser Architektur folgt, merken wir, dass wir von intelligenten Händen berührt werden, die uns kennen lernen wollen und uns gleichzeitig erzählen, wer wir sind. Unsere innere Struktur wird uns bewusst; wir spüren, wie unsere Knochen zusammenpassen, wie unsere Muskeln an den Knochen anliegen, wie sich unser Bauch wölbt. Wir fühlen die Kurven unserer Brüste, das Hervorstehen unserer Nase, den Ansatz der Zehen am Fuß – wir erleben sinnliches Wohlbefinden. Wir können einander Lust bereiten, indem wir nachvollziehen, was da ist, indem wir den Körper so zeichnen, wie er ist.

✦ Die Übung

Zeichne die Körperstrukturen deines Partners nach, fühle die Knochen unter deinen Fingern, ihre Form und die Stellen, an denen sie aufeinander treffen. Zeichne das Rückgrat nach, die Schulterblätter, das Schambein, die Rippen, die Extremitäten, die Finger, die Zehen.

Zeichne die Kurven des Körpers nach, umfahre die Augen, die Lippen, die Brüste, den Bauch, die Wangen. Lerne die Winkel kennen, die Berge und Täler, die Höhlen. Lass die Finger Informationen über die Muskeln sammeln, über die Knochen, über den Fluss der Venen und Arterien. Wir sind ganz außergewöhnliche Kunstwerke. Berührungen machen uns die Form unseres Körpers bewusst. Sie bringen unser Bewusstsein in die Empfindungen des Körpers und erwecken die reine Sinnlichkeit des Lebendigseins im Körper.

Nimm dir fünf oder zehn Minuten Zeit oder auch nur eine Minute. Jedes Mal, wenn wir uns mit empfindsamen, empfänglichen Händen berühren, besänftigen wir, umsorgen einander und strahlen Liebe aus.

Berührungen entgegenzunehmen, ist im Allgemeinen sehr erfreulich, doch sie zu geben, kann leicht in Arbeit ausarten. Was das Berühren zur Freude macht, ist das Element des Spielerischen, des Neuen, des Experimentierens. Wir können spontane Berührungsmuster auf dieselbe Weise erfinden, wie wir ein Bild malen – Linien, Spiralen, Kreise und Dreiecke auf dem bekleideten oder unbekleideten Körper unseres Liebhaber zeichnen. Wir können lange oder kurze Streichelbewegungen machen, zart, mit der Fingerspitze, oder breit, mit der Handfläche. Wir können Streichelbewegungen für die Fußsohlen, die Augenlider, die Pobacken und die Knie erfinden.

Ich staune oft, wie effektiv sogar eine einzige Minute liebevoller Berührung sein kann, wie sich meine Stimmung verändert, meine Gedanken sich beruhigen, mein Wohlgefühl verstärkt wird. Wenn du mit deinem Liebsten auf der Couch sitzt und Zeitung liest, dann halte einen Moment inne und streichle seinen Arm mit offener Aufmerksamkeit, im Bewusstsein der Schönheit dieses Arms.

Kontakt

Yani Novak, eine meiner Tanzkolleginnen aus den späten siebziger Jahren, lud eines Nachmittags Freunde in ihren Loft in San Francisco ein, um mit einer Form von Bewegungsimprovisation zu experimentieren, die sie Boko Maru nannte. Yani bat uns, einen Partner zu wählen, und gab uns dann Anweisungen für eine rituelle Fußwaschung. Abwechselnd stellten wir die nackten Zehen unserer Partner in eine Schüssel mit warmem, schaumigem Wasser, schrubbten ihre Fußsohlen, massierten die Fußgelenke, liebkosten die Fußgewölbe und trockneten ihre Haut mit warmen Handtüchern. Als nächstes ließ Yani uns auf dem Rücken liegen, wobei wir unsere blitzblanken Fußsohlen gegen die ebenso blanken Fußsohlen unseres Partners gedrückt hielten. Wenn wir den Impuls verspürten, uns zu bewegen, sollten wir diesem Impuls folgen und Körperkontakt halten, während sich die Bewegung entfaltete.

Ich erinnere mich, wie angenehm es anfangs war: die Fußsohlen aufeinander gepresst, die Nervenenden warm und empfindlich. Und dann: die erste langsame Bewegung, ein Zeh, der über mein Fußgelenk kriecht, der Ballen des anderen Fußes, der sich in mein großes Gewölbe schmiegt. Dann, ganz langsam, die Bewegung meiner Füße an den Beinen meiner Partnerin hinauf, ebenso wie ihre an meinen, bis wir gemeinsam über den Boden rollten. Ich erinnere mich, wie ich auf dem Rücken meiner Partnerin lag, während sie über den Boden kroch. Später drückte ihr Körper gegen meinen Rücken, und ich trug sie, ihr Gewicht eine süße Last. Und schließlich, als Yani uns bat, zum Ende zu kommen, berührten sich nur unsere Fingerspitzen, in langsamer und stiller Bewegung, doch hell und deutlich in unserem Bewusstsein, wie das Licht des Mondes, wenn er hinter den Hügeln aufsteigt und den Nachthimmel erleuchtet. Ich erinnere mich, wie satt ich mich fühlte nach dem Luxus solch ausgiebiger Berührungen, wie befriedigt.

Ein Jahr später tauchte Steve Paxton in meinem Atelier in der Innenstadt von Oakland auf, um Kontaktimprovisation zu unterrichten. Erneut fand ich mich Körper an Körper geschmiegt, rollend und über Rücken kippend, stundenlang tanzend, allein durch die Verschiebung der körperlichen Kontaktpunkte in Bewegung versetzt. Ein Tor zu einer neuen Welt von Berührung, Bewegung und Spiel hatte sich aufgetan.

Kontaktimprovisation ist eine Tanzform, die ausschließlich auf Berührungen aufbaut. Zwei Menschen begegnen sich von Kopf zu Kopf, Hand zu Hand, Schulter zu Schulter oder Hüfte zu Hüfte. Vom Berührungspunkt aus entsteht eine Bewegung. Die Aufgabe der Tänzer ist es, den Körperkontakt beizubehalten, während der Tanz von Bewegung zu Bewegung weiter fließt. Geübte Kontakttänzer können recht energisch tanzen, sich mit beeindruckender gymnastischer Virtuosität anheben, in die Luft werfen und wieder auffangen. Wegen der sinnlichen Freude und dem überraschenden Ablauf gehört die Kontaktimprovisation auch nach Jahrzehnten seit ihrer Erfindung noch zu den beliebtesten Formen tänzerischen Ausdrucks.

Zum Einüben der Kontaktimprovisation werden zahlreiche Vorübungen angeboten, damit man lernt, aus der Bewegung heraus zu fließen und Gewicht zu tragen. Alle diese Übungen machen Freude, unabhängig davon, ob man jemals bis zu einem vollen Kontakttanz kommt oder nicht. Wenn ich die folgenden Übungen in meinen Workshops anbiete, wird es nach anfänglichem nervösen Kichern und Flüstern plötzlich ganz still, und die Aufmerksamkeit verlagert sich vom Geist in den Körper. Der Körper weiß, was er zu tun hat, weiß, was sich gut anfühlt und ist hocherfreut darüber, dass wir seinem Wunsch nach Berührung nachkommen.

Wenn wir mit unserem Liebespartner Übungen durchführen, bei denen wir uns körperlich näher kommen, ohne explizit erotisch zu werden, erweitern wir das Territorium unserer Vergnügungen. Indem wir den Bereich der Möglichkeiten für Berührungen erforschen, werden wir, wenn wir uns schließlich im Bett wieder finden, ein völlig neues Vokabular der Liebe zur Verfügung haben.

✦ Die Übung

Handkontakt

Stelle dich deinem Partner gegenüber, schließt beide die Augen und lasst eure Hände einander berühren. Lasst, ausgehend von der Berührung von Fingern und Handflächen, eine Bewegung entstehen, dich sich zunächst nur auf die Hände beschränkt.

Geht einen Schritt weiter, indem ihr die Kontaktpunkte weiter über die Unterarme in die Oberarme und schließlich bis in die Schultern wandern lasst. Wenn ihr in einem leichten Fluss bleibt, könnt ihr den Kontaktpunkt ständig in Bewegung halten und weiter über den Rücken zum Kopf wandern lassen. Experimentiert mit einer Verlagerung des Körpergewichts. Lehn dich in deinen Partner hinein, während er sich mit seinem Gewicht in dich hinein lehnt.

Beginnt den Tanz mit der größtmöglichen Leichtigkeit und baut ihn schrittweise auf. Lasst den Kontakt euren Tanz bestimmen und fahrt solange fort, bis ihr merkt, dass er ein Ende findet.

Boku Maru

Eine reizende Art, Boko Maru zu beginnen ist, einander die Füße zu waschen und die Fußgelenke, Fußgewölbe und Zehen zu massieren. Doch wenn wenig Zeit ist, wasch dir rasch selbst die Füße und trockne sie ab. Dann leg dich auf den Rücken und berühre mit deinen Fußsohlen die Fußsohlen deines Partners. Bleibe eine Minute lang still und bewege dich nicht. Wenn du dann irgendwann den Impuls hast zu beginnen, bewege deine Füße und halte dabei Kontakt mit den Füßen deines Partners. Folge den Impulsen, die aus diesem Kontakt folgen, und lass den Kontakt allmählich in andere Körperpartien wandern. Geh, wo immer du hingehst, was ebenso gut nirgendwo sein kann. Seid Hündchen, seid Robben, seid Kätzchen, seid Menschen. Genießt den Kontakt.

Im vergangenen Jahr bin ich mit meinem Vater auf die Galapagos-Inseln gereist. An vielen Orten, an denen unser Schiff anlegte, lagerten Robbenherden auf den dunklen Vulkanfelsen an der Küste. Sie lagen niemals allein, sondern hingen übereinander und waren miteinander verschlungen. Wir Menschen versammelten uns um sie herum und waren entzückt, während wir unsere Kameras hervorholten, um die Bilder der putzigen, aneinander geschmiegten Kreaturen für die Zukunft festzuhalten. In den Robben sahen wir uns selbst, unsere eigene sehr menschliche, sehr tierische Natur.

Die Zierde der Natur

Während der Materialsammlung für eine Oper, die meine Freundin Sylvia Nakaach komponierte, fand sie Informationen über ein Paarungsritual, das die Frauen eines Eingeborenenstammes am Amazonas pflegen. Wenn sich eine Frau für einen Mann interessiert, lädt sie ihn zu einem abendlichen Treffen an einem bestimmten Ort im Dschungel ein. In Vorbereitung auf das Rendezvous sammelt sie besondere selbst leuchtende Blätter und befestigt sie auf ihrer Haut. Begleitet vom Summen der Insekten entsteigt sie dem Gewirr der Lianen, während ihr nackter Körper in der Dunkelheit erglüht. Eine unwiderstehliche Verführung.

Die Tatsache, dass wir durch die Art und Weise, wie ein Körper geschmückt ist, erregt werden können, führt dazu, dass unzählige Menschen sich in Einkaufszentren tummeln. Sie füllt zahllose Modemagazine, beschäftigt Massen von unterbezahlten minderjährigen Näherinnen und überbezahlten magersüchtigen Models und treibt uns dazu, stundenlang in unseren Kleiderschränken herumzusuchen in dem häufig enttäuschenden Bemühen, uns in einem Stil zu kleiden, der unseren Begleiter für den Abend bezaubert. Wir kleiden und schmücken uns, um zu verführen. Wir lassen uns die Haare schneiden, piercen Ohren, Nabel und Brustwarzen, tätowieren Oberschenkel, Bizeps und andere Körperteile, um zu verführen. Wir legen Make-up auf, tragen Hüte und zwängen unsere Füße in Schuhe die hochglanzpoliert sind, Pfennigabsätze oder Plateausohlen haben, um zu verführen. Wir drapieren und binden bunte Schlipse, Strumpfbänder, Korsette, seidene Boxershorts, und Wunder-BHs zum Zwecke der Verführung und vergessen dabei, dass es Möglichkeiten gibt, mit der Erotik des Körperschmucks zu spielen, ohne Modegeschäfte, schmuddelige Tätowierstudios oder Onlineversandhäuser in Anspruch nehmen zu müssen. Wie die Frauen am Amazonas können wir zur Verzierung des Körpers von dem Gebrauch machen, was uns die Natur in Hülle und Fülle und völlig umsonst schenkt.

✦ Die Übung

Begib dich mit einem Korb oder einer Papiertasche ins Freie und sammle, was dir gefällt: Blätter, Zweige, Federn, Steine, Blüten, Gräser, Beeren, Muscheln, Treibholz oder Sand. Wenn du in der Stadt lebst, geh in einen Park oder schneide ein paar Blüten vom Blumenkasten auf deinem Balkon. Suche dann nach einem kuscheligen Platz, im Freien oder drinnen, an dem ihr ungestört seid, einem Platz, an dem es warm und gemütlich ist.

Dekoriere den Körper deines Liebhabers mit deinen Sammelstücken. Lege Reihen von Gegenständen quer über den Körper deiner Liebsten – über die Stirn, über das Herz, über den Solarplexus oder mitten über den Bauch. Lege zwei flache, kühle Blätter auf die Augen, streue Blütenblätter über die Brüste oder flechte einen Zweig mit Beeren als Krone ins Haar.

Schmücke den Körper deines Liebhabers auf interessante und amüsante Weise, so als würdest du ein Kunstwerk gestalten. Spiele mit Farben und Oberflächenstrukturen. Finde Muster, die die Kurven und Linien sowie die Erotik des Körpers deines Partners betonen – einen Kreis um die Brüste, eine Linie zur Schamgegend, eine Löwenzahnblüte im Bauchnabel.

Eines Nachmittags ging ich in der Nähe meines Hauses mit meinem Freund Fred in den Wald. Ich hatte vor kurzem eine sieben Jahre dauernde Beziehung beendet und fühlte mich nicht besonders zu Fred hingezogen. Ich war entschlossen, lieber Single zu bleiben, obwohl ich merkte, dass Fred ein romantisches Interesse an mir hatte. Wir ließen uns an einem Hügel nieder, unter einer großen Eiche mit Blick auf Mount Tamalpais. Ich erinnere mich nicht mehr, über was wir sprachen, nur, dass es ein warmer Tag war, ich Shorts trug, und Fred auf der Wiese, auf der wir saßen, ein Vergissmeinnicht für mich pflückte es minutenlang zwischen den Fingern drehte. Dann streichelte er wie nebenbei mit der Blume über meine Beine. Er machte an jenem Nachmittag keine weiteren Annäherungsversuche. Es dauerte Wochen, bevor wir uns das erste Mal küssten. Doch in jenem Moment auf der Wiese wurde mir plötzlich erschreckend klar, dass wir eine Affäre haben würden. Ich konnte der Berührung mit der Blume nicht widerstehen.

✦ Die Übung (Fortsetzung)

Wenn du mit natürlichem Körperschmuck experimentierst, achte besonders darauf, wie du dir das Gefühl vorstellst, das der Gegenstand auf dem Körper deines Partners verursacht, damit du weißt, welche Empfindungen du bei deinem Partner bewirkst. Ein kühles Blatt auf beiden Lidern wirkt entspannend für die Augen. Ein Hügel mit Kieselsteinen auf dem Unterbauch besänftigt die Bauchdecke.

Finde die empfindlichen Stellen des Körpers, für die eine sanfte Berührung angenehm ist – die Innenseite der Schenkel, die Kniekehlen, den Hals, die Brüste, die Fußsohlen, den Bauch – und streichle diese Stellen mit einer Feder, einer Blume, einem weichen Grashalm oder einem warmen Stein.

An einem Sommertag, als ich auf dem Grundstück von Mel und Su ein Seminar gab, entdeckten wir, dass wir durch Reiben der weichen Flusskiesel gegen einen harten Felsen eine farbige Paste herstellen konnten. Wir verbrachten Stunden damit, uns gegenseitig die Gesichter zu bemalen. Besonders erstaunlich war für mich nicht nur die Freude über die Verwandlung unseres Aussehens, sondern das sinnliche Vergnügen, das mit der Berührung des Gesichts beim Bemalen verbunden ist – die kühle Masse, die über die Wangen, die Augenbrauen und die Augenlider gestrichen wird.

Verarbeite Blätter, Blüten und Flusssteine zu Naturfarben. Oder bemale den Körper deines Liebsten mit Schokoladensirup, farbiger Tortenglasur, Schlagsahne und Granatapfelsplittern.

Stammesvölker haben die Kunst der rituellen Körperbemalung perfektioniert. Die Verwandlung des Körpers dient dem Übergang in veränderte Bewusstseinszustände mit dem Ziel zu heilen, zu jagen und mit den Geistern von Tieren und Pflanzen zu kommunizieren. Wenn wir das Liebesspiel als einen spirituellen Akt betrachten, mit dem eine Transformation des Bewusstseins verbunden ist, können wir Methoden einsetzen, durch die unsere Wahrnehmungsgewohnheiten verändert werden. Die visuelle Verwandlung des Körpers ist ein Mittel, um den Zugang zu ungewohnten Bereichen unserer Existenz zu erlangen. Sobald wir diese erreicht haben, haben wir die Möglichkeit, uns auf ungewohnte Weise zu verhalten.

Der richtige Platz

Mitten in der Nacht, inmitten eines langen Kusses sprang Fred plötzlich auf und begann, Möbelstücke umzustellen. Ich kannte ihn erst seit ein paar Wochen und hatte ihn immer für einen etwas zurückhaltenden Computerfreak gehalten mit seiner Hornbrille und seiner Plastikeinlage in der Hemdentasche, um Tintenflecke zu vermeiden. Ich beobachtet mit Missbehagen, wie er einen kleinen Tisch vor das Fenster schob, um einen Gang frei zu räumen und begann, mein Sofa quer durch den Raum zu schieben. Er weigerte sich, mir zu sagen, was das Ganze soll, und als ich in einer Ecke des Raums stand, um Platz für seine Eskapaden zu machen, überlegte ich mir bereits, wie ich meinen Abschiedsbrief an ihn formulieren würde: *Lieber Fred, es war sehr schön mit dir, aber …* Fred schob das Sofa direkt vor den Kamin, zündete ein Feuer an und rollte mich auf das Sofa. Wir umarmten uns im Schein des Kaminfeuers und Freds Ansehen bei mir stieg schlagartig – der Platz war hervorragend.

Einige Wochen später, an einem Sonntagnachmittag, ließ Fred mich mitten in einer Umarmung los und verschwand hinter dem Haus. Ich fand ihn mit einem Sofakissen unter dem Arm über eine kleine von Iris umsäumte Wiese laufen. Er bat mich, es mir in dem sonnendurchfluteten Garten bequem zu machen. Dann zog er ein Fläschchen duftenden Massageöls aus der Tasche und wies mich an, still zu halten, während er meinen Körper im Garten liebkoste. Das Bild eines Computerfreaks mit Hornbrille und fleckensicherer Hemdentasche löste sich in Wohlgefallen auf.

Eines Abends, als wir gerade zum leidenschaftlicheren Teil übergehen wollten, sprang Fred auf, rannte quer durch den Raum, stieg ein Stück die Leiter zu meinem Hochbett hinauf und winkte mir zu, ihm zu folgen. Wir küssten uns in einem Balanceakt, auf halber Höhe über dem Fliesenboden, worauf er die Leiter hinuntersprang und unter den Küchentisch hüpfte. Wir jagten uns eine Stunde lang quer durchs Haus und landeten schließlich in innovativen Stellungen, die es wert wären, in das *Kamasutra* aufgenommen zu werden. Wenn einer von uns so außer Atem war, dass er aufgab, stürzte der andere los und fand einen neuen Ort – in der Badewanne, unter dem Mammutbaum, auf den Knien unter dem Esstisch – bis wir schließlich beide völlig erschöpft in einer süßen Umarmung endeten.

Wo wir sind, hat einen Einfluss darauf, wie wir uns fühlen. Am Anfang einer Liebesbeziehung ist die gegenseitige Leidenschaft oft so groß, dass man sich halbnackt auf dem Boden oder gegen die Wand gelehnt wiederfindet. Das Neue an der Situation setzt Energien frei, wir lassen alle Hemmungen fallen. Leider können wir keine befriedigenden dauerhaften Beziehungen entwickeln, wenn wir ständig neue Romanzen suchen. Doch glücklicherweise müssen wir nicht unbedingt frisch verliebt sein, um Freude an ungewöhnlichen Orten zu haben.

✦ Die Übung

Bereite ein Liebesnest vor. Du kannst das vor deiner Verabredung tun oder deinen Partner mitten während eines Kusses überraschen und ihn an einen anderen Ort führen. Stelle ein Sofa auf, nimm eine weiche

Decke mit, mach ein Feuer oder zünde eine Kerze an, halte ein paar Kissen parat. Du kannst in einem Alkoven ein kleines Allerheiligstes einrichten oder wenn es warm genug ist, ein Bett im Garten aufschlagen. Du brauchst nicht im Ritz abzusteigen oder in die Provence reisen, um einen reizvollen Ort für ein Rendezvous zu finden – schlage ein Lager direkt neben dem Rosenbusch oder in der Küche oder auf dem Balkon auf.

Vergiss nicht, dass du dein Liebesnest von langer Hand vorbereiten oder auf die Eingebung des Moments warten kannst. Zieh dich aus einer heißen Umarmung zurück und führe deinen Liebhaber an einen anderen Ort. Gleitet unter den Küchentisch, verschwindet hinter der Couch oder stellt die Dusche an.

Das Schwierige daran, sich vom Schlafzimmer auf die Terrasse zu begeben, ist nicht, dass man ein Stück laufen muss, sondern es ist unser Kopf. Wir haben den Wunsch, mehr Abwechslung in unser Liebesleben zu bringen, doch wir zögern, wenn es darum geht, etwas Neues zu erfinden. Wenn du mit deinem Partner verabredest, ein spielerisches Element in eure Beziehung zu bringen, kann das dazu beitragen, dass ihr euch dann tatsächlich erlaubt, auf spontane Impulse zu reagieren, statt sie zu verwerfen. Eine solche Zusage wird sich in jedem Fall positiv auf euer Liebesleben auswirken. Sie wird überraschende Früchte tragen. Sobald wir uns selbst sagen, dass wir einen neuen Ort finden werden, um unseren Partner zu küssen, müssen wir keine besonderen Anstrengungen unternehmen, um dies zu realisieren – der Impuls wird irgendwann spontan entstehen, und irgendwann liegen wir bei zunehmendem Mond am Wasser in einer lustvollen Umarmung.

Rollenspiel

Am Freitagabend um halb acht ging ich mit meinem Freund Mark zu einer Party in der East Bay. Wie wir befürchtet hatten, war die Autobahn vom Wochenendverkehr völlig verstopft. Mark ist Brite, und da es mir als Schauspielerin schwer fällt, mich zu beherrschen, begann ich, seinen

Akzent nachzuäffen. Statt mir einen Klaps auf den Hinterkopf zu geben und mich wegen meiner Unflätigkeit zu tadeln, verfiel er in einen starken Cockney-Akzent, und wir begannen eine Unterhaltung, die so nie zustande gekommen wäre, wenn wir mit normaler Stimme gesprochen hätten.

„Du fährt auf der bloody falschen Seite, wie immer, you do!“, posaunte ich.

„Du findest immer das langsamste Auto auf der Verkehrsstraße und hängst dich dahinter für den bloody ganzen Trip, you do.“

„Immer nur meckern, tust du, immer unhappy, bist du, immer elend, immer alles unter Kontrolle haben, willst du“, meckerte Mark zurück.

„Du bist derjenige der zu der bloody Party wollte, immer ausgehen wollen und bloody angeben.“

„Naaah, es war deine Idee. Was bloody immer du sagst, was immer du willst, ich bloody mache es für dich.“

Wir fuhren im Schneckentempo durch den dichten Verkehr und entschlossen uns, das alternde englische Ehepaar durch ein paar weise Inder zu ersetzen.

„Wie vorzüglich, ganz still zu sein“, sagte Mark und nickte mit einem breiten Grinsen auf den Lippen emphatisch mit dem Kopf.

„Nicht das Ankommen am Ziel ist von Bedeutung, sondern nur, im Hier und Jetzt zu seid“, gab ich mit meinem besten indischen Akzent von mir und schüttelte mein weises Haupt.

Wir wechselten von einer Rolle zur nächsten, sprachen mit großen Gesten, exaltierter Mimik und emotionalen Ausbrüchen, drückten aus, was immer uns gerade in den Sinn kam, ohne zu pausieren und darüber nachzudenken, ob unsere Worte angemessen waren, einen Sinn ergaben oder vielleicht jemanden beleidigen könnten.

Als wir schließlich bei der Party vorfuhren, wurde uns bewusst, dass wir wieder zu unserer normalen Persönlichkeit zurückfinden mussten, bevor wir hineingehen konnten. Es bereitete uns Schwierigkeiten, wieder genauso langweilig zu sein wie vorher.

„Ich glaube, die Autofahrt war das Beste an dem ganzen Abend“, seufzte Mark.

In dem Moment, in dem wir die Gurte für die Rückfahrt anlegten, schlüpften wir wieder in unseren Rollen hinein, wie zwei Kinder, die froh sind, dass die Alten aus dem Haus sind, weil sie nun endlich wieder frei herumtoben können.

„Du fährst immer so bloody langsam“, jammerte ich mit meinem breitesten britischen Akzent.

„Beklagen, beklagen, beklagen, du fährst verdammt noch mal das nächste Mal selber. Ich wird's dir schon zeigen“, meckerte Mark zurück.

Ich kannte Mark seit Jahren und hatte ihn immer gern gemocht, doch, als er mich an jenem Abend zu Hause absetzte und wir uns verabschiedeten, fing ich augenblicklich an, ihn zu vermissen.

Spielen öffnet das Herz und lässt uns weniger voreinander verstecken. Statt immer vorsichtig, auf sicherem Terrain und höflich zu sein, werfen wir unsere Fesseln ab und werden albern und wild. Die Wildheit in uns entspricht mehr unserem Wesen als die oberflächliche Schicht des gesetzten Verhaltens, das wir gewöhnlich an den Tag legen. Wenn wir das Gefühl haben, dass wir unser inneres Leben an die Oberfläche kommen lassen dürfen – die Rollen, die unhöflich sind, die kosmische Weisheiten ausspucken, die wütend oder kokett sind – dann erleben wir einander ohne Maske und merken, wie sehr wir die Gesellschaft unserer Mitmenschen schätzen.

✦ Die Übung

Wenn du mit deinem Partner zusammen bist – im Auto, beim Abendessen im Restaurant oder beim morgendlichen Kaffee – dann verändere deine Stimmlage und setze die Unterhaltung mit verstellter Stimme fort. Du kannst einen Akzent annehmen (französisch, amerikanisch, russisch), einen Dialekt sprechen (bayerisch, sächsisch, berlinerisch) oder nur die Tonlage ändern (sehr hoch, sehr tief, flötend oder unwirsch). Ihr könnt entweder in der gleichen Stimmlage sprechen (zwei Franzosen oder zwei Bayern), oder ihr sprecht mit unterschiedlichen Stimmen (eine unwirsche Person und eine mit einer ganz süßen, flirtenden Stimme.

Lass die Konversation gehen, wohin sie will. Wenn du die gewählte Stimme nicht mehr magst, nimm eine andere.

Diese Übung mag auf den ersten Blick schwierig erscheinen, doch die Schwierigkeit liegt nicht darin, die Rolle richtig zu spielen (was leicht ist, sobald du dir selbst gestattest zu experimentieren), sondern wieder in die normale Realität zurück zu finden. Wenn du wieder deine normale Stimme annimmst, kannst du das Gefühl haben, als trockne dein Leben plötzlich aus. Doch mach dir keine Sorgen. Du kannst jederzeit wieder auf das Spielfeld zurückkehren, indem du deine Stimmlage veränderst und der unendlichen Vielfalt der Rollen, die deine Innenwelt bevölkern, Ausdruck gibst.

Tragt das Spiel ins Schlafzimmer. Beginnt während eures Liebesspiels ein Gespräch im Rollenspiel. Oder singt, als wäret ihr in einer Oper (was den Tatsachen entspricht, wir vergessen lediglich, zu singen). Sprecht Französisch, Spanisch, Englisch oder Kauderwelsch, Rollen, von denen ihr nie geahnt hättet, dass ihr sie in euch habt. Vielleicht findest du eine Persona, die du besonders magst, und möchtest sie für eine Weile beibehalten. Lass dich nicht abhalten. Oder du magst eine bestimmte Persönlichkeit nicht mehr und möchtest eine neue finden. Lass dich nicht davon abhalten. Verschwende keine Zeit damit zu planen, wer du sein möchtest. Ändere einfach deine Stimme auf die eine oder andere Weise und lass sie alle aus deinem Kämmerchen höfliche Stille herauskommen.

Neun

Gebete – die Sprache des Herzens

Vergiss nicht,
dass es genügen kann,
mit den Augen eines Künstlers zu sehen,
dass es genügen kann,
mit den Ohren eines Dichters zu hören,
doch dass es mehr als genügen kann,
die Seele eines Menschen
auf nichts
außer Gott zu lenken.
Ich sage das, um mich selbst zu ermahnen.
Jede Geste ist ein Akt der Schöpfung.
Selbst leere, stille Räume
können die Schwingen und Stimmen von Engeln sein.

Michele Linfante

Der Pfad zu dem, was heilig ist

Kürzlich hatte ich das Privileg, während eines einmonatigen Autorenseminars eine Frau von außerordentlichem intellektuellem Format zu treffen, eine MacArthur- und Guggenheim-Stipendiatin sowie Pulitzer-Preisträgerin. Obwohl ihr achtzigster Geburtstag nicht allzu fern war, arbeitete sie noch immer als Redakteurin für eine angesehene Tageszeitung und hatte gerade die Arbeit an der Biografie einer bekannten Persönlichkeit in ihrem Bereich begonnen. Eines Nachmittags trafen wir uns zum Lunch auf der Terrasse vor meiner Wohnung. Die Frau erzählte mir, dass sie bereits mit einundzwanzig Jahren geheiratet habe, hauptsächlich deshalb, um der beengten Atmosphäre ihres Elternhauses zu entkommen. Einen Großteil ihres Lebens hatte sie sehr zurückgezogen gelebt, um sich ihrer Arbeit und ihrer Beziehung widmen zu können. Ihren beruflichen Erfolg schrieb die Frau ihrer Leidenschaft zu, während sie den ihrer Ehe auf reines Glück zurückführte – und sie fügte hinzu, dass sie und ihr Mann sich einander so nahe fühlten, dass sie Gott nicht brauchten.

Doch als ihr Mann nach schwerer Krankheit verstarb, merkte sie, dass ihr in einer Zeit, in der sie sich in ihrer Trauer und Niedergeschlagenheit nach Trost sehnte, eine spirituelle Praxis sehr fehlte. So begab sie sich auf die Suche nach einer Religionsgemeinschaft, mit der sie etwas anfangen konnte, doch fand sie keine. Keine Religion und kein Ritual – so sagte sie – entsprachen ihrem Wesen. Also trauerte sie weiter und brach schließlich, nachdem sich die Krise gelegt hatte, ihre Suche nach einer spirituellen Praxis ganz ab.

Nach unserem Lunch kehrte ich in mein Arbeitszimmer zurück, um zu schreiben. Doch meine Gedanken kreisten unaufhörlich um die Geschichte dieser Frau. Ich stellte mir vor, dass ihr jederzeit wieder etwas zustoßen könnte, das sie so traurig machen, sie so sehr ängstigen oder verwirren könnte, dass die Sehnsucht nach einer Erfüllung ihrer spirituellen Bedürfnisse wieder geweckt würde. Würde sie eine Form des Gebets und der Meditation finden, die den Ruf ihrer Seele erhörte oder würde sie an ihrer Überzeugung festhalten, dass es so etwas nicht gibt? Ich saß am Schreibtisch, schaute aus dem Fenster auf das Meer, das in der Sonne flirrte, und dachte über die zahlreichen Impulse nach, die ich erhalten hatte, die spirituelle Sehnsucht meines Herzens zum Ausdruck zu bringen, ohne diesem Impuls nachzugeben. Ich erinnerte mich an die Gebete meiner Kindheit, an die religiösen Gesänge und Mantren aus jahrelangen Exkursen in Schamanismus, Buddhismus, Hinduismus sowie in eklektische Zeremonien, bei denen Federn geschwungen und Trommeln geschlagen wurden. Die meiste Zeit meines Lebens war ich jedoch eher ängstlich und traute mich nicht, mein Herz wirklich überströmen zu lassen im eigenen, persönlichen Gebet.

Das Bedürfnis zu beten wurde jedoch immer stärker in mir, und ich überwand meine Ängste und begann zu experimentieren. Ich entdeckte, dass mein Auto einen idealen Rückzugsort zur ungestörten Erkundung neuer Gebetsformen bot, besonders auf endlosen Parkplatzsuchen. Ein Freund hatte mich wissen lassen, dass die für Parkplätze zuständige Gottheit *Squat* heißt, also erfand ich ein Gebet an *Squat*, das ich beim Umfahren von Häuserblocks rezitierte. Die Melodie meines Gebetes erforderte, dass ich ein wenig wie Kiri Te Kanawa sang, wodurch die Parkplatzsuche trotz Mangel an freiem Parkraum und gnadenlos wachsendem Zeitdruck eine unterhaltsame Qualität gewann. Unweigerlich tat sich nach wiederholten Anrufungen tatsächlich ein leerer Parkplatz auf, selbst in Stadtvierteln, die für mörderische Kämpfe um freien Parkraum berüchtigt waren.

Ermutigt durch die Erfolge meines Flehens an *Squat* wagte ich mich weiter vor in das Territorium des spontanen Gebets und befreite meine Experimente von den Begrenzungen des Fahrersitzes. Ich betete beim Wandern im Wald, bei der Arbeit im Studio, hinter der Bühne bei Aufführungen, in der Badewanne und während einer vor kurzem durchlebten gesundheitlichen Krise. Ich betete in Biopsieräumen und festgeschnallt auf dem Weg in den Magnetresonanztomographen. Je spielerischer ich betete, desto befriedigender, erleuchtender und beruhigender wurde der Vorgang des Betens.

Am letzten Tag des Autorenseminars besuchte ich meine Freundin in ihrem Zimmer, um mich zu verabschieden. Da stand sie vor mir, an den Kirschholzschreibtisch gelehnt, an dem sie den ganzen Monat über gesessen hatte, mit sorgfältig aufgetragenem Make-Up, makellos gekleidet, die gepackten und verschlossenen Koffer an der Tür. Sie erzählte mir, wie sehr sie sich auf den Duft der Rosengeranien auf dem Fenstersims ihrer New Yorker Wohnung freute. Sie hielt den Finger an die Nase, schloss die Augen und atmete tief durch. „Ihr Duft ist unvergleichlich", sagte sie. Ihr ganzes Wesen war erfüllt von einer so starken Ausstrahlung, dass sich der Duft per Suggestion durch den ganzen Raum bis hin zu mir ausbreitete. Ich saß da, reich beschenkt vom Phantomduft ihrer Geranien. Die Übertragung war überaus stark und inniglich, und ich begriff in diesem Moment, dass meine Freundin zwar keine formelle spirituelle Praxis finden konnte, jedoch stattdessen einen inneren Weg zu einer wundervollen Ausgeglichenheit und tiefen Dankbarkeit gefunden hatte.

Diesen inneren Zustand des Seins nennt Bruder David Steindl-Rast das „wahre Gebet". In *Gratefulness, the Heart of Prayer* (*Dankbarkeit, das Herz des Gebets*) schreibt er: „Das Rezitieren eines Psalms ist, wenn alles gut geht, eine echte Gebetserfahrung. Doch nicht immer geht alles gut. Vielleicht erlebst du während des Lesens nichts weiter als das Ringen darum, dich nicht ablenken zu lassen. Eine halbe Stunde später gießt du deine Alpenveilchen. Plötzlich überkommt dich die Gebetserfahrung, die du während des Psamlenlesens nicht finden konntest. Du wirst von innen heraus lebendig. Dein Herz wird weit und umfasst die samtigen Blätter. Die Blüten schauen dich an. Das Gießen und Aufnehmen des Wassers werden zum Geben und Nehmen, so intim, dass es zwischen dem Verströmen des Wassers und dessen Aufnahme durch die Wurzeln, zwischen der Freude, die die Pflanze verströmt, und der Freude, die dadurch in dir entsteht, keine Trennung mehr gibt. In seiner Dankbarkeit feiert dein Herz dieses Gefühl von Zusammengehörigkeit. Solange du von Dankbarkeit überwältigt bist, ist alles bedeutend. Alles macht Sinn. Du kommunizierst mit der Fülle deines Selbst, mit allem, was ist, mit Gott. Welches war das echte Gebet: die Psalmen oder das Gießen der Alpenveilchen?"

Das Gebet ist in seinem tiefsten Sinne keine Rezitation der Liturgie, noch die Bitte um einen Parkplatz, ja nicht einmal ein Flehen um Heilung – obwohl es all das sein kann. Das Gebet ist in seinem tiefsten Sinne das Herz, das den Weg zu seinem natürlichen Zustand des Friedens, der Weisheit und des Mitgefühls findet.

Immer dann im Leben, wenn unser Intellekt außerstande ist, unserem sorgenvollen Herzen Trost oder unserem verwirrten und ängstlichen Geist Klarheit zu schenken, wenden wir uns einer spirituellen Praxis zu. Das Gebet ist eine heilige Methode zur Erweckung unserer Präsenz, zur Ausstrahlung unseres angeborenen Zustandes innerer Freiheit. Gebet ist eine heilige Methode zur Vertreibung des Wahns, der unser Herz und unseren Geist verdunkelt, damit wir wieder zu Offenherzigkeit, Vertrauen und Mitgefühl finden. Das Gebet ist eine heilige Methode, uns zu unserem eigentlichen Zuhause zurückzuführen.

Wo auch immer unsere spirituellen Bindungen oder der Mangel daran herkommen mögen, unsere Beziehung zu dem, was heilig ist, ist letztlich eine ganz persönliche Angelegenheit. Jeder von uns hat seinen eigenen Weg, Kontakt zum Geist zu finden, sei es durch Tanz, Hymnen, Rosenkranzgebete, Wildwasser, Berggipfel, Geraniendüfte, Zungenreden oder Stille. Der Pfad zu dem, was heilig ist, ist ein Prozess, der sich allmählich entfaltet und ständig im Fluss ist. Er wird von Augenblick zu Augenblick geschaffen, entdeckt, erfunden und offenbart.

Einen Altar errichten

Es gibt einen Pfad in den Hügeln in der Nähe meines Hauses, auf dem ich durch einen Wald mit Mammutbäumen, Eichen und Manzanita laufe. Etwa eine Meile vom Ausgangspunkt des Wanderweges entfernt kommt man an einem alten Baum mit einem natürlichen Hohlraum am Fuß des Stamms vorbei. Wanderer legen kleine Opfer in die Höhle hinein: Münzen, Blätter, Blumen, Nippes. An einem Osterfest opferte jemand einen Plüsch-Osterhasen. Zu Halloween erschien ein kleiner Kürbis. Jedes Mal, wenn ich diesen Weg gehe, mache ich am Fuß dieses Baums Halt und amüsiere mich über diese spontane Pilgerstätte. Manchmal lege ich etwas dazu, manchmal nicht, aber immer ist dieser Altar da, willig und bereit, das aufzunehmen, was Passanten geben wollen.

In Thailand findet man im Wald vielerorts Altäre am Fuß von Bäumen. Die Stämme werden an der Basis mit einem hellen Seidenschleier umhüllt, mit Blumengirlanden geschmückt, und Opfergaben in Form von Früchten werden in die knorrigen Wurzeln gelegt. Vor einigen Jahren wanderte ich durch einen Regenwald im Osten Thailands, in Gedanken an meine bevorstehende Rückkehr versunken, als ich auf einen besonders großen, alten, festlich geschmückten Baum traf. Fasziniert von dem Baumriesen hielt ich inne. Ich war dankbar für die Aufmerksamkeit der frommen Menschen, die die Mühe auf sich nahmen, an dieser Stelle ihre Opfergaben zu platzieren und damit mich und alle Vorübergehenden zu ermahnen, innezuhalten und die Heiligkeit dieses ehrwürdigen Banyan-Baums wahrzunehmen. Und ich erkannte, dass die Funktion von Altären zumindest teilweise darin besteht, unsere Aufmerksamkeit zu erregen, unsere Gedanken zu sammeln und uns einzuladen, auf unsere seelischen Bedürfnisse zu hören.

In Nepal besuchte ich ein Kloster nach dem anderen. Dort hatten Mönche und Nonnen Altäre mit flackernden Butterlampen und ganzen Batterien von Opferschalen aus Messing sowie fein bemalte Figuren aus Jakbutter geschmückt. In Lateinamerika fand ich düstere, höhlenartige Kirchenräume vor, in denen fromme Christen Altäre mit Votivkerzen, lebensgroßen Statuen von Jesus und Maria und glänzenden Medaillons von Herzen, Beinen, Augen, Ellenbogen und Brüsten beluden. Und jeden Montagabend besuche ich den Zendo, bei dem mein Nachbar ein Räucherstäbchen entzündet, seine Stirn damit berührt und es in einem Sandschälchen auf dem Altar platziert, auf dem Manjushri, der Bodhisattva der Weisheit, neben Quan Yin, der Göttin des Mitgefühls, residiert.

Menschen errichten Altäre – Orte, an denen wir das Heilige sichtbar werden lassen und dem Wunsch der Seele nach einer Wohnstatt in der materiellen Welt entsprechen. Wir errichten unsere Altäre überall: auf Kaminsimsen, Fensterbänken, Armaturenbrettern, neben Gartenteichen und auf Berggipfeln.

Vorige Woche erhielt ich eine E-Mail mit der Nachricht, dass meine Freundin Elaine verstorben ist. Elaines Krebs bildete schon seit Jahren Metastasen, und sie hatte sich unbeugsam der Krankheit widersetzt, mit einem Willen, der ihre Ärzte in Erstaunen versetzte und ihre Freunde inspirierte. Bereits vor Wochen hatte ich erfahren, dass sie unter Nierenversagen litt. Die Nachricht von ihrem Tod erstaunte mich daher nicht, doch der Verlust schmerzte mich sehr. Ich wendete mich von meiner Arbeit ab und stellte ein Foto von Elaine auf meinem Altar auf. Auf dem Foto sitzen wir nebeneinander auf einer Holzbank, das Meer im Hintergrund, und sie lehnt ihren schwarz gelockten Schopf gegen meine Schulter. Sie trägt roten Lippenstift und lächelt direkt in die Kamera.

Neben dem Foto zündete ich eine weiße Kerze an, die dort sieben Tage lang brannte – was eine jüdische Tradition ist. Am Abend danach legte ich mich ins Bett und sah das flackernde Licht aus dem Nebenzimmer durch den Spalt unter der Schlafzimmertür. Ich fühlte Elaines Gegenwart, auch nach ihrem Tod.

Einige Tage, nachdem ich von Elaines Tod erfahren hatte, hatte ich einen Gerichtstermin wegen eines Strafmandats, das ich nach einer langen Wanderung unter meinem Scheibenwischer fand. Der Verkehrspolizist hatte auf dem Strafmandat angekreuzt: „Registrierung abgelaufen, 145 $“. Doch meine Registrierung war gar nicht abgelaufen, also kreuzte ich „nicht schuldig“ an und schickte das Strafmandat nach Sacramento, in der Hoffnung, dass man dort der Sache auf den Grund gehen und den Irrtum erkennen würde und dass damit die Sache erledigt wäre. Wochen später erhielt ich jedoch ein Formular aus Sacramento, in dem ich zu einem Gerichtstermin vorgeladen wurde.

Ich rief beim Gericht an und sagte, dass es einen Computerfehler beim Verkehrsamt gegeben habe. Ich erklärte, dass ich einen ganzen Stapel Papiere hätte, um zu belegen, dass die Situation sich geklärt habe, doch dass mir ein wichtiger Brief fehlte. Der Beamte sagte: „Das ist schlecht für Sie, Teuerste, und ich weiß, dass so etwas öfter vorkommt, und es tut mir leid wegen der Umstände, aber wenn Sie die Papiere, die Sie haben, alle mitbringen und einfach die Wahrheit sagen, wird man dafür Verständnis haben. Machen Sie sich keine Sorgen." Die hohe Stimme des Beamten hatte etwas Weibliches und hörte sich besorgt an. „Kommen Sie eine Stunde früher, unterschreiben Sie das Dokument, und Sie sind zwei Stunden später wieder draußen. Man respektiert hier, wenn jemand sich die Mühe macht zu erscheinen, denn die meisten Leute kommen erst gar nicht. Oder aber Sie bezahlen das Bußgeld."

Ich hatte den Ehrgeiz, für die Gerechtigkeit in diesem Fall einzustehen und entschloss mich, vor Gericht zu erscheinen. An dem Tag des Termins wachte ich früh auf, zog meinen braunen Anzug an, legte meine Perlenkette an, trug Lippenstift auf, machte mich eine Stunde vor Beginn der Verhandlung auf den Weg zum Gerichtsgebäude im sechzehnten Stock, unterzeichnete das Dokument und setzte mich auf die Wartebank, während die anderen Beklagten einer nach dem andern ihren Weg durch die schweren Holztüren des Gerichtssaals antraten. Der Beamte (ein untersetzter Mann im mittleren Alter mit auffallend dunklen Augenringen, die darauf hindeuteten, dass ihm ein gesunder Mittagsschlaf gut tun könnte) riet uns, uns mit einem der Studenten ins Benehmen zu setzen, die das Gericht großzügigerweise zur Rechtsberatung zur Verfügung stellte. Er versicherte uns, dass diese zwar rechtlich nicht qualifiziert seien, uns zu vertreten, doch dass sie kluge Geschöpfe seien, die die Übung gut gebrauchen könnten. Meine Studentin, eine eifrige junge Dame mit kräftigen Waden und großen Sportschuhen runzelte die Stirn und nickte voller Sympathie, als ich ihr meine Geschichte erzählte. Sie stimmte zu, dass mein Fall sehr klar sei, berührte ermutigend meine Hand und führte mich zu den Bänken im Inneren des Gerichtssaals.

Eine Stunde später wurde ich ins Hinterzimmer gerufen. Zwei junge, braungebrannte Männer, die offenbar gerade ihr Jurastudium abgeschlossen hatten und nun ihre frischgebackenen Juristenkenntnisse zur Anwendung bringen konnten, hielten den Vorsitz. Der Gerichtsbeamte saß mit zusammengekniffenen Lippen daneben, spielte mit seinem Bleistift und strahlte eine kühle Überlegenheit aus. Drei Polizisten in Uniform saßen Kaugummi kauend entspannt in der Ecke und starrten in die Luft. Die Neonrören des hell erleuchteten Gerichtssaals spiegelten sich in ihren polierten Sheriffsternen. Fünfzehn weitere, sehr offiziell aussehende Persönlichkeiten, deren Rollen nicht im Einzelnen definiert wurden, schauten mich ernst und düster an. Ich erklärte, dass meine Registrierung keineswegs abgelaufen sei, zog meine sorgfältig geordneten Papiere hervor, bei denen lediglich ein einziger Brief fehlte, und antwortete auf einige Fragen, die mir von den jungen Männern in dunklen Anzügen, die mich begleiteten, gestellt wurden.

„Bitte verlassen Sie den Raum", sagte der Gerichtsbeamte, als ich mit der Präsentation meines Falles fertig war. Offenbar mussten die zwanzig staatlich angestellten Persönlichkeiten diese komplexe kriminologische Situation privat durchsprechen, um ja auch jede rechtliche Nuance angemessen auszuloten. Eine Ewigkeit später wurde ich zurück in die Kammer gerufen, und man teilte mir mit, dass weitere Nachforschungen nötig seien. Man gab mir einen Monat Zeit, um das fehlende Schriftstück zu finden, und versicherte mich der Kooperation der Verkehrsbehörde.

„Das soll wohl ein Witz sein", sagte ich mit einem erstaunten Blick auf die Versammlung der Inquisitoren vor mir.

„Wenn Sie es vorziehen", erwiderte der Gerichtsbeamte ohne eine Spur der am Telefon gezeigten Einfühlsamkeit, „können Sie einen Prozess anstreben."

Meinte er das wirklich ernst? Ein Richter, Geschworene? Nicht zu fassen!

„Aber Sie haben mir doch versichert, dass ich einfach nur die Wahrheit zu sagen bräuchte!" sagte ich, und Flammen züngelten aus meinem Mund. An diesem Punkt forderte mich der Gerichtsbeamte auf, unverzüglich den Raum zu verlassen, in einem Ton, der an Handschellen gemahnte.

„Im Zweifel gegen den Angeklagten", sagte ich und stopfte die Papiere in meine Handtasche. „Das Opfer als Schuldige", murmelte ich vor mich hin, als ich in der Tiefgarage in der Schlange zum Ausgang stand. Auf der Autobahn begab ich mich sofort auf die linke Seite und trat kräftig aufs Gas. Mein Blick fiel auf den kleinen Quan-Yin-Altar auf meinem Armaturenbrett. Ich nahm den Fuß vom Gas, atmete tief durch und versuchte, wenigstens ein bisschen Mitgefühl für die Mitarbeiter des Gerichts aufzubringen. Sie tun nur ihren Job, versuchte ich mir zu sagen.

Mein Zorn verflog ein wenig. Ich schaute immer wieder auf Quan Yin, und eine Woge des Mitgefühls durchströmte mich für all die Opfer von Justizirrtümern auf der ganzen Welt. Ich spürte, welch unglaubliches Glück ich hatte, sendete meine Mitgefühlswogen weiter an alle Menschen überall und fasste den Vorsatz, gleich zu Hause einen Scheck an Amnesty International auszustellen.

Nach einem kurzen Zwischenstopp im Kaufhaus zum Zwecke der „Shopping-Therapie“ bei der ich mich mit einem Paar aufmunternd knallroter Hosen eindeckte, kam ich nach Hause und rief sofort das Verkehrsamt an. Nach fünfzehn Minuten in der Warteschleife, unzähligen automatischen Ansagen darüber, welche Tasten gedrückt werden müssen, um weitere automatische Ansagen und eine erhebliche Anzahl weiterer Optionen zu erhalten (die das Drücken weiterer Tasten für weitere detaillierte Ansagen erforderten), gelang es mir schließlich, eine Person aus Fleisch und Blut ans Telefon zu bekommen, die keine Ahnung hatte, wie sie mir helfen könnte. Sie versicherte mir, dass keine Vorgesetzten zu sprechen und auch keine direkten Durchwahlen zu irgendjemandem verfügbar seien, ich könnte jedoch eine Nachricht hinterlassen.

Tränen rollten über die abgegriffenen Seiten meines Kraftfahrzeugbriefs, und ich legte ihn mitten auf meinem Altar, um das Chaos den höheren Mächten des Universums zu überantworten. Ich bat um Hilfe für das Verkehrsamt und erwähnte, dass ich selbst ebenfalls ein klein Wenig Hilfe gut gebrauchen könnte. Dabei fiel mir Elaine mit ihrem knallroten Lippenstift und ihrem breiten Lächeln ins Auge, die mir mit freundlichem, aber ernstem Blick entgegenschaute und etwas zu blinzeln schien. Plötzlich waren meine Gefühle über das Verkehrsamt sowie über das Bußgeld, das ich wahrscheinlich zu bezahlen hatte (auch wenn ich es nicht verdient hatte), sowie um die zum Himmel schreiende Ungerechtigkeit nicht mehr ganz so leidenschaftlich. „Das Leben ist kurz, Baby“, flüsterte Elaine mir vom Himmel her ins Ohr, wobei sie ihren breiten Südstaatendialekt keineswegs verloren hatte. „Lass dich nicht völlig von dem Unsinn fertig machen. Nimm‘s leicht, leg eine schöne Musik auf und tanze lieber.“

Ich nahm das Foto und gab Elaines Abbild einen dicken Kuss. Dann legte ich Musik auf und begann zu tanzen. Ich war nicht allein mit meinem Tanz – der Gerichtsbeamte, die Polizisten, die braungebrannten jungen Männer, die vielen Angeklagten, Gerichtshelfer, Staatsanwälte und Elaine – alle tanzten mit mir, füllten und beschwingten mein kleines Wohnzimmer.

Ein Altar ist ein Ort, an dem wir unsere Wunden, unsere Konflikte, unsere ungeklärten Fragen und unsere alten Narben ablegen können, sie an Gott oder den Großen Geist oder an den kleinen Teil unseres winzigen Gehirns, in dem die Weisheit versteckt ist – auch wenn sie noch nicht so recht zum Tragen gekommen ist – übergeben können. Ein Altar ist ein Ort, an dem wir unsere Waffen und unsere Rüstung ablegen können, um Rat und Hilfe zu erbitten. Als sichtbare Form dessen, was wir für heilig halten, ist ein Altar ein Ort, an dem unser Verstand zu unserem Herz finden kann. Ein Altar ist etwas Persönliches, Veränderbares, Lebendiges. Seine Form und Funktion werden ausschließlich von demjenigen bestimmt, der ihn errichtet und mit ihm in Beziehung tritt. Heute ist es eine weiße Rose aus dem Garten, morgen ein Foto eines kranken Freundes, nächste Woche ein Brief vom Finanzamt, übernächste Woche ein Paar Ballettschuhe.

✦ Die Übung:

Errichte einen Altar an einem beliebigen Ort: auf einem Ecktischchen, einem Kaminsims, einem Aktenschrank, auf dem Spülkasten. Lass deine Phantasie spielen. Sei du selbst. Vertraue auf deine eigenen ästhetischen Vorstellungen.

Viele Altäre sehen ähnlich aus. Ein Seiden- oder Samttuch oder ein weißes Tuch, das Reinheit symbolisiert. Kerzen als Zeichen des göttlichen Lichts, des Strahlens, von dem ein unbeschwertes Herz erfüllt ist. Räucherwerk, dessen Gerüche über die Sinne anzeigen, dass wir in einen geheiligten Raum eintreten. Blumen als Zeichen der Schönheit und der Geschenke der Welt der Natur.

Einige Menschen sind Minimalisten, für die die beste Darstellung des Göttlichen klare, einfache Linien sind: Die Blume, die Kerze, das Räucherstäbchen in perfekter Geometrie auf einer polierten Oberfläche. Andere sind hoffnungslose Sammlernaturen, die ihren Altar mit allen möglichen heiligen Fundstücken übersäen: Brokat, Fotos spiritueller Lehrer in vergoldeten Rahmen, Sammlungen von Strandglas, ein geäderter Stein von einem Berggipfel, Asche verstorbener Haustiere, Sand vom Strand des Ganges, Kristalle, Stäbe, Dorjes, Kreuze, Rasseln, Rosenkränze, Federn, Leis, Glocken, Hochzeitssträußchen, ein vergilbter Liebesbrief.

Ich könnte eine Formel geben – den Altar mit Duftwasser reinigen, um den Raum zu läutern, eine Kerze in einer Farbe finden, die dich anspricht, duftende Blumen in einer Vase arrangieren, ein Bild eines heiligen Wesens oder ein heiliges Symbol hinzufügen – doch ich glaube nicht an Formeln. Ein Altar ist ein zu persönlicher Raum, als dass jemand bestimmen könnte, wie er auszusehen hat. Experimentiere selbst, finde deine eigene Weise, einen Altar zu errichten. Entdecke, was für dich am besten funktioniert.

Der wichtigste Aspekt bei der Errichtung eines Altars ist es, die Beziehung zu ihm lebendig zu halten. Ich lege alles Geld, das ich erhalte, auf den Altar, bevor ich es zur Bank bringe. Ich lege Fotos von Freunden, die an körperlichen Krankheiten oder emotionalen Problemen leiden, auf den Altar, um sie in meinem Herzen zu erinnern. Ich lege handgeschriebene Wünsche auf den Altar – und eine Statue von Quan Yin, die mich daran erinnert, Mitgefühl zu haben.

Ein Altar ist ein Ort, der alles akzeptiert, was wir anbieten, der unsere Schwierigkeiten, Ängste, Hoffnungen und Enttäuschungen annimmt, der dem Herzen in seinem Streben nach Klarheit hilft. Verändere die rituellen Gegenstände und die Art und Weise, wie sie arrangiert sind, wenn deine Bedürfnisse, Stimmungen und Absichten sich verändern. Heiligkeit macht Spaß. Das Leben ist bereits heilig. Wir vergessen es nur allzu leicht und müssen uns daran erinnern.

Anrufung

Du hast also deinen Altar errichtet und nun steht er da, sammelt Staub an, und das ist in Ordnung so, wenngleich es viel mehr Freude machen kann, wenn man eine Beziehung zu seinem Altar findet. Zünde die

Kerze an, erneuere das Wasser in den Schälchen, übersäe die Liebesgöttin mit Schokoladenstreuseln, chante und bete. Aber wie geht das, Beten, und zu wem?

Beim Vergleich von Gebeten verschiedener Traditionen ist mir aufgefallen, dass die meisten einen ähnlichen Aufbau haben: Anrufung, Ausdruck von Dankbarkeit, Bitte und Abschluss. Viele Rituale beginnen mit einem Aufruf – einer Anrufung von was oder wem auch immer man für heilig und hilfreich hält. Anrufungen lenken unseren Geist auf die göttliche Gegenwart, die Intelligenz und Ausstrahlung, die alles Seiende erfüllt, die unendlich und fortwährend gegenwärtig ist, ungeachtet von Geburt und Tod des Individuums. Diese Qualität der grenzenlosen, ausstrahlenden und intelligenten Präsenz wohnt unserem Herzen inne. Somit ist das, was wir beim Gebet anrufen, zum Teil unsere eigene lichtvolle Gegenwart. Durch das Gebet rufen wir die Weisheit und das Mitgefühl an, die in uns und im gesamten Universum als ungebrochenem Kontinuum vorhanden sind.

Meine Freundin Anna Douglas, buddhistische Lehrerin am Spirit Rock Meditation Center, erzählte mir, dass sie, als sie zehn Jahre alt war, Gott so erleben wollte, wie die Personen in der Bibel ihn erlebt haben. Sie betete daher täglich voller Inbrunst, rezitierte die presbyterianische Liturgie Wort für Wort, immer wieder. Doch sie hatte keine Gotteserfahrung wie in der Bibel. Also bat sie um ein Gespräch mit dem Priester.

„Wer hat die Bibel geschrieben?“ fragte Anna.

Der Priester stockte und errötete.

„Woher wissen wir, dass das Ganze nicht nur ein Märchen ist?“ legte sie nach.

Der Priester hatte keine zufrieden stellende Antwort, und Anna entschied, dass die Bibel ein Märchen sei und hörte auf zu beten.

Jahre später sollte Anna als junge Schauspielerin Jeanne d'Arc in einem Sommertheater spielen. Sie hatte Schauspielunterricht genommen und bereitete sich auf ihre Rolle vor, indem sie sich vollständig mit der Figur identifizierte. Während der Probenzeit ging sie täglich stundenlang durch den Wald und betete unablässig, so wie sie sich vorstellte, dass Jeanne d'Arc gebetet hatte. Diesmal, sagte sie, fand sie Gott.

„Und wer oder was war Gott?“, fragte ich sie.

„Gott war alles Sein“, sagte Anna, ohne einen Moment zu zögern „strahlendes, gestaltloses, leuchtendes Sein – Bäume, Himmel, Sonne, Vögel, der Gesang der Vögel, Felsen, Wolken, Gräser. Gott war überall, in mir und außer mir. Ich wurde sehr fröhlich, und Gott war Fröhlichkeit.“

Eine Möglichkeit, unser Gebet zu beginnen, ist es, alle möglichen Wesenheiten oder Gottheiten anzurufen, zu denen wir hier und jetzt einen Bezug oder nach denen wir ein Bedürfnis haben. *Gesegnet sei Gott.* Wenn wir verwirrt sind und nicht mehr ein noch aus wissen, können wir den Aspekt der Weisheit des Göttlichen anrufen. Wir können darum bitten, ihn zu fühlen, ihn in unserem Herzen lebendig werden zu lassen. *Gott der Klarheit und Weisheit, schenke mir Freiheit von meiner Verwirrung, gib mir tiefe Einsicht, Verständnis.* Wenn wir verärgert sind, können wir den mitfühlenden Aspekt des Göttlichen anrufen, können darum bitten, ihn zu fühlen, in unserem Herzen lebendig zu werden. *Göttin des Mitgefühls, lass mich dich in meinem Herzen fühlen. Lass mein Herz weich werden durch das Licht deiner Weisheit und liebevollen Fürsorge.* Wenn wir und unsere Freunde der Heilung bedürfen, können wir den heilenden Aspekt des Göttlichen anrufen. Wir können darum bitten, dass er sein Werk in unserem Körper oder im Körper unserer Freunde verrichten möge. *Gott der Heilung, bring deine Balance in diesen Körper, in diesen Geist.*

Wir können die Geister von Wasser und Feuer und Erde anrufen, uns zu nähren, zu führen und zu begleiten. Wir können unser Gebet an den Geist des Adlers und des Wals und des Weberknechts und des Hirsches richten, jeder begabt mit Intelligenz und Fähigkeiten, die uns in unserer Weisheit und unserem Handeln unterstützen können. Wir können unser Gebet an unsere Vorfahren oder an unsere Lehrer richten.

Die heiligen Bücher sagen, dass Gott zehntausend Namen hat und auf jeden dieser Namen hört. Doch wir brauchen gar nicht erst ein heiliges Buch aufzuschlagen, um die Namen Gottes zu entdecken – sie sind in die Landschaft eingeschrieben und im Schlag unseres eigenen Herzen verankert.

✦ Die Übung

Wo immer du das Bedürfnis oder die Neigung verspürst, ruf einfach das oder den an, was oder wen du in den inneren und äußeren Ebenen gegenwärtig haben möchtest. Du kannst auf formelle Weise beten, eine Kerze oder ein Räucherstäbchen auf deinem Altar anzünden, ein Mantra oder ein Gebet rezitieren, das du gelernt hast, oder du findest deine eigenen Worte. Du kannst die göttliche Präsenz oder Gott, Jesus, Maria, Allah, Hashem, Padmasambhava, Tara, die Dakas und Dakinis anrufen; du kannst ihre Namen aussprechen oder sie chanten.

Stelle deine eigenen Experimente mit dem Gebet an, wo immer du den Impuls danach verspürst. Beim Wandern im Wald kannst du den Geist der Bäume, der Bäche, der Blumen und Gräser, der Sonne und des Himmels, der Kreaturen anrufen, kannst sie grüßen oder um Hilfe bitten. *Geist der Eiche, Geist der Wolken, Geist der fallenden Blätter, steh mir bei.* Beim Autofahren kannst du den Schutzengel von Sicherheit und Gesundheit anrufen. *Möge ich beschützt sein, möge ich in Sicherheit geborgen sein.* Beim Baden oder Duschen kannst du den Geist des Wassers zur Läuterung anrufen. *Mögest du meine Verwirrung fortspülen. Mögest du meine Angst fortspülen. Mögen mein Körper und Herz geläutert werden.* Bei der Gartenarbeit kannst du den Geist der Erde, der Sonne und des Mondes anrufen, und den Geist der Pflanzen, um dem Garten beim Wachsen zu helfen. *Möge der Mais kräftig wachsen und süß werden, die Radieschen würzig, dick und saftig.*

Du kannst um dein eigenes Wohlergehen oder um das von anderen bitten, kannst auf Wellen des Segens Wünsche für das Glück aller Wesen in das Universum senden.

Finde deine eigenen Worte und deinen eigenen Melodien oder improvisiere mit denen, die du gelernt hast und die dich bewegen. Oder lass dir wortlose Gebete einfallen. Oooooommmm!

Dankbarkeit

Nachmittags saß meine Großmutter häufig in ihrem Schaukelstuhl, mit einer grünen Häkeldecke aus den Tagen, in denen ihre Finger noch flink waren, über den Knien. Wie aus heiterem Himmel begann sie plötzlich zu beten.

„Halleluja, halleluja", begann sie und fing an, völlig ungehemmt und mit zittriger Stimme hebräische Gebete zu krächzen.

Eines Nachmittags bat ich sie, mich ein Gebet zu lehren, das ich sie über viele Jahre singen gehört hatte. Wir saßen am Esstisch, ihre knotigen Finger zitterten, als sie auf die Worte in dem Gebetbuch zeigte und mit mir Zeile für Zeile die Melodie und Aussprache durchging, bis ich es ebenfalls auswendig konnte. „Alle Bäume und alle Gräser singen ihr Lob", übersetzte sie.

Danach stimmte ich immer mit ein, wenn sie in ihre Gebete ausbrach. Ermutigt durch das Duett, machte sie gleich mit ihrem zweiten Lieblingsgebet weiter: „O beautiful, for spacious skies ..."

Meine Großmutter sang vor jeder Mahlzeit und unmittelbar nachdem sie den letzten Bissen verzehrt und ihre Gabel aus der Hand gelegt hatte einen Lobpreis. Sie sang einen Lobpreis am Morgen nach dem Aufwachen und am Abend vor dem Zubettgehen. Am Ende jedes meiner Besuche, wenn ich sie zum Abschied umarmte, den Mantel zugeknöpft und die Handtasche in der Hand, segnete sie mich auf Hebräisch mit einem geflüsterten Gebet, das direkt aus ihrem Herzen kam, einem Gebet, das seine Kraft niemals verlor, auch dann nicht, als sie schon so alt war, dass sie sich kaum noch erinnerte, was für ein Tag es war. Ihre Wünsche für mein Wohlergehen gewannen umso mehr an Kraft, je stärker ihre körperlichen Kräfte nachließen.

Ich machte mir Sorgen, dass diese Gebete nach dem Tod meiner Großmutter sang- und klanglos aus meinem Leben verschwinden würden, dass die Worte und Bedeutungen dieser Liturgie verblassen würden, bis schließlich die Seiten der Erinnerung leer wären. Um die Gebete lebendig zu erhalten, musste ich sie nicht nur lernen, sondern auch rezitieren. Ich begann mit einem hebräischen Gebet, das ich schon seit meiner Kindheit besonders geliebt hatte, dem *Schechiyanu*: „Gepriesen sei der Schöpfer, der uns trägt, uns erhält, uns das Leben schenkt, so dass wir in diesem Moment hier sind." Das Gebet wird gewöhnlich an Festtagen gesungen, wenn wir uns an den ersten Früchten der Jahreszeit erfreuen, wenn ein Kind geboren wird oder die erste Frühlingsblume aus ihrer Knospe aufblüht. Wir sprechen es jedes Mal, wenn wir den Impuls haben, Dankbarkeit für unser Leben auszudrücken, wenn wir das Geschenk des Augenblicks feiern. Wie dankbar wir sind, hier und jetzt da zu sein. Ich singe das Gebet, wie ich mir vorstelle, dass ein Kantor es singen würde, laut und von Herzen, mit weit geöffnetem Mund: „Gepriesen sei der Schöpfer, der uns das Leben gewährt, uns trägt und uns erhält, bis zu diesem Moment. Amen".

Der Ausdruck von Dankbarkeit oder wenigstens des Gefühls von Dankbarkeit ist das Herzstück des Gebets, sagt Bruder David Steindl-Rast. Wenn wir uns aufmerksam umschauen, werden wir merken, dass wir in unserem Leben freigebig beschenkt werden, dass die Luft zum Atmen, das Wasser, das vom Himmel fällt und unseren Durst löscht, die Sonne, die aufgeht und uns Licht spendet, die Bäume, die uns Schutz gewähren und die Nahrung, die der Erde erwächst, aus freien Stücken gegeben werden. Die Schönheit dieser Welt und unsere Fähigkeit, sie wahrzunehmen, werden uns freigiebig geschenkt. Wir werden von Augenblick zu Augenblick, tagein, tagaus bis zu unserem letzten Atemzug mit unzähligen Geschenken überhäuft.

Trotz dieses Überflusses fühlen wir uns oft leer, als hätten wir nicht genug, als seien wir uns selbst vom Wesen her nicht genug, und folglich leiden wir. Wenn wir lernen, unsere Gedanken auf die Geschenke zu richten, mit denen wir versorgt werden – das Wunder des Karottenbüschels, das sich durch die dunkle Erde ans Licht bohrt, das Wunder der taufrischen, roten Pflaume, das Wunder der Lilie, der Meeresgischt, der Melodie der Amsel, und das Wunder, überhaupt geboren worden zu sein, mit allen Sinnen, um diese Wunder wahrzunehmen – wenn wir unsere Gedanken auf die Wahrnehmung dessen richten, was uns geschenkt wurde, erwacht in uns eine tiefe Dankbarkeit, und wir finden die Liebe zu diesem Leben und diesem Augenblick. Diese Liebe ist immer für uns da, wenn wir unseren Blick in ihre Richtung lenken. Sie ist das, was wir „Freiheit" nennen. Diese Liebe ist, was wir „Gott" nennen.

✦ Die Übung

Nimm dir zu einer beliebigen Tageszeit einen Moment Zeit, um für das dankbar zu sein, was dir genau in diesem Augenblick geschenkt wird. Diese Übung erfordert keinen zeitlichen Aufwand, sondern nur Aufmerksamkeit. Wenn du einen Schluck aus der Wasserflasche nimmst, sei für das Wasser dankbar. Sprich mit einem Freund und sei dankbar für seine Gesellschaft. Wenn du einen Salat isst, sei dankbar für die Vielfalt unterschiedlicher Geschmacksnoten. In der U-Bahn kannst Du dankbar für die viele Menschen sein, von denen jeder einzigartig und jeder sterblich ist. Widme jeden Tag einen Moment der Wertschätzung dessen, was dir gegeben ist, und sei dankbar dafür.

Du kannst die Vielfalt der Geschenke, die jeder Augenblick dir bietet, still würdigen oder du kannst deine Dankesworte laut aussprechen: „Dieser lebendige, atmende Körper. Mein Cockerspaniel Emma mit seinen langen Ohren, die flattern, wenn er springt. Der kühle Wind, der durch einen Fensterspalt zieht und über meine bloßen Arme weht. Der Anblick einer Meeresbucht von meinem Studiofenster aus. Welch ein Glück, ein sonniger Tag und genügend Zeit, um am Strand entlangzulaufen und die salzige Seeluft einzuatmen. Danke, Gott der Geschenke, für solch vorzügliche Gaben."

Flehen

Als vor einigen Jahren eine uneindeutige und möglicherweise lebensbedrohliche Krankheit bei mir diagnostiziert wurde, zog ich die Frau, die mir im Haushalt hilft, ins Vertrauen und erzählte ihr von der Gesundheitskrise, die ich gerade durchmachte. Sie sagte mir, ich solle beten. „Aber du darfst deine Gebete nicht nur flüstern", sagte sie, „du musst sie laut herausbrüllen." Julia erzählte mir, dass sie, als ihr Sohn krank war, jede Nacht um zwei Uhr morgens aufstand, sich auf den Boden kniete und mit lauter Stimme betete. Ihr Sohn wurde geheilt. Sie erzählte mir, dass sie, als bei einem Freund eine Krebserkrankung diagnostiziert wurde, ebenfalls wochenlang mitten in der Nacht aufstand, auf die Knie fiel und laut rufend betete. Auch ihr Freund wurde geheilt.

Obwohl ich mich nicht so weit ging, mitten in der Nacht auf die Knie zu fallen, um meine Gebete herauszuschreien, schätzte ich doch Julias Rat. Wir können mit Hingabe beten, mit Leidenschaft, mit Strenge und mit einem klar definierten Ziel, statt mit halbem Herzen, mit von Zynismus getrübter Stimme und einem zweifelndem Geist. Wenn wir das tun, werden wir während unseres Gebetes Freiheit erleben, unabhängig davon, ob unsere Gebete in der gewünschten Weise beantwortet werden oder nicht. Wir werden die Freiheit des wahrhaftigen Ausdrucks erleben, die Freiheit eines überfließenden Herzens – und diese Freiheit allein ist schon eine Antwort auf unser Gebet.

Die meisten Menschen kommen irgendwann an einen Punkt, vielleicht nur einmal im Leben, vielleicht auch einmal jährlich, jede Woche oder sechzehn Mal täglich, an dem sie das Bedürfnis nach spiritueller Hilfe verspüren. Sei es, dass sie um einen Verstorbenen trauern, dass ihr Kind erkrankt, oder dass die Aktien in den Keller fallen, einen Tag nachdem sie ihre Altersversorgung an der Börse investiert haben. Vielleicht haben wir panische Angst vor dem Fliegen, sind besessen von einer unerfüllten Liebte, süchtig nach irgendeinem berauschenden Stoff, oder wir haben in einem Umkleideraum mit durchsichtigem Spiegel einen Badeanzug anprobiert – oder alles auf einmal. An irgendeinem Punkt brauchen die meisten Menschen spirituellen Beistand, Hilfe, Trost und Heilung.

Zu Zeiten wie diesen besteht eine Möglichkeit darin, sich furchtlos dem Gebet hinzugeben. Doch die meisten Menschen haben Angst vor dem Beten, selbst wenn es nur ein leise gemurmeltes kleines Gebet ist, und sind unsicher, wie sie es anstellen sollen, ihr Inneres zu offenbaren. Dabei ist zum wirksamen Beten nichts weiter erforderlich, als es zu tun. Schon innerhalb weniger Momente werden wir merken, dass wir zutiefst damit vertraut sind.

Eine Möglichkeit, um Hilfe zu bitten, ist laut danach zu schreien: „Hilfe! Hilfe! Hilfe!“ Wir können wie Aretha Franklin singen: „H-E-L-P, Help.“ Oder wie Pavarotti: „Heeeelp! Heeeelp!“, wie Frank Sinatra: „Help, schubidubi, Help, schubidubi“, oder wie die Beatles: „Won't you please, please help me“. Hilfe kommt dann möglicherweise sofort, indem der Stau auf der Autobahn sich auflöst, oder indem eine innere Bewegung im

Herz stattfindet, das nun, da es singt, sich erhoben fühlt, selbst wenn man noch immer im Stau steht.

Vor Jahren nahm ich an einem Rosch Haschana-Gottesdienst in Villeneuve, einem Vorort von Paris, teil, der von algerischen Juden bevölkert wird. Ich saß auf dem Balkon mit den anderen Frauen abgetrennt hinter einem Spitzenvorhang. Die bärtigen Männer in ihren schwarzen Anzügen und steifen Hüten unter uns wiegten sich in ihrem Bittgesang vor und zurück. Der Rabbiner stand in der Mitte der dunklen Masse und intonierte die Neujahrspredigt wie ein Baptistenprediger, wohltönend und mit kräftiger Stimme:

> *„Wir bitten nicht um Reichtum oder Gesundheit*
> *für uns und unsere Familien an Rosch Haschana.*
> *Wir bitten um Frieden in der Welt,*
> *Frieden für die Seele.*
> *Wir bitten um Vereinigung unserer Seele mit Gott.*
> *Wenn unsere spirituellen Bedürfnisse erfüllt werden,*
> *wird alles andere folgen.*
> *Wenn die Seele nicht in Frieden ist,*
> *wird gar nichts folgen.*
> *Wenn wir alle nur materielle Dinge suchen,*
> *werden wir nichts bekommen.*
> *Wenn wir um Liebe bitten,*
> *um Frieden für die Seele,*
> *dann werden wirkliche Gesundheit,*
> *wirklicher Reichtum folgen."*

Das tiefste Gebet ist die Suche des Herzens nach dem Weg des Friedens. Das erwachte Herz ist zufrieden mit allem, was sich von Augenblick zu Augenblick entfaltet. Wenn das Herz in Gleichmut ruht, wird der Körper mit hoher Wahrscheinlichkeit gesund, und der Geist wird imstande sein, selbst dort Lösungen zu finden, wo sich scheinbar unlösbare Probleme auftun. Wenn wir für materielle Dinge beten, so sagte der Rabbiner, erhalten wir gar nichts. Wenn wir für Frieden beten, erhalten wir alles.

✦ Die Übung

Das nächste Mal, wenn du das Gefühl hast, Hilfe zu gebrauchen und Freunde und Familie nicht genügen, um die anstehende Aufgabe zu bewältigen, dann rufe nach Hilfe. Du kannst um spezifische Hilfe für ein bestimmtes Bedürfnis bitten oder du bittest darum, dass deinem Herzen Frieden und deinem Geist Ruhe geschenkt werden mögen. Du kannst singen oder chanten, jammern oder flüstern. Du kannst jemand Bestimmten anrufen: Gott, Jesus, Tara, Allah, Hashem. Oder das Universum insgesamt. Versuch es. Experimentiere. Rufe mit lauter Stimme.

Die Poesie des Sehens

Eine weit verbreitete Annahme über unsere Gebete ist, dass sie am ehesten erhört werden, wenn wir das erwünschte Ergebnis ganz klar vor Augen haben. So gesehen, ist ein Gebet weniger ein Flehen um Hilfe als eine Visualisierung unserer Wünsche.

Bei meiner eigenen gesundheitlichen Krise ging es um entartete Zellen, aus denen Krebs entstehen konnte. Es war zwar noch keine akute Bedrohung da, doch die Zellen hatten das Potential, sich zu etwas Gefährlichem zu entwickeln. Ich unterzog mich einer alternativen Behandlung mit intravenösen Infusionen von Pflanzenextrakten. Eine Krankenpflegerin kam zu mir nach Hause, legte mir die Infusion an und ließ mich dann drei Stunden allein, während die Medizin tropfenweise in meine Venen floss. Statt in dieser Zeit fernzusehen oder zu lesen, um mich irgendwie abzulenken, arbeitete ich mit Visualisierungsübungen per Audiokassette von Dr. Martin Rossman. Bei einer der geleiteten Phantasiereisen lässt man in Gedanken ein Bild für die Heilung entstehen. Ich sah kreisrunde Zellen aus Licht, die alle Teile meines Körpers erfüllten. Da saß ich nun, stundenlang, wurde zunehmend glücklicher, und statt Angst vor meinen zweiwöchentlichen Behandlungen zu haben, fing ich an, mich auf sie zu freuen.

Meine Freunde fragten mich mit besorgtem Blick, wie es mir gehe. Obwohl eine meiner Lieblingsbeschäftigungen ist, mich über alles Mögliche zu beklagen, ertappte ich mich dabei, wie ich zugab, dass es mir eigentlich recht gut gehe, vielen Dank, weil mich ich tatsächlich nach einigen Wochen des Anfüllens jeder Zelle meines Körpers mit strahlendem Licht sehr lebendig fühlte. „Du siehst gut aus", stellten meine Freunde fest und fragten, ob ich mir einen neuen Haarschnitt zugelegt oder abgenommen habe. Ich sagte nur: „Licht".

Die Ärzte, die mit dem Konzept von Lichtkuren und Pflanzenextrakten nicht so vertraut waren, stellten unzutreffenderweise fest, dass meine alternativen Behandlungen nichts bewirkten und bestanden darauf, dass ich mich einer chirurgischen Behandlung unterzog. Nach Monaten des Widerstands gegen ihren Rat gab ich schließlich nach. Auch in dieser Situation wandte ich mich wieder dem Werk von Dr. Rossman zu. Um die Folgen des chirurgischen Eingriffs zu lindern und die Heilung zu fördern, regt er an, dass der Patient sich als vollkommen geheilt visualisieren und sich vorstellen solle, wie er einer seiner Lieblingsbeschäftigungen nachgeht, die für völliges Wohlbefinden repräsentativ ist. Als mich die OP-Schwestern mit ihren pastellfarbigen Duschhäubchen und passenden Stiefelchen auf der Bahre festschnallten und über den blitzblanken Krankenhauskorridor durch die Schwingtüren in den Operationssaal schoben, stellte ich mir vor, wie Isadora Duncan zu tanzen – in Pirouetten und Sprüngen, die Beine in großartigen Arabesken ausgestreckt, in einem luftigen Gewand, das mir um die Knie wehte.

Wenige Wochen nach meiner Operation hatte ich eine Aufführung anlässlich einer Konferenz, die nicht weit von meinem Haus entfernt stattfand. Während ich in meinem flatternden lavendelfarbigen Kostüm über die Bühne wirbelte, merkte ich, dass ich die Vision auslebte, die ich damals vor meinem inneren Auge gesehen hatte. Ich spürte zutiefst, dass die Visualisierung von vor einem Monat dazu beigetragen hatte, meine Vision Wirklichkeit werden zu lassen. Vielleicht werde ich niemals verstehen, wie dieser Prozess funktioniert, doch ich werde immer für ihn dankbar sein.

Um mit dem Unterbewusstsein und mit dem autonomen Nervensystem zu kommunizieren, die der Ort sind, wo ein Teil der Heilung stattfindet, machen wir von der Sprache der Symbole Gebrauch. Wenn wir uns vorstellen, dass wir vollkommen gesund sind und etwas tun, was für vollkommene Gesundheit symbolisch ist, ist die Wahrscheinlichkeit, dass wir genau das erleben, höher, als wenn wir uns die schlimmstmöglichen Dinge ausdenken, die passieren könnten, wenn die Krankheit fortschreitet, die Operation fehlschlägt, sekundäre Infektionen auftreten usw. Wenn wir uns vorstellen, wie wir das tun, was wir am liebsten tun, ist die Wahrscheinlichkeit größer, dass wir es tatsächlich irgendwann tun werden.

Die Papago-Indianer aus den Wüstenregionen Arizonas führen diesen Prozess noch einen Schritt weiter, indem sie ihre Gebete zur Anrufung bestimmter Ziele singen. „Die Beschreibung eines Ereignisses in der Magie schöner Worte war für sie das Mittel, um dieses Ereignis eintreten zu lassen", schreibt Ruth Underhill in ihrem wundervollen Buch *Singing for Power*. „Die Lieder kommen aus allen Bereichen des Lebens und aus vielen verschiedenen Stimmungen: feierlich, wehmütig, fröhlich, wild. Die Stimmung spielt keine Rolle. Die Magie wird aktiv, wenn die Beschreibung lebhaft ist und der Gesang oder die Rezitation so vollführt wird, wie es sich gehört … zum Nutzen aller Menschen."

✦ Die Übung

Wenn du einen starken Wunsch nach deinem eigenen Wohlbefinden oder dem anderer hast, praktiziere das Visualisieren. Siehe vor deinem inneren Auge das, was du dir wünschst, doch statt nur materielle Dinge zu visualisieren – ein neues Auto, einen Lottogewinn – gehe tiefer in die Bedürfnisse deines Herzens hinein. Wenn du krank oder deprimiert bist, stellt dir vor, dass du etwas tust, was für vollkommenes Wohlbefinden steht, eine Aktivität, die du liebst, und visualisiere die Szene in lebhaften Details.

Wenn ein Freund erkrankt ist, sieh den Freund als strahlend gesund. Wenn du etwas anpflanzt, kannst du dir den Garten in voller Blüte und voller Früchte vorstellen. Auf deiner Hochzeit kannst du dir vorstellen, wie das Licht der Liebe alle Gäste und Teilnehmer erfüllt. Wenn du einen neuen Job beginnst, kannst du dir vorstellen, wie sich dein Chef und du mit allen anderen Mitarbeitern in harmonischen Mustern miteinander bewegt.

Erfinde eine Melodie und singe das Gebet, beschreibe das Bild in der „Magie schöner Worte".

Ich reite auf dem Rücken
einer Appaloosa-Stute
und sie galoppiert, galoppiert,
ihre Mähne dunkel auf weißem Hals.

Und sie galoppiert, galoppiert
über ein Feld wilder Gräser,
ihre Flanken nass und heiß,
und sie galoppiert.

Genieße das, was du tust, spiele mit Worten und Melodien, Rhythmen und Wiederholungen. Du kannst für deine eigenen Bedürfnisse beten, für die eines Freundes, für Frieden in der Welt, für den Schutz der Erde.

Und dann sagen wir „Amen".

Das letzte Mal, dass ich meinen Vater sah, war an einem Freitagabend, als ich ihn zum Abendessen in seiner Wohnung in Menlo Park auf dem Rückweg von einem Seminar besuchte, das ich in Big Sur gegeben hatte. Seine Frau war an dem Wochenende nicht zu Hause, also hatte Papa selbst das Essen zubereitet: Pasta mit Tomatensauce und Pilzen, einen Salat mit Avocado und Brot mit Olivenöl und Pfeffer. Mein neunzehnjähriger Neffe Jonathon, der in Stanford Mathematik studiert, war ebenfalls zu Besuch. Wir deckten den Tisch auf der Veranda mit Blick über den riesigen Golfplatz und saßen draußen in der Dämmerung. Froh darüber, Zuhörer zu haben, lieferte mein Vater Geschichten und gute Ratschläge im Überfluss.

„Jonathon, du solltest dir die Haare schneiden lassen", sagte er, spuckte einen Olivenkern aus und schaute abschätzig auf die gebleichten Rasta-Locken meines Neffen.

„Er sieht doch toll aus", widersprach ich und bewunderte das Chaos seiner Locken. „Igitt!" entgegnete mein Vater und bot mir mehr Salat an. Sein eigenes Haar war an den Schläfen silbrig, mit starker Tendenz zur Glatzenbildung.

Jonathon, der in derartigen Momenten dazu neigt, ganz still zu werden, sagte nichts, doch ich merkte, dass er innerlich schmunzelte.

Als ich meinen Vater zum Abschied umarmte, bot ich ihm an, Jonathon den Hügel hinunter in sein Studentenwohnheim zu fahren, falls er dazu zu müde sei. Der Rücken meines Vaters war im Lauf der Jahre krumm geworden, und ich hatte den Eindruck, dass er unter erheblichen Schmerzen litt, obwohl er sich nur selten beklagte. Er lehnte ab, war froh, dass er die Fahrt machen konnte, und ich sah, wie die beiden Männer sich zublinzelten. Ich nahm an, dass die beiden es genießen würden, zusammen im Auto zu fahren und über Gleichungen zu fachsimpeln.

Am Sonntagabend klingelte zu später Stunde mein Telefon. Ich war erstaunt, die Stimme meiner Schwester am anderen Ende zu hören. „Ist alles in Ordnung?“, fragte ich. „Nein“, erwiderte sie mit gebrochener Stimme. „Vater ist tot.“

Ich begriff erst gar nicht die Tragweite dessen, was sie sagte, obwohl ich jedes Wort verstanden hatte. Er war mit seiner Frau und einem befreundeten Paar zum Essen ausgegangen. Um ein wenig frische Luft zu schnappen, war er kurz vor die Tür gegangen und dort zusammengebrochen. Als der Krankenwagen eintraf, konnte sein Herz nicht wiederbelebt werden.

Zwei Freunde aus Los Angeles waren zu Besuch bei mir, und wir hatten gerade unser Abendessen beendet. „Mein Vater ist gestorben“, flüsterte ich. Meine Stimme klang, so wie mir das über die Lippen kam, relativ gefasst, doch ich hörte sie nur wie aus weiter Entfernung. Ich rollte mich auf dem Boden zusammen und sah mich selbst dort liegen, aus der Distanz, von einem Ort innigster Stille: *Sie weint, sie liegt auf dem Boden, ihr Gesicht ist nass, ihr Vater ist tot, dies ist Trauer, diese weinende Frau bin ich selbst.*

Obwohl mein Vater für sein Alter von scheinbar guter Gesundheit und auch geistig auf voller Höhe war, hatte ich diesen Anruf schon seit einigen Jahren erwartet, ihn befürchtet. Immer wenn mitten in der Nacht das Telefon klingelte, hatte ich Angst, dass er gestorben sein könnte. Und nun war der Moment gekommen. Ich hatte den Anruf erhalten, den Hörer aufgelegt. Meine Freunde sprachen bereits von meinem Vater in der Vergangenheit. Er war, so sagten sie, ein charmanter Mann und eine komplexe Persönlichkeit.

Seit Jahren hatte ich fast jede Woche mit meinem Vater gesprochen. Ich besuchte ihn häufig und zog ihn immer ins Vertrauen, wenn ich Erfolge erzielte, aber auch wenn ich Probleme hatte. Ich konnte mir vorstellen, wie er draußen vor dem Restaurant auf dem Bürgersteig lag, seine Freunde noch immer drinnen am Tisch über Seebarsch und Hüftsteak diskutierten, aber ich konnte ihn mir nicht leblos vorstellen. Er war ein zu vitaler Mensch, zu väterlich, um nicht mehr da zu sein.

Zwei Tage später, auf der Beerdigung, reichte der Rabbiner uns schwarze Stoffbänder. Es ist ein jüdischer Brauch, die Kleider als Symbol der Trauer zu zerreißen, doch heutzutage spart man sich die Kleider und zerreißt nur ein Stoffband. Der Rabbiner gab uns die Anweisung, das Stoffband über dem Herzen an die Kleidung zu heften und ihm nachzusprechen: „*Baruch dayan, ha'emet.*" Gesegnet sei der wahre Richter. Ich wiederholte sein Gebet: „*Baruch dayan, ha'emet.*" Gesegnet sei der wahre Richter. Die Zeit von Geburt und Tod meines Vaters lag nicht mehr in meinen Händen. Alles, was ich nun tun konnte, war, mich Gottes Tun zu fügen.

Inzwischen sind Wochen vergangen, doch noch immer wird meine Brust eng, mir kommen die Tränen und ich fange an zu schniefen, wenn ich an ihn denke. In einem Moment, mitten beim Schrubben einer verkrusteten Bratpfanne, packt mich die Wut. Im nächsten Moment, wenn ich im Garten arbeite, steigt mitten aus dem süßen Aroma des Basilikums scharf wie ein Skalpell der Schmerz des Verlustes auf. Und wenn ich mich mit meinem Schälchen Müsli hinsetze, tobt in mir die Enttäuschung, dass er so völlig ohne Vorwarnung gegangen ist, wo wir doch noch so viel zu bereden hatten. Meine klugen Freunde sagen: „Ja, die Gefühle, die auf den Tod folgen, sind komplex".

In den Tagen und Nächten unmittelbar nach seinem Tod bewegte ich mich wie in Zeitlupe von der Couch zum Sessel, zum Bett. Fast jeden Tag stelle ich mir vor, wie ich den Hörer abnehme und ihn anrufe. „Papa, Nina hier." Ich höre ihn sagen: „Ninkela", seine Stimme voller Fröhlichkeit. „Ninkela" – der Klang von zwei anstoßenden Kristallgläsern.

Und dann gibt es diese begnadeten Augenblicke, in denen ich in die willkommene Losgelöstheit eines Gefühls von Perfektion hineingleite: Mein Vater, ein Mann im fortgeschrittenen Alter, schied rasch und schmerzlos dahin, gerade zurück von einer Reise durch die Provence, wo die Senffelder die Landschaft mit leuchtendem Gelb überziehen und das türkisfarbene Mittelmeer sich am Horizont erstreckt. Mein Vater, selbst ein Seemann, liebte das Meer. Gesegnet sei der wahre Richter.

Wochen nach dem Tod meines Vaters nahm ich an einem Meditationsretreat mit dem tibetischen Lama Tsoknyi Rinpoche teil. Währen sieben Tagen des Schweigens lehrte Tsoknyi uns auf offene Weise zu meditieren, alle Gedanken und Gefühle aufsteigen und am weiten Himmel des Bewusstseins vorüberziehen zu lassen. Ich hatte diese Praxis bereits zuvor unter seiner Leitung geübt und dabei ein großes Maß an innerer Zufriedenheit und Weite verspürt. Doch dieses Mal ergriff mich tiefe Trauer, die sich einfach nicht auflösen wollte, trotz meiner Bemühungen, ihr Wesen als reines Licht, als reine Leere zu erkennen. Gegen Ende des Retreats gestand ich dem Rinpoche meine Schwierigkeiten ein.

„Man verwandelt Trauer nicht in Licht“, sagte er. „Man trauert.“

Der Rinpoche erläuterte, dass ein Bodhisattva ein Wesen sei, das nach seine Erleuchtung einen Eid leistet, sich immer wieder in menschlicher Form zu inkarnieren, und sein Leben vollkommen dem altruistischen Handeln widmet, um das Leiden aller Wesenheiten zu lindern. Das hatte ich bereits gehört. Doch er fuhr fort, zu erklären, dass „Sattva“ soviel heißt wie Mut. Ein Bodhisattva zu werden heißt nicht, dass man aufhört zu leiden, sagte er. Ein Bodhisattva zu werden heißt, dass man zu einem Krieger wird und bereit ist, in der Tiefe zu spüren, dass Leiden ein Teil des menschlichen Lebens ist. Indem man seinen Mut sammelt und sich immer weiter für die Wahrnehmung dieses Schmerzes öffnet, entwickelt man wahres Mitgefühl. Und mit wachsendem Mitgefühl ist der Schmerz nicht mehr länger Leiden. Der Schmerz ist dann auch Freude, weil das Herz aufgebrochen wird.

Im Judentum gibt es das Sprichwort: „Ein gebrochenes Herz ist das Tor zum Himmel.“

Im Buddhismus werden drei Erkenntnisse betont: „Wir erkennen, dass wir nicht vermeiden können, diejenigen zu verlieren, die wir lieben. Wir erkennen, dass wir Krankheit und Verfall nicht vermeiden können. Wir erkennen, dass wir Alter und Tod nicht vermeiden können.“ Jeder unserer Liebsten wird eines Tages sterben. Wir selbst werden eines Tages krank werden und sterben. Das ist das Dharma, das Tao, der Weg dieser Welt, in die wir hineingeboren wurden. Doch die meisten Menschen haben den Tod nicht , wie der Yaqui-Schamane Don Juan es vorschlug, als ständigen Begleiter auf der linken Schulter sitzen, um uns daran zu erinnern, dass das Leben in einem Augenblick an uns vorüberzieht.

Ganz gleich, wie häufig wir vergessen oder was wir uns als Wahrheit wünschen, dieses Leben zieht in einem Augenblick an uns vorüber. Und für die Dauer eines Augenblicks erhalten wir die Gelegenheit zu feiern – vollständig zu lieben, vollständig zu leben, vollständig die Freuden und den Kummer des Herzens zum Ausdruck zu bringen. Wenn wir diesen Auftrag des vollständigen Lebens annehmen, dann liegt es an uns, am Strande, in der Wildnis und auf Berggipfeln zu tanzen, in Wäldern, Hinterhöfen und Großstadtstraßen zu singen und in sämtlichen Winkeln und Gassen dieser Erde, wo wir uns im Leben zusammenfinden, unsere Kunst zu pflegen. Wir haben von den waltenden Mächten ebenfalls den Auftrag erhalten, immer und immer wieder loszulassen, uns Gottes Willen, dem Tao, dem Weg, der das Leben ist, zu überlassen. Und während wir uns hingeben und dieses Universum der unendlichen und flüchtigen Schöpfung betrachten, stimmen wir ein großes Halleluja an. Und wir werden „Amen“ sagen.

Wie beschließen wir unser Gebet? Wir sagen: „Mögen meine Gebete und Handlungen allen Wesen nutzen.“ Wir sagen: „So soll es sein.“ Wir sagen: „Let it Be.“ Wir sagen: „Nicht mein, sondern Dein Wille geschehe.“ Wir sagen: „Svaha.“ Wir sagen: „Gesegnet sei der wahre Richter.“ Wir sagen: „Amen.“ Wir falten die Hände und verneigen uns. Wir berühren mit der Stirn die Erde.

Zehn

Das Leben zur Kunst machen – Improvisationen des Seins

Spontaneität re-formiert uns zu uns selbst. Sie erzeugt eine Explosion, die uns für einen Moment von überkommenen Bezugsrahmen, von Erinnerungen an alte Fakten und Informationen sowie an unverdaute Theorien und Techniken, die wir von anderen übernommen haben, befreit. Spontaneität ist der Moment der persönlichen Freiheit, wenn wir mit der Realität konfrontiert werden und sie sehen, sie erkunden und entsprechend handeln. In dieser Realität wirken die zersplitterten Einzelteile unseres Selbst als ein organisches Ganzes zusammen. Dies ist die Zeit der Entdeckungen, der Erfahrungen und des kreativen Ausdrucks.

Viola Spolin

Lebenskunst

Meine kunstbeflissenen Freunde und ich halten Linda Montano für die unangefochtene Königin der Integration von Leben und Kunst. Als sie im ersten Winter nach ihrer Hochzeit mit einem Fotografen Vorbereitungen für einen Besuch bei ihren Schwiegereltern in Florida traf, stellte sie diese Fähigkeit unter Beweis, indem sie ihre Sorge, ein dem Ereignis angemessenes Outfit zu finden, auf spontane und intelligente Weise mit ihren Mitmenschen teilte. Sie durchforstete nicht etwa ihren Kleiderschrank und probierte vor einem großen Spiegel ein Kostüm nach dem anderen an, um dann an ihrem Geschmack zu zweifeln, wie man das normalerweise getan hätte. Stattdessen rief sie alle ihre Freunde an und stellte in ihrem Wohnzimmer eine Modenschau auf die Beine, bei der sie auf ihrem eigenen privaten Laufsteg in Badeanzug und Handtuch, Sommerkleidchen und Sonnenbrille, Shorts, Caprihosen und Pyjamas auf und ab marschierte. Mitchell, ihr Mann, fotografierte das Ganze, und das Publikum gab seinen Kommentar ab. Anschließend konnte Linda ihren Koffer in der Zuversicht packen, dass sie den allgemeinen Geschmack getroffen hatte.

Ich hatte das Glück, einige Zeit mit Linda zu verbringen. Sie war eine verrückte und geniale Spielgefährtin, und ich lernte von ihr, dass es möglich ist, das Leben in Kunst zu verwandeln. Die Abendessenvorbereitungen wurden zu einer Oper mit Arien über das Zwiebelschneiden und das Dünsten von grünen Bohnen. Kleidung wurde zum Kostüm. Parkwiesen wurden zu Tanzflächen. Fremde wurden zu Engeln, die kleine Weisheiten zum Besten gaben. Wir hatten kein Interesse daran, Kunstgegenstände herzustellen, die in einen Rahmen gesteckt und verkauft werden konnten, sondern unser Interesse richtete sich allein darauf, ein reiches, erfülltes Leben zu führen. Und wir waren davon überzeugt, dass Erfüllung nicht in den Dingen liegt, sondern in der Art, wie wir leben.

Lebenskünstler zu sein, erfordert, dass wir unser Leben von Augenblick zu Augenblick neu erschaffen. Das Leben bietet eine Fülle von Möglichkeiten zum Gebet, zum Spiel, zum Feiern und zur Selbstverwirklichung. Niemand kann unser Leben heilig machen außer uns selbst: kein Guru, kein Priester, kein Abt, kein Prediger, kein Sadhu, kein Astrologe, kein Therapeut, kein Medium, kein Rabbiner, kein Liebhaber, kein Vater, keine Mutter, kein Kind und kein Freund. Doch alle können dabei helfen.

Verabredung zum Spielen

Am Morgen nach der Beerdigung meines Vaters flog mein Bruder zur Mayo-Klinik, um sich einer Operation am offenen Herzen zu unterziehen. Er hatte den Termin bereits Monate zuvor erhalten, und die Gefahr einer Verschiebung der Herzklappenoperation hätte bei weitem die emotionalen Unannehmlichkeiten überwogen, die mit dem Eingriff in dieser Zeit des Schmerzes und der Trauer verbunden waren. Mein Bruder war, soweit ich aufgrund unserer Telefongespräche feststellen konnte, entschlossen und relativ gefasst. Ich hingegen war völlig aufgelöst, hatte Angst, dass mein Bruder nun meinem Vater auf dem Weg in das große schmerzlose Jenseits folgen würde. Also rief ich meine Freundin Kat an und sagte ihr, dass ich Hilfe bräuchte. Ich fragte sie, ob ich die Nacht vor der Operation meines Bruders bei ihr verbringen könne und ob wir gemeinsam eine Heilungszeremonie durchführen könnten. Kat ist Ethnobotanikerin. Sie führt seit Jahren Feldforschungen bei den Indianern im südlichen Mexiko durch und hat eine tiefe Achtung für die Stammesweisheit und die spirituellen Methoden dieser Menschen. Ich kenne sie seit meiner Jugend und musste mir keine Sorgen machen, dass ich in ihrer Gegenwart emotional zusammenbrechen könnte.

Kat errichtete einen Altar und entzündete ein Bündel mit Räuchersalbei, und wir wedelten mit Hilfe gefiederter Fächer gegenseitig den Rauch über unsere Körper. Wir saßen einander im Dunkeln gegenüber und schüttelten unsere Rasseln. Zwei erwachsene Frauen, die sich an ihrem ersten Tag im College kennen gelernt hatten und deren Haare mittlerweile grau wurden, saßen mit überkreuzten Beinen auf dem Boden und riefen die heilenden Geister an. Kat betete dafür, dass mein Bruder während seiner Operation geschützt sei und dass sein Herz wiederhergestellt werde, damit er seine Arbeit als Arzt fortführen und seine eigenen Patienten heilen könne, dass sein Leben lang sei, damit er seine Kinder ins Erwachsenenleben begleiten könne und dass sein Herz von Schmerz und Trauer geheilt werde. Ich schüttelte die Rassel und betete, dass die Hände des Chirurgen intelligent und einfühlsam sein mögen, dass der Schmerz minimal sein möge, dass es keine Komplikationen gäbe, dass das Herz meines Bruders wieder einen regelmäßigen Rhythmus finde und ihn durch dieses Leben als meinen Begleiter und Freund tragen möge. Kat betete und ich betete, und Kat betete und ich betete, und wir ließen unsere Herzen durch unsere Lippen zu seinem Herzen sprechen. Wir beteten, bis wir keine Worte mehr hatten, und ich mich schließlich beruhigt hatte.

Ich hätte auch allein beten können, doch ich wollte es nicht. Ich wollte Begleitung, Unterstützung und Nähe.

Ich lernte Paul in Esalen kennen, nachdem ich eine Performance gegeben hatte. Er kam auf mich zu und machte mir Komplimente, was ihn mir natürlich sofort sympathisch machte. Es war jedoch nicht der Zeitpunkt für ein langes Gespräch, da ich einen Moment vorher, als der Applaus gerade verklungen war, eine CD aufgelegt und den Bass aufgedreht hatte. Der Raum war mittlerweile voller tanzender Körper. Paul (dessen Namen ich zu diesem Zeitpunkt noch gar nicht kannte), gab jeglichen Versuch, ein Gespräch anzufangen, auf und mischte sich in die tanzende Menge.

Nachdem die Tanzparty vorüber war, hatten wir jedoch die Gelegenheit, uns kurz zu unterhalten, und dieses Gespräch setzt sich bis heute fort. Paul ist Schriftsteller. Er schreibt auf Französisch und arbeitete damals an einem Artikel über die Zentren des New Age in Amerika. Während der folgenden Monate kreuzten sich unsere Pfade mehrmals, und wir trafen uns in Santa Fe und Manhattan. Bei diesen Zusammentreffen hatten wir die Möglichkeit, unser in Big Sur begonnenes Gespräch fortzusetzen, das um vier Themen kreiste: Kunst, Arbeit, Liebe und Erleuchtung. Doch unser Gespräch vollzog sich nicht nur auf sprachlicher Ebene.

Als ich Paul in seinem Hotel auf der Upper East Side in Manhattan besuchte, hatten wir einander mehrere Monate nicht gesehen. Er öffnete mir die Tür und zeigte auf zwei Sessel, die er am Fenster aufgestellt hatte. Wir beide hatten eine Meditationspraxis gelernt, die „Skygazing" genannt wird, was soviel heißt wie „Himmelsschau". Ich werde diese Praxis später noch näher vorstellen. Ohne ein Wort zu wechseln, setzten wir uns hin und starrten eine halbe Stunde aus dem Fenster und ließen unseren Geist mit der Weite des Himmels sanft und weit werden, obwohl direkt gegenüber ein anderes Hochhaus stand und wir nur einen schmalen Streifen Himmel oben am Fenster sehen konnten. Dann gingen wir hinaus und machten einen Spaziergang durch den Central Park. Paul wechselte zwischen einem amerikanischen und einem französischen Akzent und spielte mit unseren verschiedenen Identitäten als Franzose und Amerikanerin. Schließlich landeten wir vor den Glaswänden des Aquariums im Central Park und beobachteten, wie die Pinguine sich mit einigen geschickten Bewegungen ihrer Schwimmfüße an die Wasseroberfläche katapultieren und aufrecht stehend am Ufer landeten, wo sie dann so aussahen, als seien sie nie im Wasser gewesen. An diesem Punkt fanden Paul und ich wieder zu unseren normalen Dialekten zurück.

Später trafen wir uns in Santa Fe, wo ich mich zum Schreiben in einem kleinen Häuschen niedergelassen hatte und Paul Sitzungen bei Spezialisten für Rückführungen und dem Channeln von Wesenheiten nahm. An den Abenden, wenn die Sonne über dem flachen Wüstenhorizont unterging, saßen wir auf meiner Veranda und vertieften uns in die Himmelsschau, bis die Glut der Abendsonne sich endgültig gelegt hatte. Dann legten wir Musik auf und tanzten ausgelassen auf dem mexikanischen Fliesenboden. An einem Abend erstrahlte der Vollmond über dem Kakteenwald, der sich meilenweit in die Wüste erstreckt. Wir trugen unsere Bambusstühle hinaus in den Hof und sangen mit Blick auf die große Alabasterscheibe: „Ram, Ram, Ram". Dann erfanden wir alle möglichen Melodien und Harmonien, obwohl eigentlich keiner von uns beiden eine engere Beziehung zu „Ram" hatte.

Wo immer und wann immer wir uns in den vergangenen Jahren trafen, meditierten, tanzten, chanteten und lasen wir uns gegenseitig aus unseren eigenen sowie aus den Arbeiten anderer Autoren vor. Wir hatten niemals eine Liebesbeziehung, sondern haben stattdessen eine einzigartige Freundschaft entwickelt.

Es gibt viele Möglichkeiten, mit Freunden Zeit zu verbringen. Wenn wir es wagen, lassen wir uns gemeinsam auf Spiele ein, die dem höchsten Ziel gelten, das kein Ziel an sich ist, sondern die Freiheit des Ausdrucks, mit der wir alle von Geburt an beschenkt wurden.

✦ Die Übung

Verabrede dich mit einem Freund oder einer Freundin und trage den Termin verbindlich in deinen Kalender ein. Findet gemeinsam mit deinem Freund eine Möglichkeit, eure Zeit erfinderisch, kunstvoll und verspielt miteinander zu verbringen, wie es euren Bedürfnissen im Moment entspricht. Vielleicht möchtet ihr einige Zeit zusammen meditieren und chanten. Oder ihr wollt tanzen, singen oder zeichnen, malen oder an einer gemeinsamen Skulptur arbeiten. Möglicherweise kommt es euch in den Sinn zu schreiben. Oder ihr verkleidet euch und geht als eine andere Person in die Stadt. Ihr könnt auch beschließen, euch gegenseitig die Füße zu massieren und Rituale mit Beschwörungen, besonderen Kräutermischungen und Blütenblättern zu zelebrieren. Ihr könnt einem kranken Freund eine Suppe kochen, die Früchte des Gartens zu Marmelade verarbeiten oder eine Obsttorte backen. Ihr könnt Möbel bemalen oder Blumengestecke gestalten. Ihr könnt singend die Garage entrümpeln oder einen Garten gestalten. Ihr könnt euch zu einem Picknick am Strand oder zum Bauen einer Sandskulptur entschließen.

Tut, was euch Freude macht, und tut etwas, was ihr noch nie zuvor getan habt. Geht rückwärts und klatscht dabei in die Hände. Baut ein Mini-Bühnenbild im Hof mit Kerzen und Zweigen und lest euch gegenseitig Gedichte vor.

Geht NICHT zusammen ins Restaurant und anschließend ins Kino.
Schaut NICHT zusammen fern.
Geht NICHT in die Videothek, um euch ein Video auszuleihen.
Macht euer eigenes Video.

Zehn Übungen für die Kunst des Alltags

Höchstwahrscheinlich kannst du dir eigene Aktivitäten einfallen lassen, doch für die Zeiten, in denen du etwas denkfaul bist, dich schwach fühlst oder einfach gern möchtest, dass dich jemand an die Hand nimmt und sagt: „Hier, mach das“, so es deine Mutter getan hat, als du noch ein Kind warst und noch nicht alles selber entscheiden musstest, biete ich dir folgende Anregungen:

1. Packpapierkunst und Ähnliches

Statt Geschenkpapier, Grußkarten, Postkarten und dergleichen im Schreibwarenladen zu kaufen, kannst du es selbst herstellen.

Für Geschenkpapier, beschaff dir altes Zeitungspapier, Papiertüten, Packpapier oder billige große Zeichenblöcke, eine Handvoll Farbstifte, Gummistempel und Wachsmalkreiden. Zeichne Muster. Diese müssen nicht besonders kompliziert oder perfekt sein und brauchen nicht so auszusehen wie etwas, was man im Laden oder in Hochglanzmagazinen für Inneneinrichtung findet. Es soll einfach nur Spaß machen. Male Kreise und Punkte, verspritze Farbe, zeichne Herzen und Blümchen. Was auch immer. *Don't Worry, Be Happy.*

Sammle alte Kalender und verwende sie, um Geschenke einzupacken. (Ich habe gehört, dass man das in Japan in Zeiten des Papiermangels tat. Ich selbst wusste am Jahresende immer nicht, wohin mit den schönen Kalendern, also übernahm ich die Sitte und sie funktionierte erstaunlich gut – sehr kunstvoll und elegant.)

Pflücke ein paar Blumen im Garten, um Geschenke zu dekorieren (Rosen, Gänseblümchen, Stiefmütterchen) oder verwende farbige Gummibänder.

Nutze die Urlaubszeit, um eigene Postkarten zu gestalten, die deine Impressionen von fremden Ländern und Menschen widerspiegeln. Im Schreibwarenladen kannst du unbedruckte Postkarten kaufen, oder du stellst selbst welche aus Papier her, das du unterwegs findest.

Du kannst zusammen mit deinen Freunden, deinen Kindern oder befreundeten Kindern jahreszeitliche Karten herstellen (für Weihnachten oder den Valentinstag). Hole deine Werkzeuge und Utensilien hervor

(Schere, Klebestifte, Wachsmalkreiden, Papier, Stifte, Farben, Pinsel, Federn, Muscheln, Garn, Stoffe, Gummistempel, Schablonen) und verbringt einen Nachmittag oder Abend damit, Kunstpostkarten herzustellen. Gemeinsam künstlerisch tätig zu sein ist etwas, was jedem Freude macht. Jemanden dazu einzuladen und diese Möglichkeit anzubieten, ist ein großzügiges Geschenk.

Man kann sich natürlich auch allein damit befassen – wenn man einen Liebesgruß, eine Genesungspostkarte oder ein Dankeschön versenden will. Man kann sich Zeit lassen oder sehr schnell sein. Es braucht nur ein paar Sekunden, um etwas auf den Umschlag zu zeichnen, bevor man den Brief abschickt, oder ihn mit einem Kuss zu versiegeln. Der Empfänger wird dankbar sein.

2. Wandgebete

Wenn du einen Raum neu streichst, schreib vor dem Malen ein paar Gebete an die Wände. Du kannst sie mit Bleistift oder mit dem Pinsel schreiben. Du kannst für Liebe und Leidenschaft im Schlafzimmer beten, für Reinigung im Bad, für Erfolg zum Nutzen aller Wesen im Büro. Du kannst für guten Geschmack und strahlende Gesundheit in der Küche beten, für Frieden und Glück überall. Du kannst die Namen von Göttinnen und Göttern anrufen. Die Gebete werden anschließend mit Farbe übermalt und sind für das Auge unsichtbar, doch sie verbleiben an den Zimmerwänden als verborgene Schätze, die ihren Segen ausstrahlen.

3. Essenskunst

Stelle dir vor, dein Teller sei eine leere Leinwand, auf der du mit Essbarem zeichnen, malen und Skulpturen erschaffen kannst. Achte besonders auf Farbe und Form, Oberfläche und Muster. Du kannst Entwürfe gestalten, wie du sie in guten Restaurants oder auf den Seiten von *Essen & Trinken* siehst, oder du entwickelst deinen eigenen Stil in der Essensmalerei. Landschaften – ein flaches Reisbett mit einem aufrecht stehenden Spargelwald. Porträts – ein Ziegenkäsegesicht mit Mandelaugen, Pinienkernwimpern und -augenbrauen und Petersilienhaaren. Spiele mit Mustern – träufle Olivenöl in Kringeln, lege ein Schachbrett aus Käse aus, entwirf ein Mandala aus verschiedenfarbigen Kirschtomaten und Oliven. Lade die Kinder oder die Dinnergäste ein, dir zu helfen. Kunstwerke aus Essen herzustellen, könnte zu ihrer Lieblingsbeschäftigung werden.

4. Badewannengedichte

Lies dir selbst laut ein Gedicht vor, wenn du bei Kerzenlicht in der Badewanne liegst. Wenn du eine Fremdsprache sprichst (selbst wenn es nur ein paar Wörter sind), suche einen zweisprachigen Gedichtband in dieser Sprache. Du wirst dich fühlen, als befändest du dich in einem anderen Land, in einer anderen Zeit, als seiest du jemand anderes. Vertraue mir – es macht Spaß. Tu's einfach.

5. Seltene Nahrungsmittel

Suche beim Einkauf im Lebensmittelladen oder auf dem Wochenmarkt Dinge, die du gewöhnlich nicht isst, kaufe sie, nimm sie mit nach Hause und probiere sie aus.

Der Mensch ist ein Gewohnheitstier. Wir ziehen es vor, immer in dasselbe Kino zu gehen, zu einer bestimmten Uhrzeit aufzustehen, bestimmte Dinge zu essen. Einige Gewohnheiten können gesund sein, wie regelmäßige Körperübungen oder Meditation, andere können uns davon abhalten, unser Leben voll zu leben. Wenn wir auch nur eine einzige Gewohnheit durchbrechen, können wir unseren Erfahrungshorizont erweitern. Wenn wir etwas essen, was wir gewöhnlich nicht essen, können wir uns für ein neues sinnliches Erlebnis öffnen.

Bevor du das verzehrst, was du dir ausgesucht hast – den Kaviar, den Zimtapfel, die rote Banane, den Seetangsalat, das Grünteeeis, den dreifarbigen Mais – nimm dir einen Moment, um es einfach anzuschauen. Achte auf die Form, die Farben, die Muster auf der Oberfläche. Halte deine Nase daran. Beiße schließlich hinein und achte auf den Geschmack, die Konsistenz, die Komplexität der Aromen. Vielleicht findest du es schrecklich. Oder du magst es und möchtest am liebsten gleich wieder zum Markt laufen, um mehr davon zu kaufen. Auf jeden Fall wirst du deinen Geschmackshorizont erweitern und neue Dinge kennen lernen, die die Welt zu bieten hat.

Du musst nicht erst nach Bhutan oder in den Amazonasdschungel reisen, um die Welt als exotisch zu erleben. Du brauchst nur eine einfache Gewohnheit zu durchbrechen, wenn auch nur für einen Augenblick und das Ungewohnte mit all deiner Aufmerksamkeit wahrnehmen.

6. Collagen

Greif in deinen Papierkorb, zieh ein beliebiges Stück bedrucktes oder beschriebenes Papier heraus und zerschneide oder zerreiße es in kleine (höchstens ein paar Quadratzentimeter große) Stücke. Wähle fünf oder sechs der Schnipsel aus, die interessante Wortfetzen enthalten, und setze sie zu einem Satz oder einem Gedicht zusammen.

Das Ganze sollte nicht länger als eine Minute dauern.

Ihre Lippen überqueren
ein ehrwürdiger
damals und
den ganzen Tag vor sich
schwerer
durchkommen
dunkler Wald

Der Geist hält sich an einem linearen Fluss fest, der nicht unbedingt die kreativste Art des Denkens ist. Wenn wir mit zufälligen Worten und Bildern arbeiten, können wir unser Denken aus dem eisernen Griff der Linearität befreien. Wenn du dich dann wieder an deine Tätigkeit zurückbegibst, sei es, einen Bericht zu schreiben oder die Buchführung zu erledigen, kann es gut sein, dass sich die Stimmung völlig verändert hat und du dich innerlich erleichtert fühlst.

Wenn du mitten in einem schwierigen Problem steckst, nimm dir eine Minute Zeit für diese Übung. Wenn der Geist sich aus der anstrengenden Problematik befreien kann, und sei es nur für einen Moment, wirst du dich ganz und gar erfrischt fühlen. Wenn du dich dann wieder seiner Herausforderung zuwendest, kann es sein, dass du sie mit neuer Klarheit angehen kannst.

7. Tauschgeschäfte

Wenn du ein Abendessen gibst, lade deine Gäste ein, irgendetwas, was sie tragen – eine Socke, ein Halsband, eine Krawatte, einen Schal – abzulegen und es der Person neben sich anzulegen. Vielleicht lieben wir rote Socken oder wir haben eine starke emotionale Bindung zu einer Halskette, die wir von unserer Großmutter geerbt haben. Oder wir tragen ausnahmsweise einen Hut, weil er uns hilft, unsere Stimmung aufzuhellen, wen wir uns schlecht fühlen. Kleidungsstücke sind außerdem oft geschlechtsspezifisch. Männer tragen keine Perlenketten, Frauen kein Krawatten. Wenn wir ein Kleidungsstück tauschen, das einen Teil unserer Identität ausmacht und dafür einen Teil der Identität eines anderen annehmen, werden wir innerlich lockerer. Ein Mann, den man nie ohne Krawatte sieht, ist plötzlich krawattenlos und trägt einen Damenhut. Eine Frau, die sonst nur schlichten Schmuck trägt, ist plötzlich mit Strass behängt wie ein Christbaum. Der einfache Tausch eines Gegenstandes kann eine gesamte Persönlichkeit verändern. Öffne dich für das, was hier passiert. Lass die Persönlichkeiten ans Tageslicht treten, und vergiss nicht, dass jeder seine Accessoires wiederbekommt, bevor alle die Party verlassen – es sei denn, sie sind gewillt, sich dauerhaft von ihnen zu trennen.

8. Die Kunst des Anrufbeantworters

Lass dir ein Liedchen für die Ansage auf deinem Anrufbeantworter einfallen. Wer möchte schon unzählige Male von einer langweiligen Stimme gesagt bekommen: „Im Moment ist niemand zu sprechen, bitte hinterlassen Sie eine Nachricht, wir rufen so bald wie möglich zurück". Trotzdem müssen wir für Freunde und Familie irgendetwas ansagen, also ist dies eine perfekte Gelegenheit für Kreativität. Sprich mit starkem Akzent. Nimm die Geräusche in deinem Hinterhof am Morgen auf oder das Pfeifen deines Teekessels oder den Lärm auf deiner Straße oder das Miauen der Katze oder deines Sohnes beim Stepptanzen. Ich hatte eine Reihe von Ansagen mit Klängen, die als etwas anderes erschienen als das, was sie waren: *Dies ist das Geräusch eines Vitamindöschens, das sich als Rassel verkleidet hat. Dies ist das Geräusch eines Wasserhahns, der vorgibt, ein tropischer Regenwald zu sein.*

Erzähle seltsame Geschichten aus deinem Leben. Gib interessante Fakten zum Besten: *Ich habe gestern Abend erfahren, dass Geckos statische Elektrizität in ihre Pfoten senden, um sich an Wänden und Decken festhalten zu können. Wenn sie sich bewegen wollen, schalten sie einfach den Strom wieder aus.*

9. Der Tanz mit dem Mobiliar

Tanze im Bett und erfreue dich an der Weichheit deiner Matratze. Spring auf und ab, rolle dich ab, lass dich fallen. Tanze auf dem Sofa, lass die Beine über die Armlehnen oder über Rückenlehne baumeln. Sause in deinem ergonomischen Bürostuhl umher, wirbele mit den Armen, streck die Beine aus, nachdem du dich abgestoßen hast. Mach eine Pirouette. Lass dich vom Türpfosten herunterhängen und strecke die Wirbelsäule, recke die Arme. Rutsche rückwärts das Geländer hinunter.

10. Im Freien

Lass dich einen Grashügel oder eine Sanddüne herunterrollen. Hüpfe über den Rasen im Park. Renne, so schnell du kannst. Springe in die Luft.

Ja/und

Du hast einen Heißhunger auf Backhähnchen nach Art deiner Großmutter, also gehst du am Nachmittag in den Lebensmittelladen, kaufst ein Hähnchen, Kartoffeln und Möhren und holst Omas Rezept hervor. Eine Stunde später ruft dein Mann an und sagt, dass er Lust auf Chinesisch habe und ob du ihn nicht in dem Restaurant mit den lila Tischdecken treffen kannst. Wahrscheinlich sagst du automatisch nein. Doch möglicherweise gibt es eine Möglichkeit, die Lust deines Mannes auf chinesisches Essen und deinen Heißhunger auf Backhähnchen an ein und demselben Abend zu erfüllen.

In der Welt der Improvisation nennen wir die Fähigkeit, unterschiedliche Realitäten unter einen Hut zu bringen, das Prinzip „Ja/und". Das bedeutet, wenn ein Partner dir ein Bild für eine Szene anbietet, bist du verpflichtet, dieses anzunehmen, selbst wenn es sich drastisch von dem unterscheidet, was dir vorgeschwebt hat. Ein Beispiel: Zwei Schauspieler, Robert und Nancy, beginnen, indem sie ihre Arme heftig an den Seiten schwingen. Robert stellt sich vor, er befinde sich im Morgengrauen auf einem See und rudere ein Kanu. Er sagt: „Das Wasser ist glasklar. Die Wolken ziehen rosarot über den Morgenhimmel und die Amseln zwitschern." Nancy bewegt ihre Arme zwar auf genau dieselbe Weise wie Robert, doch sie stellt sich vor, sie seien nach Feierabend im Fitness-Studio. Ihr Impuls wäre zu sagen: „Nein, wir sind nicht am See, du Frosch, wir sind im Fitness-Studio im Einkaufszentrum. Doch Nancy hält ihren Impuls zurück und nimmt Roberts Angebot an, ohne ihr eigenes Bild aufzugeben. „Ich bin froh, dass wir jeden Abend unser Training im Fitness-Studio absolviert haben", sagt sie, „ich könnte bis zum Abend weiterrudern."

Bei der Arbeit mit meinen Performance-Partnern bin ich erstaunt, wie oft der Impuls auftaucht, ein Angebot auszuschlagen, und wie ich wiederholt und unmittelbar diesen Impuls vertreiben und stattdessen eine phantasievolle Möglichkeit finden muss, beides unter einen Hut zu bringen – ja zu sagen, anzuerkennen, dass das, was du siehst, wertvoll ist, und dass das, was ich sehe, wertvoll ist, und dass beides irgendwie Platz in einer Geschichte haben wird.

Wie wenden wir also diese Erkenntnis auf das wahre Leben an? Wenn wir mit einem Freund oder Partner kommunizieren, polarisieren wir oft, nehmen gegensätzliche Positionen ein, wenn in Wirklichkeit unsere Positionen weniger festgefahren sind als die Argumente, die wir vorbringen. Indem wir versuchen, die Beweggründe des anderen zu akzeptieren, öffnen wir uns für die Erfahrung der Realität in einem komplexeren Licht. Den Geist durchlässig zu halten ist jedoch nicht leicht. Die Integration erfordert, dass wir uns weit machen und unser Gefühl für die Möglichkeiten erweitern. Wenn wir Raum für die Empfindungen anderer schaffen, können wir die Paradoxien, die in unserem eigenen Herzen leben, leichter zulassen. Wenn wir lernen, uns die Bedürfnisse und Erfahrungen unseres Partners anzueignen, ohne unsere eigenen aufzugeben, werden unsere Beziehungen durch das Spiel der Komplexität bereichert.

Dein Mann möchte chinesisch, du willst Backhühnchen, und du gehst nach dem Prinzip Ja/und vor. Was machst du? Du sagst: „Okay. Ich habe gerade ein Huhn in die Röhre geschoben, warum gehst du nicht bei unserem Restaurant vorbei und holst ein paar Vorspeisen zum Mitnehmen." Du brauchst nun nichts weiter als das Hühnchen vorzubereiten, dein Mann bekommt sein chinesisches Essen, und wenn du dir's recht überlegst, passen diese Vorspeisen perfekt zu dem Backhühnchen á la Großmutter.

Wenn wir die Fähigkeit zur Integration, die Fähigkeit „Ja/und" zu sagen, üben, verstehen wir, dass eine Realität, die alle Teilnehmer gleichermaßen berücksichtigt, weitaus interessanter ist als eine, die wir erfinden, indem wir das Angebot unseres Partners zurückweisen.

✦ Die Übung

Probiere das Prinzip Ja/und einen Nachmittag oder einen Tag oder eine ganze Woche lang aus. Statt Nein zu sagen, beherrsche dich und sag Ja. Nehmen wir an, du bist mit deinem Freund im Kino gewesen. Dein Freund fand den Film wunderbar, und du fandest ihn schrecklich. Statt zu sagen: „Nein, der Film war keineswegs tiefgehend und erhebend, und du leidest offenbar an Geschmacksverirrung. Es gab kein einziges Bild in dem ganzen Film, das diesen Schrott hätte retten können", sagst du: „Ja, als die Frau sich aufs Bett gesetzt und ihre Schuhe ausgezogen hat, das war eine gute Szene", was tatsächlich der Wahrheit entspricht. Danach kannst du nach Herzenslust die logischen Brüche und den schlechten Schnitt kritisieren. An diesem Punkt wird dein Freund wahrscheinlich sagen: „Ich stimme dir zu, der Film war unrealistisch und das Ende an den Haaren herbeigezogen, aber ich fand ihn auch unglaublich amüsant. Ich musste laut lachen, als der Typ in Shorts im Supermarkt angefangen hat zu tanzen und dabei die Cornflakes-Schachteln als Rasseln verwendet hat." Und dir wird wahrscheinlich einfallen, dass die Szene tatsächlich ziemlich witzig war und du kichern musstest, obwohl du den Film nicht gerade atemberaubend fandest. Ohne deinen Gesichtspunkt oder deine Bedürfnisse aufzugeben und ohne dich am Ende furchtbar unterdrückt zu fühlen, übe das Annehmen aller Angebote: Ja/und statt Nein/aber.

„Lass uns zur Yogastunde gehen."

„Yoga ist toll, und ich liebe die gestreckte Hundeposition und außerdem dachte ich, dass wir an einem so schönen Tag an den Strand gehen könnten. Wir könnten ein paar Dehnübungen im Sand machen." Diese Übung ist erstaunlich schwierig, doch zugleich tief greifend und amüsant. Wenn wir sie einen Tag, eine Woche oder fünf Minuten lang praktizieren, beginnen wir die seltsamen Machenschaften unseres Verstandes zu erkennen. Wir sehen, wie störrisch, selbstgerecht und willkürlich wir sind, wie wir unsere Meinungen mit aller Gewalt verteidigen wollen. Wenn wir unsere geliebten und schwer erarbeiteten Meinungen über alles und jedes loslassen, fühlen wir uns, als würden wir jede Menge unnötigen Ballast abwerfen und allmählich Auftrieb bekommen.

Der Tanz am Krankenbett

Wie bereits erwähnt, unterzog ich mich im vergangenen Jahr einer größeren Operation wegen einer nebulösen quasi-krebsartigen Erkrankung. Die verdächtigen Zellen erwiesen sich als nichtinvasiv, doch die Operation beinhaltete einen tiefen Einschnitt durch meine Bauchdecke. Die Ärzte forderten mich dringend auf, so bald wie möglich zu laufen. Trotz der Tatsache, dass ich kaum aufrecht stehen konnte, geschweige denn, spazieren zu gehen, forderten die Krankenpfleger mich auf, loszumarschieren. Begleitet von meinem Infusionsständer an dem einen und einem Freund am anderen Arm ging ich einige schmerzhafte Schritte über den Krankenhausflur. Es dauerte nur wenige Sekunden, und mir wurde klar, dass ich keine Wahl hatte. Um die Drohungen der Pfleger zu entkräften, musste ich mobil sein. Also, so dachte ich mir, warum nicht lieber gleich tanzen, was wahrscheinlich erheblich heilsamer wäre als eine schlafwandlerische Prozession durch sterile Krankenhausflure. Also machte ich einige vorsichtige Schritte und warf dann einen Fuß in die Luft, schwang die Hüften und schwenkte die Arme. Meine Freunde, die ebenso begierig wie ich darauf waren, das Krankenhausleben so erträglich wie möglich zu machen, tanzten mit.

Ein älterer Herr in einem blauen Baumwollhemd, das gut zu meinem passte, kaum auf uns zu, mit je einem Freund zur Linken und einem zur Rechten als Unterstützung. Das inspirierte meine Freunde und mich, mit etwas mehr Schwung zu tanzen. Der ältere Herr und seine Begleiter begannen ebenfalls einen zierlichen Foxtrott aufs Krankenhausparkett zu legen. Als wir an der Wachstation vorbeitanzten, schwangen wir unsere Hüften in Richtung Krankenpfleger, die – etwas erstaunt, aber willig – es uns gleichtaten und ebenfalls mit den Hüften schwangen.

Patienten winkten uns durch die geöffneten Türen aus ihren Krankenzimmern zu, als wären wir ein Karnevalszug. Sogar ein Arzt, der mit einem Stethoskop um den Hals über den Flur eilte, konnte sich einen kleinen Tanzschritt nicht verkneifen.

Man mag uns für seltsame Verrückte gehalten haben, doch schließlich freute man sich an unserem Tanz, und weil wir tanzten, konnten die anderen ebenfalls tanzen. Es hatte den Anschein, als seien wir mit päpstlicher Autorität ausgestattet und könnten nun alle Patienten vom allgemeinen Tanzverbot dispensieren.

Ein paar Stunden später kam mein Arzt zur Visite.

„Sind Sie bereits gelaufen?“ fragte er, beugte sich mit ernster väterlicher Miene über mich und schaute mir geradewegs in die Augen, die Stirn leicht gerunzelt.

„Nein“, gestand ich ein.

„Sie müssen aber …“

„Ich habe getanzt“, unterbrach ich ihn, bevor er zu seiner routinemäßigen Ansprache über die Notwendigkeit postoperativer Gehübungen ansetzte und mich belehren konnte, wie wichtig es sei, trotz der Schmerzen zu gehen, und dass es die Willenskraft eines Olympiaathleten erfordere, einen Fuß zwei Zentimeter über den gewachsten Vinylfußboden zu heben. Er schaute mich verdutzt an, als hätte er meine Worte nicht verstanden, und war offenbar nicht gewillt, seine Ermahnungen aufzugeben, bevor ich nicht seiner Anweisung gefolgt war.

„Ich habe getanzt“, wiederholte ich etwas langsamer und starrte ihm in die Augen mit dem Mitgefühl, sagen wir, einer Medusa.

Langsam kamen meine Worte bei ihm an, er klappte meine Krankenakte zu und begab sich zur Tür. Ich sah nur, wie er, als er auf dem Flur stand, auf die Zehenspitzen ging und eine elegante Wendung á la Fred Astaire vollzog.

Tanzen hilft uns, die Wunden von Körper und Seele zu heilen. Tanze, wann immer du kannst, wo immer du kannst. Wie Astronauten Flaggen auf dem Mond und Bergsteiger Flaggen auf dem Gipfel aufstellen, so kannst du ein kleines, kinetisches Denkmal in Form eines Tanzes hinterlassen.

Geben

In den langen Jahren, in denen ich mich mit dem Studium des Buddhismus befasst habe, hörte ich immer wieder Vorträge über Großzügigkeit, was auf Pali *dana* heißt. Die denkwürdigsten dieser Belehrungen erhielt ich von dem ehrwürdigen U Pandita, einem geschätzten burmesischen Meister des Vipassana-Buddhismus. Als ich mich zu einem zweiwöchigen Schweigeretreat bei ihm anmeldete, war mir nicht bewusst, auf was ich mich einließ. Der rigorose Tagesablauf begann um vier Uhr morgens und endete um elf Uhr abends, aufgeteilt in jeweils einstündige Sitzungen mit abwechselndem Sitzen und Gehen und einer genauen Beobachtung der körperlichen Empfindungen.

Tägliche Dharma-Vorträge waren die einzige Ablenkung außerhalb der unzähligen geistigen Zustände, die mich quälten, entzückten oder langweilten, während ich stundenlang saß und lief, die Aufmerksamkeit an den Körper geheftet. Ich war daher etwas bestürzt, als U Pandita am zweiten Tag des Retreats ankündigte, dass er in seinem Vortrag das Thema, das er am Abend zuvor scheinbar in allen Details besprochen hatte, noch einmal behandeln würde. Der berühmte Meditationsmeister sprach extrem langsam, auf Burmesisch, und sein Übersetzer stand ihm an Trägheit in nichts nach. Ich versuchte mit aller Kraft, während des Vortrags wach zu bleiben und mit ganzer Aufmerksamkeit bei diesem seltenen Moment der Belehrung durch einen der größten Meditationsmeister der Welt zu sein, doch ich nickte in unkontrollierbaren Müdigkeitsanfällen immer wieder zwischendurch ein.

Am dritten Tag, als U Pandita wiederum ankündigte, dass seine Ansprache von *dana* handeln würde, machte sich eine stille Enttäuschung im Meditationsraum breit. Zweihundert Schüler saßen begierig auf ihren Kissen, in der sehnsuchtsvollen Hoffnung auf etwas mehr Abwechslung. Ich kann mich an kein einziges Wort erinnern, das U Pandita von sich gab. Woran ich mich erinnern kann, ist U Panditas unermüdliche Betonung der Tatsache, dass Großzügigkeit die elementarste aller buddhistischen Praktiken sei und dass er das Thema erst dann wechseln würde, wenn wir dessen übergeordnete Bedeutung verstanden hätten. Im Buddhismus gehe es nicht nur darum, wochenlang zu sitzen und konzentrierte Geisteszustände zu erlangen, die zu tiefen Einsichten führten. Vielmehr gehe es im Buddhismus, der besagt, dass alle Wesen untrennbar miteinander verbunden sind, um Großzügigkeit.

„Wann immer du den Drang hast, großzügig zu sein, folge diesem Drang", legte uns Jack Kornfield, ein weiterer bekannter buddhistischer Lehrer, während eines Dharma-Vortrags in Spirit Rock nahe. „Die Vorteile des Gebens kann man nur erlernen, indem man gibt", sagte er und schlug vor, dass wir uns dies eine Woche lang als Praxis vornehmen sollten. Ich folgte Jacks Rat und gab eine Woche lang, wann immer mit der Gedanke in den Sinn kam.

Eines Nachmittags stöberte ich in einem schicken Haushaltswarenladen in Berkeley herum und entdeckte eine gelbe Tasse mit einem gelblich grünen Zickzackband, die mich sofort an meine Dichterfreundin Stefanie denken ließ. Gelb und Hellgrün sind ihre Lieblingsfarben, und ihr neuestes Buch trägt einen Schutzumschlag in diesen Farben. Ich kaufte zwei der Tassen im Sonderangebot, eine für Stefanie und eine für mich. Als wir uns am nächsten Abend im Fitness-Studio trafen, um gemeinsam zu trainieren, zog ich die Tasse aus meiner Sporttasche und überreichte sie ihr.

„Sieht nach dir aus", sagte ich.

Sie stimmte zu und gab sie mir zurück.

„Es ist ein Geschenk", sagte ich, und Stefanie blickte mich erstaunt hat. Ein kurzer Moment verstrich, bis sie verstand, dass ich ihr tatsächlich ein Geschenk machte, obwohl weder Weihnachten noch ihr Geburtstag war. Dann lächelte sie und dankte mir. Ich merkte, dass ich ihr eine echte Freude gemacht hatte.

Während der Tage, in denen ich mich in Großzügigkeit übte und darüber meditierte, wurde mir klar, dass das Geben nicht nur wertvoll ist wegen der Freude, die man dem Empfänger macht, sondern auch wegen der Freude, die das Schenken macht. Schenken bringt dem Gebenden Glück. Schenken öffnet das Herz.

Oft warten wir auf bestimmte Ereignisse – Geburtstage, Hochzeitstage, Jahrestage, die Geburt eines Kindes –, bis wir unseren Freunden Geschenke machen. Doch die Freude des Gebens muss sich nicht auf die „angemessenen" Ereignisse beschränken. Und wir müssen nicht reich sein, um zu geben.

Kurz nach dem verheerenden El-Niño-Sturm fuhr ich eines Abends von Big Sur aus über die Küstenstraße nach Hause. Vor mir fuhr ein zerbeulter alter Kleinlaster. Die Straße war durch Schlammlawinen schwer in Mitleidenschaft gezogen, und Straßenarbeiter waren rund um die Uhr mit der Widerherstellung des Highways beschäftigt. Jedes Mal, wenn wir an einem Bauarbeitertrupp vorbeifuhren, bremste der Kleinlaster, und der Fahrer verteilte Orangen an die Arbeiter. Und jedes Mal freute ich mich über diese Tat, obwohl ich weder die Schenkende noch die Beschenkte war. Ich freute mich über den Austausch. Die Rückfahrt, die durch die ständigen Verzögerungen aufgrund der Bauarbeiten zu einem langwierigen, nervenaufreibenden Erlebnis hätte werden können, war nun ein freudiges Ereignis. Jedes Mal, wenn wir wieder stoppen mussten, freute ich mich schon auf das Geschenk.

Wir wissen nie, was für Auswirkungen Großzügigkeit auf die Welt hat. Doch jedes Mal, wenn ein Akt der Großzügigkeit stattfindet, breitet sich dieser wie eine Welle auf einem Teich aus, die durch einen kleinen Kieselstein auf einer stillen Wasseroberfläche entsteht. Unsere Taten zeigen Wirkung. Dies ist das Gesetz der verbundenen Ereignisse, eine der wichtigsten Lehren Buddhas. Weil wir barmherzig waren, schufen wir die Voraussetzungen dafür, dass eine andere Person ebenfalls barmherzig sein konnte.

Was hat Großzügigkeit mit Kreativität zu tun? Inspiration ist eine Gabe. Wir sagen, dass Künstler, die ein bestimmtes Talent haben, begabt sind. Wir schaffe Inspiration nicht, wir empfangen sie. Das Wort „Inspiration" kommt aus dem Lateinischen und bedeutet „einatmen". Die Inspiration steht uns ebenso frei zur Verfügung wie unser Atem. Um künstlerisch tätig zu sein, müssen wir uns für die Inspiration unseres Herzens, unserer Gedanken, unseres Geistes und unseres Schöpfers öffnen und ihr Gestalt verleihen. Dadurch wird der Fluss der Inspiration in Bewegung gehalten, ohne dass Hindernisse auftreten. Das ist der Dharma, der Weg, das Tao.

Die subtilste Form von *dana* ist ein großzügiger Geist, ein Herz, das allen Lebewesen auf der Welt, allen Wesenheiten in unserem und allen Universen Heil und Segen wünscht. Eines der wohl vornehmsten Merkmale kreativer Selbstverwirklichung ist es, ein großzügiges Herz zu haben. Sobald das Herz sich durch die Segenswünsche öffnet, steigt in uns der Impuls auf zu singen, zu tanzen, zu dichten, zu zeichnen oder zu malen. In diesem Moment haben wir die Gelegenheit, wirklich großzügig zu sein – großzügig letztlich auch uns selbst gegenüber. Wir haben die Gelegenheit, durch unseren Tanz, unseren Gesang und unsere Gebete die Kreativität zu ehren.

✦ Die Übung

Wenn du eine preiswerte Kleinigkeit findest, über die sich einer deiner Freunde freuen würde, dann zögere nicht, nimm sie mit und schenke sie deinem Freund. Vielleicht fällt dir ein Kleidungsstück in deinem Kleiderschrank auf, von dem du meinst, dass jemand anderes sich darüber freuen könnte. Verschenke es. Einen von dir hoch geschätzten rituellen Gegenstand. Oder einen blauen Stein mit einer weißen Ader. Eine Frucht. Vielleicht sagt dir deine Inspiration, dass du den Hund der Nachbarin einmal ausführen solltest. Oder du bringst einer kranken Person einen Topf mit stärkender Suppe. Bring einer Bekannten aus dem Büro nebenan Blumen mit. Folge deinen Impulsen. Halte dich nicht zurück. Gib freigebig.

Wir müssen nicht gleich alle unsere Besitztümer verschenken, um uns an dem Geschenk des Gebens zu erfreuen. Einfache Dinge tun es auch. Bescheidenheit. Wir können kleine Überraschungen verschenken. Wir können an der Mautstelle statt nur für unser Auto auch für das Auto, das hinter uns kommt und dessen Besitzer wir noch nie gesehen haben, bezahlen. Wir können den Abfall im Park einsammeln.

Wir können auch einer Person, die wir nicht mögen, eine Gabe zukommen lassen, um unser Herz zu öffnen und Mitgefühl für Menschen zu entwickeln, die wir als unsere Widersacher betrachten.

Auf dem Heimweg von einem Besuch bei der kranken Mutter eines Freundes fand meine Freundin eine Girlande mit frischen Ingwerblüten und Orchideen an der Antenne ihres Autos im Flughafenparkhaus. Sie strahlte über beide Backen über das unverhoffte Geschenk eines Unbekannten. Das Universum ist auch ohne unsere Hilfe voller Magie, doch das Leben macht mehr Freude, wenn wir ihm bei der Magie etwas behilflich sind.

Großzügigkeit besteht nicht nur im Geben von Dingen, sondern auch im Geben von Wärme, Zuneigung, Dankbarkeit, Anerkennung und Humor. Auf dieselbe Weise, wie wir uns im Verschenken von Dingen an andere üben können, können wir das Verteilen von Komplimenten üben. Wir können einer Kollegin sagen, dass sie in ihrem roten Mantel hinreißend aussieht. Wir können dem Mann in der Bank sagen, wie gut es ist, mit jemandem zu sprechen, der so entspannt und freundlich ist. Wir können der Nachbarin sagen, dass sie einen wundervollen Blumengarten hat. Wir können all das zum Ausdruck bringen, was wir aneinander schätzen.

Wir können auch in unseren Handlungen großzügig sein: einem Fremden gestatten, vor uns an den Geldautomaten zu gehen, jemandem die Tür aufhalten, einem verspannten Freund eine kurze Kopf-, Hand- oder Schultermassage geben. Wenn wir aufmerksam sind, werden wir im Verlauf eines Tages zahlreiche Möglichkeiten sehen, die eine oder andere Form des Gebens zu praktizieren. Doch häufig unterdrücken wir diese Impulse. Vielleicht sind wir in unserem Bestreben, uns nicht in das Leben anderer Leute einzumischen, ein wenig zu weit gegangen. Unsere zarten, vorsichtigen, verspielten Gaben können mehr Momente der Freude in unserem Leben beitragen.

Ein Moment der Stille

Alle wahren Künstler schöpfen – ob sie es wissen oder nicht – aus einem Ort, an dem keine Gedanken sind, aus der inneren Stille. Der Geist gibt dann dem kreativen Impuls eine Form. Große Wissenschaftler berichten, dass ihre kreativen Errungenschaften zu einer Zeit geistiger Stille stattgefunden haben.

Eckhart Tolle

Jahrelang lebte ich mit einem Partner zusammen, der als Produzent arbeitete. Am Morgen, Sekunden nach dem Aufwachen rollte er sich im Bett zur Seite und griff nach dem Telefon. Der erste Anruf brachte ihn sofort in die vertraute Welt seiner Geschäftigkeit zurück. Dadurch wurden sämtliche Impulse verdrängt, die ihn möglicherweise in das unterbewusste Chaos, die Sehnsüchte, die Unberechenbarkeiten und Bildwelten des still erwachenden Geistes hätten verführen können. Er war kein Mann, dem es an Kreativität oder an Träumen gefehlt hätte. Doch sofort nach dem Aufwachen ergriff ihn ein Unbehagen, das er durch den Griff zum Telefon abwehrte. Hier machte die Welt für ihn Sinn, und er konnte sich orientieren.

Ich greife auch gern nach dem Telefon, wenn ich mich desorientiert und unbehaglich fühle. Ich rufe einen Freund an, bestelle irgendetwas aus einem Katalog, höre die Nachrichten auf dem Anrufbeantworter an oder begebe mich an die Arbeit, statt mich von dem Unbehagen überkommen zu lassen und mich auf die Erkundung meiner inneren Erfahrung einzulassen.

Um unsere Kreativität wiederzugewinnen, müssen wir den Mut aufbringen, im Land der Zweideutigkeit, der Bilder, der Emotionen und der Intuition zu verweilen. Wir müssen unseren Impuls abwehren, nur in der Welt der Materie, der Logik und der ehrgeizigen Geschäftigkeit zu leben, und stattdessen auf unsere inneren Stimmen hören.

Kreativität kommt aus der Stille. Wie man einen Garten vor dem Bepflanzen von Unkraut und Steinen reinigt, so reinigen wir durch Stille Körper und Geist, um den Weg für die Kreativität frei zu machen. Der Preis, den wir dafür bezahlen, in der modernen Welt aktiv zu sein, ist, dass unser Geist angefüllt ist mit unendlichen Listen von Dingen, die wir zu erledigen haben. Diese Listen nehmen unsere gesamte Aufmerksamkeit in Anspruch, und wir verlieren unsere Verbindung zu unserem Unbewussten, dem Bereich der kreativen Selbstverwirklichung.

Ich besuchte vor einigen Jahren ein Retreat für Künstler, geleitet von Thich Nhat Hanh. Das Thema war die Beziehung zwischen Kunst, gesellschaftlichem Engagement und buddhistischer Praxis. Am ersten Morgen versammelten wir uns unter dem ausladenden Blätterdach einer hundertjährigen Eiche. Thây saß in seiner braunen Robe vor uns und schwieg mehrere Minuten lang. Schließlich begann er zu sprechen.

„Tut heute nichts. Seid still. Morgen treffen wir uns wieder."

Ein enttäuschtes Raunen ging durch die Menge. Wir waren engagiert, wollten unsere Belehrungen erhalten, damit wir die Welt verbessern konnten. Doch wir hatten keine Wahl. Thây war der Lehrer, und wir folgten seiner Anleitung. Am nächsten Morgen trafen wir uns wieder unter der Eiche. Thây schwieg mehrere Minuten lang. Schließlich begann er zu sprechen.

„Tut heute nichts. Seid still. Morgen treffen wir uns in der Frühe."

Die Menge gab einen deutlichen Stoßseufzer von sich. Wir hatten zehn Tage unseres Lebens aufgegeben, um Belehrungen zu erhalten. In jeder Minute verschwindet hektarweise tropischer Regenwald, giftiger Müll wird in Flüsse und Bäche geleitet, in Konfliktzonen auf der ganzen Welt werden die Menschenrechte missachtet – wir haben viel zu tun, packen wir's an. Doch auch an diesem Tag unterwarfen wir uns der Führung des verehrten Lehrers.

Ich erinnere mich an einen Moment des Schreckens, als ich erkannte, dass ich keine Vorstellung davon hatte, wie ich den Tag verbringen sollte – eine unerträgliche Leere ohne Termine, Aufgaben, Pläne. Zu meiner Überraschung vergingen die Stunden wie im Fluge. Ich verzehrte meine Mahlzeiten zusammen mit neuen Freunden, wanderte im Wald, machte ein Mittagsschläfchen unter einem kalifornischen Lorbeerbaum.

Auch am dritten Morgen schwieg Thây. Ich fühlte, wie er tief in die Stimmung der Menge hineinlauschte.

„Tut heute nichts", sagte er mit sanfter und gleichmäßiger Stimme. „Seid still. Schreibt nicht in eurem Tagebuch und sprecht nur, wenn es absolut notwendig ist."

Tiefer Ärger machte sich in der Menge breit. Wenigstens könnten wir eine formelle Meditationspraxis üben, flüsterten wir einander zu. Doch Thây untersagte selbst das, mit Ausnahme von drei halbstündigen Sitzungen, einer am Morgen, einer am Nachmittag und einer am Abend.

Am Vormittag saß ich an einem Abhang mit Blick über die goldene Hügellandschaft. Die stillen Tage hatten mich beruhigt. Ich hatte keinen Impuls, irgendetwas zu unternehmen, außer die Bewegung der Gräser im Wind zu beobachten. Ihre Choreographie war komplex und unvorhersehbar. Entzücken ergriff mich. Die innere Stille, die ich gepflegt hatte, machte Raum für das Wunderbare.

Als wir uns am vierten Morgen unter der Eiche versammelten, war Thây wiederum mehrere Minuten lang still. Ich nahm deutlich war, wie er die Menge erspürte, unseren inneren Rhythmus, unsere Fähigkeit, still zu sein.

„Heute beginnen wir mit einem formellen Tagesablauf", sagte er. „Wir werden drei Mal am Tag meditieren, um elf Uhr werden wir eine Meditation im Gehen durchführen, und um drei Uhr nachmittags werde ich eine Belehrung geben. Jetzt seid ihr bereit."

Kreativität besteht im Grunde darin, dass der Geist seine Inputs zu Outputs zusammenbringt. Doch dies ist nur ein Teil der Wahrheit. Viele spirituelle Lehren und die Entdeckungen der Quantenphysik zeigen uns, dass wir im Kern der Realität einen Einblick in die Leere erhalten. Der Grund des Daseins ist kein Grund; alle Realität steigt aus der Leere auf. Die Materie selbst besteht überwiegend aus Raum. Dennoch verbringen wir den größten Teil unseres Lebens damit, diese grundlegende Wahrheit zu vermeiden. Wir ziehen es vor, uns als solide Materie zu fühlen.

Wenn ein Künstler kurz vor seinem Schöpfungsakt steht, muss er sich der Leere stellen. Aus nichts wird etwas entstehen – doch was genau? Die leere Seite, die weiße Leinwand, die leere Tanzfläche, der Moment vor der Ansprache – das sind die beängstigendsten Momente. Und es sind auch die Momente, in denen viele sich abwenden und stattdessen eine verlockende Tätigkeit finden wie das Bankkonto auszugleichen oder die E-Mails abzurufen, um sich von der Angst der Leere abzulenken. Um uns mit der Kreativität anzufreunden, müssen wir uns mit der Leere anfreunden.

Die folgenden Übungen sind bestechend einfach. Es gibt unzählige Gründe, um ihre Wichtigkeit zu vermeiden, zu verzögern, zu kritisieren und zu minimieren: „Ich mache sie später; du brauchst mir nicht zu sagen, dass ich das tun muss; Ich kenne diese Übung schon lange aus unzähligen New-Age-Selbsthilfe-Ändere-Dein-Leben-in-zehn-einfachen-Schritten-Büchern, sie hängt mir zum Halse heraus." Doch erst wenn wir die Fähigkeit haben, ruhig zu sein, still zu sein, so beherrscht zu sein, dass wir auf unsere innersten Impulse hören und die unbewussten Bilder, die in uns aufsteigen, erkennen, werden wir unser kreatives Wesen tatsächlich zum Ausdruck bringen können.

Die meisten spirituellen Lehren gründen auf Meditationspraktiken, die unseren Geist ruhig werden lassen. Viele sind kompliziert, viele einfach. Dies ist die einfachste von allen.

✦ Die Übung

Diese Übung kannst du überall (am Schreibtisch, am Strand, im Bett oder in der U-Bahn) und immer (am Morgen, während der Arbeit, mitten in der Nacht) durchführen. Du kannst sie allein, mit einem Freund, mit einer Gruppe von Freunden, im Sitzen, im Stehen oder im Liegen machen.

Finde eine bequeme Position für deinen Körper, die du mehrere Minuten beibehalten kannst, ohne dich zu bewegen. Schließe die Augen. Sei still. Fühle den Atem kommen und gehen, aus eigenem Antrieb, in seinem eigenen Rhythmus. Fühle, wo der Atem sich im Körper bewegt: im Zwerchfell, in der Brust, im Bauch. Achte auf die körperlichen Empfindungen – spürst du irgendwo Schmerzen, Wärme, Kälte, Kribbeln oder Enge? Achte auf emotionale Empfindungen: Traurigkeit, Freude, Ärger oder Enttäuschung. Lass dich in die Stille hineinfallen. Tue nichts. Achte auf die Gedanken, wie sie aufsteigen und wieder verschwinden. Achte auf die Geräusche in deiner Umgebung. Sei still. Nach zehn Minuten oder fünf Minuten oder einer Minute, wenn du genug hast, öffne die Augen.

Himmelsschau

Eine alternative Version dieser Übung ist die Technik der Himmelsschau aus dem tibetischen Buddhismus. Bei dieser Übung sind die Augen geöffnet. Lasse deinen Blick und deine Gedanken weich werden. Lass sie weit werden wie der Himmel und alles einschließen und annehmen, was entsteht und vergeht. Wenn sich dein Blick besänftigt, lass dein Selbstgefühl sich ebenfalls auflösen. Fühle, wie die festen Grenzen deiner Identität verschwimmen. Löse dich in diesem Gefühl eines weiter werdenden Seins, eines Seins ohne Grenzen, ohne Ende, leuchtendes, weites Wesen, solange du willst.

Die Augen geöffnet zu halten, ist eine Möglichkeit, um Müdigkeit abzuwehren und das Sehen zum Bestandteil der Meditation zu machen. Wir müssen keine Phänomene ausblenden, um innere Stille zu erfahren.

Hoffentlich hast du während deiner Phase der Stille kein Gedicht und kein Lied geschrieben, nicht in den wenigen Minuten der Ruhe dein Wohnzimmer aufgeräumt. Doch auch wenn du das getan hast, ist das in Ordnung, nur geht es nicht darum. Was haben ein paar Minuten Stille mit kreativer Freiheit zu tun? Wenn du die Stille übst, sammelst du Mut, dich mit der Leere zu konfrontieren. Durch die Übung der Stille kommen wir mit dem Grund des Seins in Berührung. Alle Kreativität kommt aus der Stille.

Still zu sein, wenn auch nur für ein paar Minuten, hat tief gehende Wirkungen. Wenn du bei der Arbeit eine Blockade hast, sei eine Minute still. Wenn du erschöpft bist, sei für eine Minute still. Wenn du im Urlaub bist, sei eine Minute still. In einem einzigen Augenblick der Stille wird die Freiheit geboren.

Freiheit ist Teil unseres Wesens. Freiheit liegt im Wesen der Welt. Möglicherweise erkennen wir in der Stille nicht bewusst, wann wir eine Einsicht haben, wann wir eine kreative Inspiration haben oder eine neue Art zu sehen entdecken. Möglicherweise können wir die Wirkung der Stille nicht wahrnehmen. Es spielt keine Rolle. Wenn wir die Stille berühren, bereiten wir den Boden für alle kreativen Ausdrucksformen vor. Wenn wir die Stille berühren, entdecken wir, dass die Freiheit, nach der wir uns sehnen, im Herzen dessen liegt, was wir bereits sind.

Zu guter Letzt

Am Ende bist du auf dich allein gestellt. Ich könnte fortfahren mit immer neuen Übungen und Vorschlägen. Doch du bist die- oder derjenige, der Freude daran haben muss. Lass dich ein. Liebe die Kunst. Hasse die Kunst. Tritt um dich, ärgere dich und stöhne, wenn du deine Kunst ausübst. Mache Kunst, wenn du dich danach fühlst und wenn du dich nicht danach fühlst. Mache immer weiter mit der Kunst.

Mein neunzehnjähriger Neffe Jonathon ist einer jener Type, die eine Brille tragen und rund um die Uhr am Computer hängen. Er war überdies sehr schüchtern und einsilbig, außer bei seiner Schwester. Bei ihr sprach er in vollständigen Sätzen, also wusste ich, dass er dazu in der Lage war, auch wenn er es meistens nicht will. Während der vergangenen zwei Jahre in Stanford besuchte Jonathon ausschließlich Mathematik- und Computerseminare. Diesen Sommer entschied er sich, in der Schule zu bleiben. Seine Eltern und ich ermunterten ihn, etwas aus seinem Leben zu machen und neue Sachen auszuprobieren: Segeln, Gesellschaftstanz, kreatives Schreiben oder öffentliche Vorträge. Ich rief ihn täglich an, weil ich um sein emotionales Wohlergehen besorgt war. Sein Großvater war erst vor kurzem gestorben, und wenig später musste sich sein Vater einer Herzoperation unterziehen. Ich erreichte ihn in seinem Zimmer am Abend seines ersten Seminartages, und er ließ mich wissen, dass er eine Schauspielklasse ausprobiert habe.

„Und, wie war's?" fragte ich und befürchtete, er würde mir gestehen, dass er die ganze Zeit abseits gestanden habe und weggerannt sei, sobald der Lehrer eine Pause angesagt habe.

„Es hat mir viel Spaß gemacht", sagte Jonathon, und er beschrieb in ganzen, ausformulierten Sätzen die Theaterspiele, die sie gespielt hatten.

Als ich ihn am nächsten Abend anrief, fragte ich, an welchen Klassen er an seinem zweiten Tag teilgenommen habe.

„Ich war wieder in einer Schauspielklasse", sagte Jonathon.

Diesmal war ich diejenige, die kein Wort herausbrachte. Er hatte sich vorgenommen, beide Schauspielklassen auszuprobieren, und sich dann in der einzuschreiben, die ihm am besten gefiel.

„Und, wie hast du dich entschieden?", fragte ich ihn.

„Ich nehme sie beide“, sagte er.

Jonathon beschrieb noch einmal die Übungen, die der Lehrer angeboten hatte, und diesmal sprach er nicht nur in ganzen Sätzen, sondern in kompletten Absätzen.

„Es ist erstaunlich, wie schnell sich die Wirkung zeigt“, sagte er.

„Und was hat es für eine Wirkung?“, fragte ich.

„Ich fühle mich besser“, sagte Jonathon.

Am anderen Ende der Leitung reckte ich meine Faust in die Luft und sagte: „Jaah!“

Wo immer wir lebendig werden, das ist der Bereich, in dem wir spirituell sind. In allen Bereichen unseres Lebens vital, wach und aufmerksam zu sein ist die Aufgabe, die niemals erreicht wird, aber das Ziel bleibt.

Bruder David Steindl-Rast

Danksagung

Zu allererst möchte ich meinen Schülern danken, die mich durch ihre Hingabe an die Kunstfertigkeit der Improvisation gelehrt haben zu unterrichten. Das gilt besonders für Nina Jo Smith, die mir half, den Untertitel dieses Buchs zu finden. Mein Performance-Partner, Corey Fischer, hat sich darauf eingelassen, über ein Jahrzehnt mit mir im Studio und auf der Bühne zu experimentieren. Peter Barnes von Mesa Refuge, Bokara Legendre vom Medway Environmental Trust, Jan und Shawn Hailey und Susan Patner von Gift House haben mir unschätzbare Retreat-Zeit mit Gourmet-Verköstigung und hinreißendem Ausblick geboten. Das Esalen-Institut war eine weitere Oase, in der Michael Murphy und Nancy Lunney mir den exquisitesten Ort zum Schreiben, Lehren und für Retreats zur Verfügung gestellt haben, und die häufig belagerte Bürobesatzung (Mary Anne, Lois, Art und Urgen) hat großzügig all meine oft etwas eigenartigen Wünsche erfüllt. Meine Schriftstellerfreunde Natalie Goldberg, Wes Scoop Nisker, Jeff Greenwald, Susan Griffin, Dadie Donelly und Stefanie Marlis boten mir ständige Unterstützung und Ermutigung. Tano und Ayelet Maida unterhielten mich mit klugen Ratschlägen auf meinem Weg in die neue Welt der Buchverlage. Hathaway Barry, Anne Cushman und Annie Kujappy boten einsichtige reaktionelle Kommentare, und Holly Hammond gab dem Manuskript einen professionellen Anstrich – ich werde ewig für ihren scharfen Rotstift dankbar sein. Meine Lektorin bei Broadway, Lauren Marino hat mich vorzüglich begleitet und ihre Vorschläge haben diesem Buch den letzten Schliff gegeben. Rebecca Cole, ebenfalls Lektorin bei Broadway, hat das Manuskript mit großem Geschick und viel Begeisterung behandelt. Und Gray Cutler, mein Korrektor, hat präzise, intelligente und vor allem lesbare Korrekturanmerkungen beigesteuert, was ich sehr zu schätzen weiß. Meine unerschrockene Agentin, Sarah Jane Freymann, ging weit über ihre Rolle hinaus, indem sie als Krankenpflegerin, Bed-and-Breakfast-Gastgeberin und einfühlsame Zuhörerin für mich in schwierigen Zeiten da war. Sie hat immer an dieses Buch geglaubt und sich sehr dafür eingesetzt. Und schließlich bin ich meinen vielen spirituellen Lehrern zu Dank verpflichtet, besonders H. W. L. Poonja, Ruth Denison, Thich Nhat Hanh, Tsoknyi Rinpoche, Zalman Schachter, Jack Kornfield und Sylvia Boorstein, die mich über die Jahre immer wieder auf das häufig verdunkelte Licht hingewiesen haben.

Bibliographie und Quellenhinweise

Adamson, Edward. *Art as Healing*, in Zusammenarbeit mit John Timlin, Vorwort von Dr. Anthony Stevens, New York 1984.

Ali, Hameed. Auszug eines Vortrages am Spirit Rock Meditation Center, Woodacre, Kalifornien, Mai 2001.

Buechner, Frederick. Auszug aus einem Essay von Frederick Buechner aus *Spiritual Quest: The Art and Craft of Religious Writing*, Einleitung von William Zissner (Boston 1988). Ich fand dieses Zitat in Anne Lamotts wundervollem Buch *Bird by Bird: Some Instructions on Writing and Life*, New York 1994.

Chaikin, Joseph. *The Presence of the Actor*, 1972. (Nachdruck: New York 1991)

Davis, Avram, Hrsg. *Meditation from the Heart of Judaism: Today's Teachers Share their Practices, Techniques and Faith*. Woodstock, Vt. 1997.

Dissanayake, Ellen. Homo Aestheticus: *Where Art Comes from and Why* (Nachdruck), Seattle 1995.

Eliot, T.S., *Four Quarters*, 1974.

Linfante, Michele. „Remember" aus: *In the Direction of the Divine*. Gedichte, unveröffentlicht.

Mueller, Lisel. „Silence and Dancing", aus *Alive Together: New and Selected Poems*, Baton Rouge und London 1996.

Nachmanovitch, Stephen. *Free Play: The Power of Improvisation in Life and the Arts*, New York 1990.

Paget, Lou. *How to Be a Great Lover: Girlfriend to Girlfriend Totally Explicit Techniques That Will Blow His Mind*. New York 1999.

Paley, Grace. *The Collected Stories*. New York 1994.

Purce, Jill. Auszug aus einem Vortrag anlässlich der International Transpersonal Association Conference, Santa Clara, California 1995.

Rilke, Rainer Maria. *Briefe an einen jungen Dichter*.

Rossman, Dr. Martin. *Healing Yourself: A Step-by-Step Program for Better Health through Imagery*. New York 1987.

Spolin, Viola. *Improvisation for the Theater: A Handbook for Teaching and Directing Techniques*. Chicago 1963.

Steindl-Rast, Bruder David. *Gratefulness, the Heart of Prayer: An Approach to Life in Fullness.* New York 1984.

—, mit Sharon Lebell und Kathleen Norris (Einleitung). *The Music of Silence: A Sacred Journey Through the Hours of the Day.* 2. Aufl., Berkeley 1998.

Tolle Eckhart, *Jetzt! Die Kraft der Gegenwart.* Bielefeld 2002.

Underhill, Ruth Murray. *Singing for Power: The Song Magic of the Papago Indians of Southern Arizona.* Vorwort von Ofelia Zepeda. Tucson und London 1938, 1966.

Über die Autorin

Nina Wise schloss ihr Studium der Religionswissenschaften und Bewegungsästhetik an der University of California in Santa Cruz ab. Sie widmet ihr Leben der Kreativität, gestaltet experimentelles Theater und erforscht die Beziehung zwischen Kunst und Spiritualität. Sie war unter anderem dreimal Stipendiatin des *National Endowment for the Arts.* In ihrem Studio, Motion Studio, in San Rafael, nördlich von San Francisco, gibt sie Workshops, in denen sie ihre einzigartige Form der Improvisation im Leben lehrt. Außerdem unterrichtet sie am Esalen-Institut sowie am Spirit Rock-Meditationszentrum.

Informationen über Workshops und Aufführungen von Nina Wise sowie eine Liste von Audio- und Videomaterialien über ihre Arbeit finden Sie auf ihrer Website:

www.ninawise.com

Kontaktadresse:
Motion Studio
124 Belvedere Street #7
San Rafael, CA 94901
USA
nina@ninawise.com

Zum Titel der amerikanischen Originalausgabe

Der Titel dieses Buchs ist eine Anleihe aus der Kurzgeschichte „Goodbye and Good Luck" („Auf Wiedersehen und alles Gute") von Grace Paley. Ein Bewerber hält die Heldin der Geschichte um ihre Hand an. Er sagt: „Rosie, ich biete Dir ein großes neues freies glückliches und ungewöhnliches Leben an".

Grace Paley ist für mich seit Jahren eine wichtige Inspiration – ihr Humor, ihre Lebensweisheit, ihre Wortgewandtheit und die Tiefe ihres Herzens werden auf jeder Seite ihrer Werke offenbar.

Vor vielen Jahren erhielt ich eine Postkarte, auf der der eine Frau abgebildet war, die in die Luft springt. Als ich mich entschloss, dieses Buch zu schreiben, wusste ich sofort, dass ich dieses Foto für den Umschlag verwenden würde. Ich machte den Fotografen ausfindig, Peter Groat, der mir erzählte, dass es sich bei der hüpfenden Frau um seine Ehefrau, Jenny Hunter Groat, handele. Ich erfuhr, dass Jenny in den fünfziger und sechziger Jahren Tanzimprovisation gelehrt und praktiziert hatte und sich heute auf Kunstmalerei und Meditation konzentriert. Ich hatte in dem Foto eine verwandte Seele erkannt, eine Frau, die Jahrzehnte vor mir den Pfad erkundete, auf dem ich heute wandele und über den ich in dem vorliegenden Buch, dessen Umschlag so großzügig von ihrem Bild bereichert wurde, berichte.

Weitere Bücher aus dem Arbor Verlag

Joseph Goldstein & Jack Kornfield:
Einsicht durch Meditation

Die Achtsamkeit des Herzens

Jack Kornfield und Joseph Goldstein – weltweit bekannte und geachtete Meister der Einsichts-Meditation – geben uns in diesem Buch eine klare, für jedermann zugängliche Einführung in die meditative Vipassana-Praxis, die durch Übung der Achtsamkeit zu tieferer Einsicht führt.
In diesem Buch beleuchten sie die theoretischen und praktischen Aspekte der meditativen Praxis, kombiniert mit Anleitungen, die zu einer unmittelbaren Erfahrung dieser Aspekte führen. So gilt dieses nützliche und hilfreiche Werk bereits seit Jahren als eines der Standardwerke der Vipassana-Meditation.

304 Seiten, ISBN 3-936855-38-2

Joseph Goldstein: Vipassana-Meditation

Das grundlegende Handbuch zur buddhistischen Achtsamkeitsmeditation – herausragend vor allem durch seine Klarheit, Menschlichkeit und Anwendbarkeit im täglichen Leben. Ein äußerst hilfreicher Wegbegleiter für alle, die ein Leben in Achtsamkeit leben wollen. Klar, praktisch und voller Mitgefühl zeigt es Wege auf, auf denen wir uns von alten Gewohnheiten und einengenden Verhaltensmustern befreien können.

224 Seiten, ISBN 3-924195-46-3

Jon Kabat-Zinn: Zur Besinnung kommen

Die Weisheit der Sinne und der Sinn der Achtsamkeit
in einer aus den Fugen geratenen Welt

Unsere Gesundheit und unser Wohlergehen stehen auf dem Spiel, wenn es uns nicht gelingt, in dieser aus den Fugen geratenen Welt wieder zur Besinnung zu kommen, als Individuen und als menschliche Gemeinschaft. Dies ist die zentrale These des bekannten Verhaltensmediziners und Meditationslehrers Prof. Dr. Jon Kabat-Zinn, dessen Programm der „Stressbewältigung durch die Praxis der Achtsamkeit" (MBSR) weltweit in immer mehr Universitätskliniken, Krankenhäusern, Gesundheitszentren, aber auch in wirtschaftlichen und politischen Institutionen erfolgreich praktiziert wird.
Wir haben weitgehend den Kontakt verloren zur wahren Wirklichkeit dessen, was wir in unserer Tiefe und in allen unseren Möglichkeiten sind; ebenso zu unserem Körper und zu den „Körperschaften" unserer gesellschaftlichen und politischen Institutionen. Diese Entfremdung von dem, was wirklich ist, macht uns und unsere Gesellschaft auf die Dauer krank.
Das Tor, durch das wir erneuten Zugang zu unserem inneren Potential, zu unserem Körper, unseren Gefühlen, unseren Mitmenschen und unseren Organisationen gewinnen können, ist das unserer Sinne – und zu denen zählt der Autor aus buddhistischer Sicht auch den denkenden Geist.
Der Königsweg zu dieser Belebung der Weisheit der Sinne ist die Achtsamkeit. Ihre heilsame Kraft ist in der buddhistischen Meditationspraxis seit zweieinhalb Jahrtausenden erforscht, erprobt und angewendet worden. Dieses Buch zeigt, wie wir mit Hilfe dieser Praxis wieder zur Besinnung kommen und mit allen Sinnen zu einem gesunden und erfüllten Leben in der Gemeinschaft finden können.

672 Seiten, ISBN 3-936855-17-X

Sharon Salzberg: Metta-Meditation

Buddhas revolutionärer Weg zum Glück

Wie ein goldenes Band durchzieht Metta – nicht-anhaftende Liebe – jede Seite, jedes Wort dieses Buches. Metta Meditation lehrt uns, alle Aspekte unserer eigenen Natur und alle Aspekte der Welt zu akzeptieren, so überwinden wir unsere eigenen engen Grenzen und erfahren, dass wir Teil eines sinnvollen, großen Ganzen sind.
Sharon Salzbergs Herzenswärme und ihre tiefe Nähe zum Leben machen dieses Buch zu einem der wertvollsten zeitgenössischen Bücher zur Metta-Meditation. Präzise Erklärungen und eine Vielzahl von praktischen Übungen lassen es zudem zu einem unentbehrlichen Werkzeug auf dem Weg der eigenen Praxis werden. Eine Neuauflage des ursprünglich unter dem Titel „Geborgen im Sein" erschienenen Buches. Mit einem Vorwort von Jon Kabat-Zinn.

208 Seiten, ISBN 3-924195-90-0

„Dieses Buch ist wie eine Leuchte in der Dunkelheit, wie das Lichten dichten Nebels, wie der Sonnenaufgang an einem wunderschönen Morgen. Allen, die Augen haben zu sehen, erhellt es das Herz der liebenden Güte."

Jack Kornfield

„Sharon Salzberg hat der Welt ein Stück Frieden geschenkt."

Alice Walker

Rachel Naomi Remen: Aus Liebe zum Leben

Geschichten, die der Seele gut tun

Was auch immer Rachel Naomi Remen am „Küchentisch des Lebens" ausbreitet, es gebietet uns, innezuhalten, nachzudenken und zu staunen. Es sind die alltäglichen, oftmals sogar unbemerkten Segnungen, um die sich Remens Erzählungen ranken - jene Wohltaten, die in einer Geste, einem Wort oder einer unvermuteten Tat ins Leben treten können. Remen erinnert uns daran, daß hinter allen Geschichten eine Geschichte steht. Diese eine große Geschichte handelt von unserer wahren Identität, davon, wer wir sind, warum wir hier sind und was uns trägt. So ist jede Geschichte ein überzeugendes Plädoyer für das Leben.
Übersetzt von Stephan Schuhmacher.
Durch ihre vitale, heilende Kraft offenbaren uns die Geschichten von „Aus Liebe zum Leben" Rachel Naomi Remen nicht nur als eine der großen Geschichtenerzählerinnen unserer Zeit, sondern vor allem als eine Heilerin des Herzens.

Rachel Naomi Remen ist ausgebildete Kinderärztin. Sie verzichtete jedoch auf eine große Karriere an der Stanford University und gründete stattdessen ein inzwischen zwanzig Jahre bestehendes und hoch angesehenes Krebshilfezentrum in Bolinas, Kalifornien, das sie noch heute leitet. Daneben hat sie eine Professur an der University of California und führt eine Praxis als Psycho-Onkologin.

384 Seiten, ISBN 3-924195-82-X

„Rachel Naomi Remen ist ein Geschenk des Himmels, eine Kennerin der schwer zu fassenden und doch so wesentlichen Kräfte des menschlichen Herzens. Sie lehrt uns unendlich viel über Heilung, Liebe und das Leben."

Daniel Goleman

„Der Triumph des Herzens. Ein Buch, das schon während des Lesens heilt und inspiriert. Eine Schatzkammer voller Geschenke der Liebe."

Jack Kornfield

Gerne informieren wir Sie über unsere weiteren Veröffentlichungen. Schreiben Sie uns oder besuchen Sie uns im Internet unter:

www.arbor-verlag.de

Hier finden Sie umfangreiche Leseproben, aktuelle Informationen zu unseren Büchern und Veranstaltungen, Links und unseren Buchshop.

Arbor Verlag • D-79348 Freiamt
Tel: 0761. 401 409 30 • info@arbor-verlag.de

arbor